《中国西部基础教育文库》编委会

主　任　崔邦焱
副主任　田祖荫　周　坚　张光明
成　员　何光彩　王晓清　张连敏
　　　　左　涛　赵应生　辛倩倩

中国西部基础教育文库/教育部财务司组编

义务教育阶段贫困生就学资助制度研究

金东海　安雪慧　万明钢　王爱兰　等　著

人民教育出版社
·北京·

图书在版编目（CIP）数据

义务教育阶段贫困生就学资助制度研究/金东海等著. —北京：
人民教育出版社，2011
（中国西部基础教育文库）
ISBN 978-7-107-23375-3

Ⅰ. ①义⋯
Ⅱ. ①金⋯
Ⅲ. ①特困生：中小学生—工作—研究—中国
Ⅳ. ①G635.5

中国版本图书馆 CIP 数据核字（2011）第 089148 号

人民教育出版社出版发行
网址：http://www.pep.com.cn
北京嘉实印刷有限公司印装　全国新华书店经销
2011年8月第1版　2011年9月第1次印刷
开本：787毫米×1 092毫米　1/16　印张：16.75
字数：400千字　印数：0 001～3 000册
定价：22.40元

如发现印、装质量问题，影响阅读，请与本社出版科联系调换。
（联系地址：北京市海淀区中关村南大街17号院1号楼　邮编：100081）

《中国西部基础教育文库》
序　　言

　　为实现"两基"目标，促进义务教育均衡发展，在中央和地方政府切实加大财政投入的同时，我国政府积极引进外资，从1992年到2002年先后利用世界银行贷款组织实施了四个农村基础教育发展项目，贷款及配套资金总额达10.65亿美元，覆盖21个省（自治区）的466个国家级和省级贫困县（旗），其中包括11个西部省（自治区）的255个贫困县（旗），对当地普及九年义务教育起到了积极的促进作用。

　　2003年11月11日，中英两国政府及世界银行签订了"西部地区基础教育发展"项目（以下简称"西发项目"）三方协议，正式启动第五个中国农村基础教育发展项目。该项目于2004年5月20日正式生效。为实施西发项目，世界银行提供1亿美元硬贷款（固定利率贷款），主要用于改善四川、云南、广西、宁夏和甘肃五个省（自治区）（以下统称为"项目省"）112个县的小学、初中的办学条件，提高教育教学质量和教育行政管理水平；英国国际发展部提供3 440万美元赠款，主要用于在项目省中选择部分县的中小学开展从英国引进的"学校发展计划"和"参与式教师培训"两项改革课题研究和试点工作。此外，英国国际发展部还另提供443.2万美元赠款，由我国教育部组织有关专家和项目省开展5项课题研究活动，以及为项目省实施西发项目提供专家咨询服务。英国政府赠款支持的5项课题研究如下。

　　（一）农村贫困学生就学资助制度研究：由西北师范大学教育学院金东海教授牵头的课题组承担。这项研究的调查范围涉及四川、甘肃、河南和湖北四省，调查对象包括政府机构、学校、学生家庭，研究的主要内容是：（1）确定学生就学资助的目的与任务，以提高义务教育的产出；（2）了解农村学生就学所需支付的成本情况，以及学生家庭的教育支付能力；（3）评价现有资助对农村义务教育阶段学生就学的影响；（4）提出完善农村义务教育阶段学生就学资助的政策建议。

　　（二）中西部地区农村中小学合理布局结构研究：由华中师范大学范

先佐教授牵头的课题组承担。该研究采用问卷、访谈、查阅文献、观察等方式对中西部地区的湖北、河南、广西、云南、陕西、内蒙古等6省（自治区）38个县（市）177个乡镇的中小学布局调整情况进行调查研究，了解我国农村中小学布局调整的背景、目的、方式、成效与问题，在此基础上提出进一步完善我国农村中小学布局结构调整的政策性建议。

（三）西发项目的影响力评价研究：由北京师范大学教育管理学院杜育红教授牵头的课题组承担。该研究目的是为了更好地实现西发项目的总体目标，并通过项目影响当地人群的行为方式与教育观念，提高当地政府及相关群体的教育管理能力。影响力评价不仅包括对项目本身的投入过程与产出过程的评价，还包括对项目产生的直接效果与间接效果的评价。该研究涉及西部5个省（自治区）的112个县，抽样调查涉及15个县、244所学校、约2.2万名学生、3 000多名教师和2 000多个村民，采集的数据量多达500多万条。

（四）农村教育改革研究：由北京师范大学教育学院袁桂林教授牵头的课题组承担。该课题主要是针对西部农村教育的具体问题，利用行动研究的方式，把研究和项目省的改革实践结合起来，以期促进农村教育改革发展。该课题组将5个项目省提交的10个研究课题分为三类：（1）教育机会问题；（2）教育质量问题；（3）教育资源配置问题。从2006年开始，课题组深入试点县，和县教育局及有关专家进行了研讨，指导项目单位开展研究工作。

（五）"学校发展计划与参与式教师培训"国家级技术支持研究：由北京大学教育学院陈向明教授牵头的课题组承担。主要是根据"学校发展计划"和"参与式教师培训"的要求，指导项目省制订工作计划，对省级专家、县级专家进行培训和技术指导，评估和总结成果和经验。

目前，上述5个课题的研究工作已全部结束。各课题组撰写了系统翔实的研究报告，分别提交给了我国教育部财务司、世界银行和英国国际发展部北京办事处，得到了各方的充分肯定。其中，陈向明教授课题组的成果《学校发展计划与学校自主发展》、《参与式教学与教师专业发展》已由北京大学出版社于2008年12月出版。应该说，这些研究成果的取得十分不易，得益于英国国际发展部提供的资金支持、技术指导和世界银行给予的帮助，凝聚了各课题组成员的辛勤劳动和学术智慧。各项目省（自治区）、市（地、州）、县（旗）教育行政部门和项目学校大力配合、积极参与，为研究工作的顺利完成作出了贡献。为以适当的方式呈现、发掘并推广这些研究成果，我们请金东海、范先佐、杜育红、袁桂林四位教授牵头的课题组对其研究报告进行了修改、完善和充实，以《中国西部基础教育文库》的名义结集出版，希望得到基础教育理论与实践工作者们的批评与指正。

谨此为序。

2010年11月20日

（本序作者系教育部财务司巡视员）

目 录

1 引言
4 导论

11 **第一章 绪论**
  ■第一节 中国农村义务教育概述 11
    一、农村义务教育发展的现状 11
    二、农村教育财政体制的改革 13
  ■第二节 农村贫困家庭收入水平及教育支付能力
        分析 17
    一、贫困和贫困线 17
    二、农村、农民经济收入分析 20
    三、农村家庭教育支付能力分析 25
    四、农村贫困学生资助对象界定的分析 28
  ■第三节 农村贫困家庭义务教育阶段学生就学
        资助 32
    一、义务教育阶段学生就学资助的提出与实施 33
    二、义务教育就学的资助主体和受助主体 37
    三、义务教育就学资助的问题分析 38

41 **第二章 就学资助研究的相关理论分析与文献综述**
  ■第一节 就学资助研究的相关理论分析 41
    一、教育公平理论 41
    二、公共产品理论 44
    三、社会分层理论 47
    四、家庭教育决策理论 50

■ 第二节　与课题研究相关的文献综述　54
　　一、农村义务教育成本研究　54
　　二、就学资助研究　63

第三章　课题研究问题与研究设计

■ 第一节　课题研究关注的主要问题　71
■ 第二节　研究设计　73
　　一、研究方法　74
　　二、调查抽样　76
■ 第三节　调查质量控制　77
　　一、数据录入与处理　77
　　二、加权和权重的选择　78
　　三、课题研究存在的不足　78

第四章　甘肃、四川、湖北、河南四省农村义务教育经费现状调查

■ 第一节　2005年四省农村义务教育支出情况分析　80
　　一、四省农村义务教育经费支出　80
　　二、样本县义务教育经费支出　83
■ 第二节　样本学校经费收支比较分析　85
　　一、学校经费收入来源　86
　　二、2005—2006学年样本学校经费情况　86
　　三、四川、甘肃"新机制"实施前后样本学校收支变化比较分析　89

第五章　教育成本和家庭教育负担

■ 第一节　样本儿童教育成本分析　95
　　一、个人直接教育成本总体情况　96
　　二、中部与西部个人直接教育成本（项目省与非项目省）　98
　　三、贫困县与非贫困县个人直接教育成本　99
　　四、个人直接教育成本的性别差异　100
　　五、个人直接教育成本的年级差异　100

六、不同财富层次家庭学生直接教育成本差异 101
■第二节 家庭教育负担分析 102
一、家庭经济与财富的衡量 102
二、家庭单个儿童教育支出负担率 104
三、义务教育阶段家庭总教育支出负担率 107
■第三节 样本儿童家庭劳动时间分析 109
一、样本儿童家庭劳动时间总体情况 109
二、分年级样本儿童家庭劳动时间比较 109
三、分地区样本儿童家庭劳动时间比较 110
四、分性别样本儿童家庭劳动时间比较 110

113 第六章 儿童辍学原因及辍学风险分析
■第一节 样本儿童辍学现状描述及影响因素分析 113
一、辍学率概念界定 113
二、辍学儿童样本分析 114
三、辍学原因分析 117
■第二节 家庭劳动负担因素对儿童辍学的影响 119
一、样本儿童家庭劳动负担基本情况分析 120
二、不同性别样本儿童家庭劳动负担基本
情况分析 122
三、少数民族样本儿童家庭劳动负担基本
情况分析 123
四、不同家庭经济水平样本儿童家庭劳动
负担基本情况 124
五、样本儿童家庭教育投入与家庭劳动负担
分析 125
六、样本儿童家庭与学校距离和家庭劳动
负担分析 126

129 第七章 甘肃、四川、湖北、河南四省义务教育阶段就学资助现状及效果评价
■第一节 四省"两免一补"的实施现状及效果
评价 130
一、四省"两免一补"实施状况 130

二、不同财富分值组家庭的样本学生享受
　　"两免一补"的状况　133
三、"两免一补"对样本学生就学成本的影响　136
四、家长对"两免一补"的实施效果评价　140
五、"两免一补"实施中出现的主要问题　140
■第二节　四省"两免一补"以外其他就学资助
　　　　　形式的实施现状及效果评价　141
一、四省"两免一补"以外其他就学资助形式
　　的实施状况　141
二、四省"两免一补"以外其他就学资助形式
　　的效果评价　144
三、其他就学资助项目的实施途径和办法　147

第八章　完善农村义务教育阶段学生就学资助制度的思考与建议

■第一节　建立农村贫困学生就学资助制度的
　　　　　必要性　150
一、体现教育法规政策的精神和要求　151
二、推进农村义务教育的公平发展　153
三、保障农村义务教育的质量　155
■第二节　义务教育均衡发展与贫困学生就学
　　　　　资助的关联思考　156
一、义务教育均衡发展问题的提出　157
二、义务教育均衡发展含义的思考　158
三、义务教育均衡发展目标的现实思考　160
四、义务教育资源配置不均衡现象突出　162
五、强化国家推进义务教育均衡发展的责任　163
■第三节　推进"两免一补"成为持续、稳定的
　　　　　学生就学资助制度　165
一、建立持续、稳定的"两免一补"资助制度　165
二、提高农村义务教育阶段学生就学必需费用
　　资助标准　166
■第四节　建立农村义务教育阶段贫困学生就学
　　　　　资助制度　169

一、资助的法规体系 169
二、资助的原则 170
三、贫困学生资助对象 171
四、贫困学生接受资助的标准 175
五、资助的实施形式及途径 176
六、机会成本问题 179
七、资助经费的分担 179
八、资助的管理 180
九、资助对象的责任和资助的退出机制 182
十、资助的评价 183

第九章 国外义务教育阶段贫困学生资助概况

第一节 各国义务教育学生资助措施概述 186
一、资助的基本概况 186
二、资助条件 188
三、资助程序 189
四、资助标准 190
五、资助形式 190
六、资助经费来源 192

第二节 部分国家实施义务教育学生资助的措施 193
一、发达国家 193
二、发展中国家 194

第三节 各国义务教育免费的基本概况 198
一、免费是各国义务教育的基本特征 198
二、强调机会均等，义务教育实行全部免费 198
三、各国义务教育经费的承担 199
四、几个发达国家义务教育免费的经费保障 199

第四节 孟加拉国贫困学生资助 202
一、建立"资助网"，使义务教育资助避免"势单力薄"的尴尬 202
二、孟加拉国 PESP 实施经验 204
三、孟加拉国 FSSAP 资助实施经验 209

正文图表索引 213

附　录 217

1　西部地区基础教育发展项目　217
2　课题研究的相关概念　218
3　国务院关于深化农村义务教育经费保障机制改革的通知　219
4　财政部　教育部关于调整完善农村义务教育经费保障机制改革有关政策的通知　223
5　关于落实和完善中小学贫困学生助学金制度的通知（教育部　财政部　国务院扶贫开发领导小组办公室印发）　226
6　国务院办公厅转发教育部等部门关于开展经常性助学活动意见的通知　228
7　课题调查过程、抽样、数据处理　229
8　样本学校分布情况　238
9　就学费用统计（可控性弱部分）　239
10　家庭固定资产分值　240
11　四川省巴中市政府关于贫困学生救助文件　241
12　甘肃省张家川回族自治县中小学胡氏助学金申请条件　246
13　希望工程简介　246
14　中国儿童少年基金会简介　249

后　记 251

引　言

2005年8月，教育部向西北师范大学下发了国家级研究课题"农村贫困学生就学资助制度研究"教育科研竞标项目的通知。该项目由英国政府资助，是世界银行（World Bank）、英国国际发展部（Department for International Development，DFID）在中国西部五省（区）实施的"西部地区基础教育发展项目"（Basic Education in Western Areas Project，BEWAP）的研究子课题之一。根据课题要求，西北师范大学教育学院组成了课题研究组，向教育部提交了项目计划书。2006年4月，教育部财务司批准西北师范大学教育学院承担该课题研究任务。在教育部财务司组织进行的两次项目专家论证咨询会上，对课题计划书的设计进行了修正，课题执行时间为2006年6月至2007年12月。2006年7月，课题全面启动。2007年12月课题组向教育部提交了初报告，2008年9月报告最终修改完成，并向教育部、世界银行和英国国际发展部"西部地区基础教育发展项目"提交了最终研究报告。

由于课题成果是在"西部地区基础教育发展项目"于五省（区）全部结束后出版，而课题研究的调查时间是2006年8—10月，因此，许多调查数据只能反映当时的农村学校、贫困农民家庭及学生的基本情况。但本研究的积极作用还是可以从三个方面得到体现：第一，帮助我们客观了解当时农村义务教育阶段学校经费运行和农民家庭教育负担，为今后此类研究提供借鉴。第二，分析农村义务教育在国家实施"两免一补"政策后所发生的变化，展现农村义务教育发展的成就。特别是促使全社会认识到，建立农村贫困学生资助制度的必要性及对推进农村义务教育事业发展的重要意义，实施学生资助在减轻贫困农民家庭教育支出负担方面的作用。第三，研究成果可为相关部门制定及实施农村贫困学生就学资助政策、建立资助制度提供借鉴。

本课题研究的主要目标是为构建一个完善的农村义务教育阶段贫困生资助体系提供依据，从而为普及农村九年义务教育提供保障并确保良好的教育质量。具体体现在以下三个方面：

(1) 研究农村学生就学资助在提高教育产出、普及义务教育、提供优质义务教育中所起的作用；

(2) 评价现有义务教育阶段农村学生就学资助（主要为"两免一补"）对教育产出的影响；

(3) 为建立和完善义务教育农村贫困学生就学资助体系提供政策建议。

为了达到以上目标，课题组在分析中国农村义务教育现状和背景的基础上，通过田野调查和文献分析，调查和研究了中西部地区农村义务教育阶段就学资助实施现状及现阶段农村贫困学生完成学业的资助需求，对调查获得的数据进行了统计处理，分析了农村贫困学生就学资助存在的问题及其原因，为课题组的研究结论和建议提供了客观可靠的依据。

因为课题研究期间正值西部农村开始实施国家对农村贫困学生的"两免一补"资助政策，为此，课题组在课题研究过程中，对样本地区国家"农村义务教育经费保障机制"以及"两免一补"资助政策实施情况进行了调研，发现和评价了现有农村义务教育阶段贫困学生就学资助存在的问题和需要继续完善的方面。最后，课题研究分析探讨了农村贫困学生对就学资助的需求，并建议在"两免一补"免费就学政策的基础上，完善针对农村贫困学生的就学资助制度，提出应以农村贫困学生顺利完成学业的资助需求为依据，建立一个持续、稳定，符合农村实际的农村义务教育阶段贫困生就学资助体系，并就该制度的建立提出了相关政策建议。

本课题的研究主要采用了教育学、经济学、社会学等相关学科的理论与研究方法，通过学校问卷和入户调查搜集课题研究所需要的信息和数据，对课题所提出的研究目标进行了深入的调研。采用入户调查时使用了社会人类学的研究方法，可以为本课题提供客观真实的研究材料。直接进入到农民家庭之中，使我们能全面了解农民家庭的教育支出负担和他们对子女教育的态度，更重要的是我们得到了有关农村贫困家庭的教育负担压力和子女对教育资助的需求状态的信息。这为课题研究的最终建议提供了有力的支持。

"农村贫困学生就学资助制度"研究课题组

课题组负责人

金东海　教授　　西北师范大学　　西北少数民族教育发展研究中心

课题组核心成员

安雪慧	副教授	教育部	教育发展研究中心
万明钢	教授	西北师范大学	西北少数民族教育发展研究中心
王爱兰	教授	兰州城市学院	教育学院
安　静	博士生	西北师范大学	西北少数民族教育发展研究中心

课题组成员

许洁英	教授	西北师范大学	教育学院
孙百才	教授	西北师范大学	教育学院
朱雪峰	副教授	西北师范大学	教育学院
周爱保	教授	西北师范大学	教育学院
祁进玉	副教授	西北师范大学	西北少数民族教育发展研究中心
张善鑫	讲师	西北师范大学	西北少数民族教育发展研究中心
张璞	讲师	西北师范大学	教育学院

西北师范大学教育学院教育经济与管理专业、应用心理学专业2004、2005、2006级硕士研究生参与了文献搜集、项目调研、数据录入和分析，以及报告的撰写工作。

承担书稿各部分撰写工作的教师和研究生：第一章，金东海、王爱兰、温化民；第二章，金东海、安静、张译匀；第三章，万明钢、朱雪峰、路宏；第四章，万明钢、刘航、麻晓亮；第五章，安雪慧、路宏、李霞；第六章，王爱兰、赵妍、程国文；第七章，安雪慧、杨芳、李耀青；第八章，金东海、安静；第九章，朱雪峰、金戈、张璞、秦浩。

金东海、安静承担了全书的修改和统稿工作。

本书是在课题研究报告基础上完成的，它的正式出版得到了教育部财务司、外资贷款办、世界银行，英国国际发展部"西部地区基础教育发展项目"办公室，以及人民教育出版社的支持。

金东海
2011年5月

导 论

本书分为九章，主要研究内容和结论如下。

第一章主要分析了中国农村义务教育现状、义务教育财政和义务教育阶段学生资助等。从1986年开始实施九年义务教育制度至今，我国义务教育发展取得了巨大成就。到2006年，小学净入学率、初中毛入学率分别达到99.27%和97%，基本实现了普及九年义务教育的目标。

从20世纪80年代至今，我国农村义务教育财政体制经历了由"以乡为主"到"以县为主"转变。① 2005年开始，义务教育经费保障机制在西部农村中小学首先实施，标志着农村义务教育已经纳入到国家公共财政保障范围。

但是，现阶段我国中、西部贫困农村地区经济发展相对滞后，贫困农民群体的数量还很大，他们的教育支付能力还很低，仍然需要国家和社会各界为贫困学生就学给予资助。

有关部门和地方政府在实施农村贫困学生资助过程中，界定贫困生的标准和方法基本合理，较为符合农村贫困家庭学生基本特征和实际，便于农村学校和乡村政府在使用过程中具体操作。主要包括：经民政部门确认的农村低保或农村特困救助范围的家庭子女；因自然灾害或家庭成员发生

---

① 1986年开始，我国农村义务教育实行"地方负责、分级管理"的原则。与此相应，教育经费管理体制也分别由中央和地方两级财政分担。但实际上，农村义务教育经费多年来主要由地方负担和筹集，中央只给予少量专项补助，结果形成了义务教育乡、村两级办学，乡办初中、村办小学的办学模式。在当时以及以后相当长一段时间，由于农村县级义务教育财政负担能力不足，多数地区义务教育经费实际上是由乡级财政承担。2002年，为了保障农村义务教育经费投入，改变"以乡为主"的农村义务教育财政体制，国务院颁布了《关于完善农村义务教育管理体制的通知》，开始实施农村义务教育"以县为主"的财政体制，投资主体由乡转变为县，并加大了中央对农村义务教育的投入。

重大病故等突发事件导致家庭经济困难的子女；孤儿、烈军属贫困家庭子女、残疾家庭子女、残疾学生、单亲贫困家庭子女、父母双亲长期患严重疾病家庭子女；接受特殊教育学生；持有农村五保供养证的未成年人；进城务工就业人员中贫困家庭的留守子女。

近几年，我国农村出现了多种针对贫困家庭学生的义务教育就学资助，国家实施的"两免一补"就学资助政策在帮助农村贫困学生就学并顺利完成学业方面发挥了重要作用，已成为农村义务教育阶段学生入学的基本保障。除此之外，还有其他农村贫困家庭学生就学资助形式。课题组研究认为，从保障贫困家庭学生平等受教育权，推进农村义务教育发展需求来看，就学资助应进一步扩大和加强，增强其可持续性。课题组从两个方面建议：第一，完善"两免一补"就学资助政策，使其成为面向全体农村学生，持续、稳定的就学资助制度；第二，加强农村义务教育阶段贫困家庭学生就学资助力度，建立一个持续、稳定，符合农村实际情况的贫困学生就学资助制度。

第二章是就学资助研究的相关理论分析与文献综述。

为了保证研究能够有可靠的理论支持和文献基础，课题研究过程中，课题组对多年来的相关研究文献和成果进行了搜集、梳理和分析。

主要分析了教育公平理论、公共产品理论、社会分层理论和家庭教育决策理论。

本章还对教育成本和就学资助的相关研究成果进行了系统和全面的分析。

第三章介绍了本研究的三个主要目标。

（1）调研学生就学资助在提高教育产出、推进普及义务教育、提供优质义务教育中所起的作用。

（2）评价现有就学资助政策（主要指"两免一补"）对教育产出的影响。

（3）为完善和建立一个新的义务教育阶段贫困学生就学资助体系提出政策建议。

为达到以上三个研究目的，课题主要从家庭和学校两个层面进行调查研究（课题研究的框架参见第三章第一节）：

家庭方面，调查农村学生个人教育成本、家庭财产与收入现状，了解贫困家庭学生的辍学状况并分析贫困学生家庭教育支付能力和资助需求，根据贫困家庭学生就学的资助需求确定贫困生资助对象和标准。

学校方面，分析比较实施"农村义务教育经费保障机制"和"两免一补"前后学校经费收入和支出的变化情况，并考察现行的各种资助实施现状，评价各种学生就学资助对提高教育产出的作用；通过对农村学生就学资助现状的评价，为完善学生就学资助制度（主要是"两免一补"）提出建议；通过对家庭和学校两个层面的分析，为贫困学生资助制度的建立提供依据，最终达到提高教育产出的目的。

第四章研究了我国及四省义务教育经费现状。

(1) 国家加大了对不发达地区的财政转移支付力度，贫困农村地区义务教育长期以来投入不足的困境开始改变。义务教育经费保障机制改革对四川、甘肃两省样本县义务教育改革和发展产生了重大而深远的影响（见图 8、图 10、图 11）。但中西部地区与东部发达地区相比，农村义务教育投入差距仍然很大，目前的教育经费状况不能充分满足农村义务教育事业发展的需要（见表 8、图 6）。

(2) "新机制"实施后，各省贫困县与非贫困县之间学校经费收入差别缩小，学校经费不平衡状况进一步改善，但差距仍很明显（见表 10、表 11）。

(3) 义务教育经费保障机制的实施受到学校的欢迎。所调查学校公用经费基本能够按照各省所定标准到位（见表 15）。学生生均公用经费数额明显提高，8 个样本县中有 6 个县的样本学校生均公用经费 2006 年上升幅度在 100 元以上（见表 16）。但校长普遍反映，目前的保障水平，只能维持学校最低基本运转，远不能满足学校"发展"的需要，学校的教育教学设备还远没有达到国家标准，难以保证教育教学质量。部分村小和教学点由于规模较小，经费实际拨付数额很低，维持基本运转的困难大。部分寄宿制学校寄宿费补助到 2006 年 10 月还无经费执行，寄宿生生活和住宿条件十分简陋，学生营养条件差。

第五章研究了包括儿童就学所需支付的教育成本，家庭的教育负担率，儿童的家庭劳动时间等问题，分析了农村家庭儿童完成义务教育支出成本以及由此产生的家庭经济负担等基本情况。

(1) 课题组将个人直接教育成本分为必需成本和自愿成本①，并根据家庭对成本的控制程度又将个人直接教育成本分为可控性弱和可控性强两类②，

---

① 必需成本是指根据国家规定，家庭送子女上学所必须承担的基本教育支出；自愿成本则指家庭选择支付的扩展的教育成本费用。区分二者是为了从不同的角度对家庭的教育付费意愿作出分析。

② 可控性弱是因为这一类费用是家庭向学校缴纳或就学过程不得不支付的；可控性强是指家庭可以根据自己的经济水平，决定为孩子购买的该类项目中的各种物品的数量和质量的支付。

然后通过不同群体划分，分析了样本儿童的各项个人直接成本。①总体上，必需成本在个人直接成本中所占的比例高于自愿成本，可控性弱成本部分远高出可控性强部分。②分省来看，四省样本学生的个人直接成本存在较大差异，湖北各项成本最高，其次为四川、河南与甘肃。③分地区来看，不论小学或初中阶段，除了可控性强成本略低于西部地区外，中部地区个人教育直接成本各项均高于西部地区。④由于"两免一补"资助的作用，贫困县学生的个人教育成本支出低于非贫困县学生。⑤分性别来看，调查家庭对男生的教育投入意愿要高于女生，代表家庭支付意愿的自愿成本和可控性强成本，男生略高于女生。⑥随着家庭经济水平的提高，学生个人直接教育成本各项呈现出逐层增长的趋势。

（2）用义务教育阶段教育支出负担率①衡量样本家庭教育支出负担程度。①单个子女的人均教育负担率：西部地区的可控性弱教育支出负担率低于中部地区，这在一定程度上显示了"两免一补"政策的实施效果②；贫困县家庭的教育支出负担率要重于非贫困县家庭。各项教育支出负担率贫困县均高于非贫困县；初中阶段的家庭教育支出负担率要高于小学；随着家庭经济水平的提高，教育负担率呈递减趋势。②家庭教育支出总负担率：贫困县高于非贫困县，少数民族县高于非少数民族县。总体上，家庭的总教育支出负担率随着家庭经济水平的上升而递减。

（3）儿童家庭劳动时间。所调查样本家庭中，花费儿童时间最多的劳动是"帮助家庭做农活"。随着儿童就学年级的增长，家庭劳动花费的时间逐渐递增。小学女生的家庭劳动时间高于男生，主要表现在做家务与照顾老人和病人等方面；初中阶段，在做农活和帮助弟妹做作业两方面，男生所付出的劳动时间逐渐增多，总付出劳动时间略高于女生。

第六章研究了辍学儿童的特征，包括辍学原因和辍学风险。样本辍学儿童的主要特征是：女生辍学率高于男生；初中辍学率明显高于小学；少数民族儿童辍学率显著高于汉族儿童。较高收入组的样本儿童辍学率低于较低收入组。引起样本儿童辍学的三大主要原因是：家庭教育支付能力低；对学习没兴趣，学习成绩差；较重的家庭劳动负担。

农村绝大多数的家庭需要儿童承担家庭劳动（见表36）。课题组从儿童面临的家庭劳动负担这一角度出发，分析了处于潜在辍学风险下的儿童

---

① 本书只研究甘肃、四川、湖北三省的家庭教育负担率。
② 调查时"新机制"仅在西部地区实施，甘肃、四川农村学生均享受"两免一补"资助。

个体特征。家庭对女生的劳动需求要比男生多;少数民族家庭对儿童劳动的需求大于汉族家庭;少数民族地区样本儿童面临的家庭劳动负担明显高于非少数民族地区的样本儿童;随着家庭财富由低到高,儿童需要承担的家庭劳动呈递减趋势(见图26),说明贫困家庭更需要儿童帮助家庭劳动。在同一经济水平下,对儿童劳动需求更多的家庭,对子女教育的重视程度较低(见图27、图28)。位置较偏远贫困家庭儿童不仅上学路途时间较长,还需要付出较多的家庭劳动时间,承担的劳动负担较重,从而面临更重的学习和生活压力,更容易辍学。因此,女童、少数民族儿童、少数民族地区儿童、贫困地区及家庭贫困的儿童、家庭居住较偏远的儿童,会面临较高的辍学风险,需要给予更多的关注和支持。

第七章评价了四省"两免一补"及社会各界其他学生资助的实施情况和效果。自"两免一补"实施以来,资助比例在逐渐提高、资助范围在逐渐扩大,明显向贫困县和民族县倾斜。依据家庭经济水平分组分析,不论小学和初中,免杂费比例在各收入组均为最高,其次为免书本费比例。享受免杂费和免书本费样本学生比例随着家庭经济收入水平的降低,其享受比例基本上呈逐级增长趋势,低收入组(不同收入组划分参见第五章)这一比例最高。另外,初中寄宿生享受生活费补助的样本学生比例没有随不同收入组呈现明显的规律性变化,且享受生活费补助的比例都很低。

调查组发现,义务教育阶段中小学生在校读书所必需的书本费不仅仅包括国家免费的统一教科书和练习本,还包括必需的辅导材料和其他必需的作业本,多出免费范围的这部分成本带给学生家庭的经济负担仍然较重。此外,国家免费提供的练习本在数量上也不能够满足学生学习的实际需要。按照调查期间国家寄宿生生活费补助每生每天1元的标准来看,补助标准占实际发生的寄宿生生活费的比例小学仅为38.5%,初中仅为26.3%,远远不足以解决寄宿生的生活问题。家庭到学校距离越远的住宿生,家庭总教育负担率越重,劳动时间也更长,增大了这部分学生辍学的风险,需要予以特别关注。但总体而论,不管是小学还是初中,绝大多数家长和教师认为"两免一补"在很大程度上减轻了家庭的教育负担。

目前,国家已经调整提高了"两免一补"的实施标准。从2007年秋季学期起,小学寄宿生生活费补助为每生每天2元,初中为3元,并且所有农村义务教育阶段中小学寄宿生都可以享受到生活费补助。课题组根据目前的资助标准和调查数据对"两免一补"实际减轻家庭教育负担的程度进行了估算,资助约占学生个人教育成本比例的60%。

调查组还了解到,与"两免一补"相比,来自社会各界的农村学生就学资助,形式多,来源广,但缺乏稳定性,资助范围窄、标准低,数量也比较小。

第八章就完善农村义务教育阶段"两免一补"和建立贫困学生就学资助制度两个方面提出了思考与建议。

(1)推进"两免一补"成为持续、稳定的学生就学资助制度。将"两免一补"资助政策转变为持续、稳定的免费就学制度,并以法规方式予以确立。提高农村义务教育阶段学生就学必需费用资助标准,并根据不同时期教育实际需求和物价水平适时调整。向学生免费提供学习辅导材料和作业本,更大程度上保证学生学习质量和减轻家庭教育负担。

(2)建立农村义务教育阶段贫困学生就学资助制度。确定资助对象群体:孤儿和单亲家庭的贫困儿童;因天灾人祸导致家庭贫困的儿童;父母丧失劳动能力家庭的儿童;贫困和低收入家庭儿童;多子女家庭儿童;民族地区少数民族家庭儿童。在资助对象中,特别注意关注初中阶段民族女童、贫困家庭残疾儿童和面临辍学风险儿童。

课题组建议,贫困学生就学资助应当纳入农村"两免一补"体系,资助经费应成为"两免一补"经费体制的重要组成部分。经费责任由中央和地方各级财政承担,具体可以参照"两免一补"分担比例,国家级扶贫县由中央和省级财政承担。贫困学生资助经费筹集办法与"两免一补"经费筹集办法一样,实行统一的分担比例,其优点是政策简明,有利于制度设计与实施,可以统一实施步骤,便于基层部门执行。并且,也可以不因贫困地区地方财政困难而导致贫困学生资助无法实施。

贫困学生就学资助形式可以从三个方面进行:现金资助、免费资助、实物资助。

为了有效地实施就学资助,需要有专职机构负责,建立可靠的管理制度,各级组织明确责任,管理运行规范,并建立有效的退出机制和监督评价机制。

第九章对世界各国义务教育资助情况进行了较系统的梳理和分析,可以为我国建立就学资助提供借鉴。

(1)义务教育免费是各国教育发展的普遍趋势。

(2)各国在实施免费义务教育同时,为了保证贫困学生顺利完成学业,还向贫困学生提供就学所需的各种形式的资助。

(3)国家建立制度化的资助体系,为贫困学生提供各种形式的就学资助,是义务教育发展的特点之一。

(4) 各国资助经费分担的机制并不统一,但基本上都以国家承担为主,地方政府和社会共同参与。

(5) 对接受资助的贫困生规定了出勤率和学习合格率的要求,以保证学生完成学业。

(6) 资助对象选择贫困单亲家庭子女、低收入家庭子女、无固定收入家庭子女、无耕地或耕地面积极少的农民家庭子女,以及各种弱势群体贫困家庭的子女。

(7) 各国都规定了资助对象的统一标准,如孟加拉国贫困学生资助标准主要参考学生家庭贫困程度和学生一般就学成本两个因素。

(8) 政府规定的贫困线成为选择受资助对象的标准,如巴西规定按照全国家庭抽样调查及人口普查和学校年度普查来计算贫困程度,确定资助对象及标准。

(9) 国家建立资助管理信息统计系统对资助实施统一管理,并设立监督机构对资助工作进行监控,同时还建立了社会监控机构。

本书附录部分主要包括:(1) 相关概念;(2) 国家教育主管部门和其他相关部门关于农村义务教育经费和贫困学生就学资助的相关文件;(3) 课题调查取样的说明;(4) 地方政府制定的贫困学生就学资助的相关规定。

第一章 绪 论

第一节 中国农村义务教育概述

中国从 20 世纪 80 年代中期开始建立九年义务教育制度，经过二十余年的不懈努力，到今天义务教育已经取得了辉煌的成就，其中农村义务教育的普及直接推进了全国普及义务教育目标的实现。

一、农村义务教育发展的现状

1986 年《中华人民共和国义务教育法》（以下简称《义务教育法》）颁布，该法确立了中国适龄儿童的受教育权利，规定国家实施九年义务教育制度，儿童年满 6 周岁，不分性别、民族和种族，应当入学接受规定年限的义务教育；国家对接受义务教育的学生免收学费，国家设立助学金，帮助贫困学生就学。2006 年，全国人大修订《义务教育法》，规定义务教育是国家统一实施的所有适龄儿童、少年必须接受的教育，是国家必须予以保障的公益性事业。实施义务教育，不收学费、杂费；国家建立义务教育经费保障机制，保证义务教育制度实施。到今天，在《义务教育法》的保障和国家与地方各级政府的努力下，普及九年义务教育在中国取得了巨大的成绩。

自 1986 年开始实施义务教育至今，全国学龄儿童入学率和升学率基本保持稳步上升的趋势。1990 年小学学龄儿童入学率、升学率分别只有 97.8%、74.9%，到 2006 年，小学入学率、升学率已分别达到 99.27%、100%，基本使所有的小学毕业生都可以接受高一级的教育；1990 年初中阶段毛入学率、升学率为 66.7%、40.6%，到 2006 年，初中毛入学率、升学率分别达到 97%、75.7%。（见图 1）① 截至 2006 年底，全国实现

---

① 全国教育事业发展统计公报（1990—2006）[R]. 中华人民共和国教育部网站：www.moe.gov.cn.

"两基"验收的县（市、区）总数达到2 973个，占全国总县数的96%，农村实现普及义务教育的地区人口覆盖率达到98%以上。其中男女童入学率分别为99.25%和99.29%。①

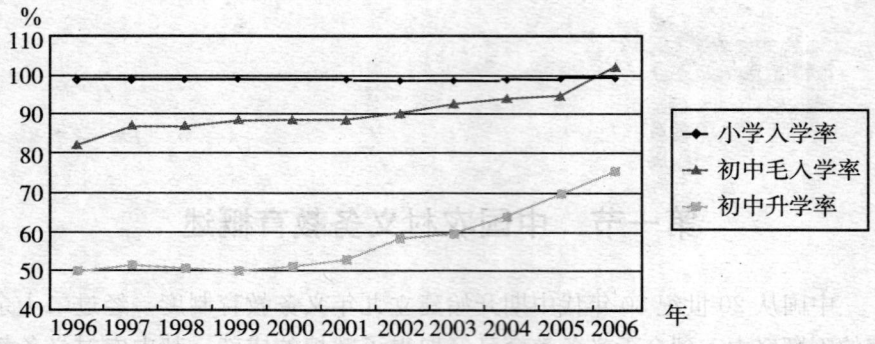

图1　1996—2006年全国义务教育阶段入学率、毛入学率、升学率变化趋势

注：数据由课题组根据教育部1996—2006年《全国教育事业发展统计公报》整理。

我国义务教育得以快速发展，从经济因素分析主要有以下原因：第一，进入20世纪90年代后，我国经济进入高速发展的阶段，人均GDP增长速度接近10%。到2006年人均GDP已经达到15 931元，相当于1996年人均GDP的两倍（见图2）。经济增长使国家有能力把更多的资金投向义务教育。第二，从2004年起，中共中央、国务院连续四年下发一号文件，国家政策进一步向农村地区倾斜，支持农村经济快速发展，为农村基础教育的发展提供了经济保障。第三，自2000年起，国家取消了农村教育费附加和农民教育集资，农民的负担进一步减轻，中央和地方省级财政增加了对县级财政的转移支付，基本上保证了农村教育事业的正常运转和持续发展。第四，农村义务教育财政体制的深化改革。2001年，国务院颁布了《关于基础教育改革和发展的决定》，确定了农村义务教育实行"在国务院领导下，地方政府负责、分级管理、以县为主"（以下简称"以县为主"）的管理体制，2002年，国务院又出台了《关于完善农村义务教育管理体制的通知》，这些文件专门规定了保障农村义务教育投入的具体措施。2005年，国家进一步明确了各级政府对义务教育经费投入的责任，逐步将农村义务教育经费纳入公共财政体制，加大了对农村义务教育阶段经费的投入力度，使生均预算内事业费和公用经费有了明显的提高。由图2可以

---

① 全国教育事业发展统计公报（2006）[R]．中华人民共和国教育部网站：www. moe. gov. cn．

看出，从2003年开始，生均教育经费的增长速度明显加快，并且，生均教育经费的增长幅度远高于同期人均GDP的增长幅度。到2006年，农村小学和初中生均教育经费的增长率已分别接近30%和35%。

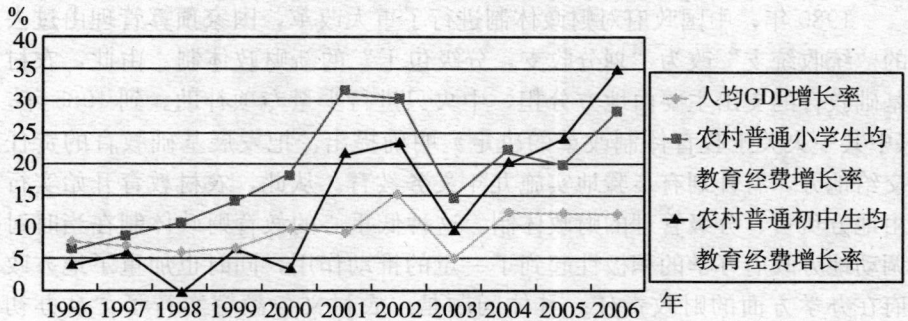

图2　1996—2006年全国人均GDP、农村小学、初中生均教育经费增长率变化趋势

注：1. 数据由课题组根据教育部1996—2006年《中国教育统计年鉴》和国家统计局网站数据整理。

2. 图中数据是剔除通货膨胀因素后的数据，以居民消费价格指数（1994＝100）换算。

综上所述，二十多年来，在国家和各级政府的不断努力下，在《义务教育法》的保障下，我国农村基本实现了普及九年义务教育的目标，义务教育事业取得了巨大的成就。

二、农村教育财政体制的改革

从20世纪八九十年代到21世纪初以来，我国农村义务教育事业发展经费投入的变化与增长，其对农村学校经费运行的影响及保障农民子女顺利就学的作用，都可以通过教育财政体制改革及经费投入数量的变化去分析。由此，可以进一步了解到财政性教育经费对农村义务教育发展的制约作用，以及国家和各级政府履行责任与义务的重要性。20世纪80年代以来，我国农村义务教育财政体制改革主要分为四个阶段：第一是"分灶吃饭财政"体制下的农村义务教育财政体制初步建立阶段；第二是分税制改革下的农村义务教育经费投入体制改革阶段；第三是税费改革后的"以县为主"农村义务教育投入体制阶段；第四是农村义务教育经费保障新机制建立阶段。在这四个阶段，我国农村义务教育经费投入经历了一个主要由农民承担到由国家承担的转变过程，农村义务教育财政体制到目前已经基本建立和完善。以下对这四个阶段的主要情况作一简要分析。

(一)"分灶吃饭财政"体制下的农村义务教育财政体制初步建立阶段(1980—1994)

1980年,中国政府对财政体制进行了重大改革,国家预算管理由过去的"统收统支"改为"划分收支,分级包干"的新财政体制。由此,农村基础教育的支出主要由地方分担,中央只进行少量专项补助。到1985年,《中共中央关于教育体制改革的决定》明确提出:把发展基础教育的责任交给地方,有计划有步骤地实施九年义务教育。从此,农村教育开始实行由地方负责、分级管理的财政体制。这种低重心的教育财政体制在当时对调动地方政府办学的积极性起到了一定的推动作用,同时也加重了地方政府在办学方面的财政责任。具体问题是,农村义务教育实行了"乡办初中、村办小学"的办学模式,义务教育投入主要由乡级财政承担,实行"谁办学谁投入"的经费筹措办法,包括教师工资在内的多项学校办学经费由乡级财政承担。1984年,国务院发布《关于筹措农村学校办学经费的通知》,提出:开辟多种渠道筹措农村学校办学经费,乡级政府可以向农民征收教育事业费附加,并鼓励社会各方面和个人自愿投资在农村办学。与此同时,在农村积极宣传"人民教育人民办"。这些措施虽然在很大程度上解决了农村学校办学经费不足问题,但也加重了农民家庭的教育负担。

(二)分税制改革下的农村义务教育经费投入体制改革阶段(1994—2000)

1994年开始,在国家实施分税制财政体制改革背景下,依据《中国教育改革和发展纲要》的精神,农村应形成一个以政府财政拨款为主、多渠道筹措教育经费的投入体制。但分税制增强了中央宏观调控的财政供给,却削弱了地方政府的财政力量,地方财政承担农村义务教育投入的能力更加不足。由此,农村教育事业费附加和农村教育集资成为筹措义务教育经费的两条重要渠道①,这种状况使农村义务教育发展面临更为严峻的挑战。由于地方财政困难,乡级政府投资义务教育的能力大大降低,但是乡级政府负责农村义务教育学校的责任并未减轻,这种现象使乡级政府根本无法

---

① 根据《中国统计年鉴2000》所提供的统计数据,1998年,全国农村教育事业费附加征收148.55亿元,农村教育集资经费64.04亿元,两项合计212.59亿元,约占农村中小学经费总投入的26.18%。统计结果表明,两项投资成为仅次于国家预算内拨款的农村中小学经费第二大来源,在支撑农村教育事业中起着举足轻重的作用。

保障对农村学校的经费投入。在这种情况下，许多农村地区的乡级政府将教育投入负担直接转嫁给了农民，农民通过缴纳教育费附加、教育集资、缴纳学费及其他费用等方式，承担了农村义务教育发展的主要投资责任。教育负担沉重成为当时农村义务教育阶段贫困家庭学生失学和辍学的主要原因。

（三）税费改革后的"以县为主"农村义务教育投入体制建立阶段（2000—2005）

2000年，国家开始实行农村税费改革制度，取消农民教育集资。此次税费改革取消了占农村义务教育投入总量30%左右的农村教育附加费和农民教育集资，减轻了农民经济负担。税费改革实施以后，国务院先后发布了《关于基础教育改革与发展的决定》（2001年）、《关于进一步加强农村教育工作的决定》（2003年）等一系列重要文件，确定逐步将农村义务教育纳入公共财政保障范围，要求各级人民政府按照新增教育经费主要用于农村的要求，进一步加大对农村义务教育的投入力度，逐步建立"在国务院领导下，由地方政府负责、分级管理、以县为主"的农村义务教育管理体制。从2003年开始，国家在西部地区对农村义务教育阶段家庭经济困难学生实施"两免一补"（免杂费、免教科书费、补助寄宿生生活费）政策，并逐渐加大了中央对农村义务教育的专项投入，使农村义务教育经费短缺状况开始得到改善。"以县为主"的新的管理体制的实施，使农村义务教育的投资主体上升到上一级政府，开始由原来的乡上升到县，这意味着县级政府需要承担更多的投入责任。

农村义务教育管理"以县为主"的经费投入新体制的建立，意味着农村义务教育投入责任开始向制度化和规范化转变，县级政府开始承担主要的投入责任。但是，由于税费改革后的大多数农村，特别是中、西部贫困县，县级政府财政收入不足①，根本无力补上取消教育费附加和教育集资后出现的30%的缺口，使农村义务教育办学陷入举步维艰的处境。并且，虽然中央加大了对农村义务教育的专项转移支付力度，但是，这种专项转移支付制度并未建立在各级政府明确合理的经费分担机制之上，只是解决农村义务教育经费不足的非规范化措施，缺乏稳定性，更未形成制度，不能从根本上解除农村义务教育财政的困难状况。由此，农村学校办学经费短缺的问题并未得到缓解，在许多地区反而更为突出，初中和小学公用经

---

① 据《中国统计年鉴2001》所提供的统计数据，2000年全国财政收入1.34万亿元，其中中央占51%，省级10%，地市17%，县乡两级只有20%多一点。

费零拨款的现象在中西部农村贫困地区非常普遍。

(四)农村义务教育经费保障新机制建立阶段(2005年至今)

2005年12月,国务院发布了《关于深化农村义务教育经费保障机制改革的通知》(以下简称"新机制"。详见附录3),其中指出:按照"明确各级责任、中央地方共担、加大财政投入、提高保障水平、分步组织实施"的基本原则,逐步将农村义务教育全面纳入公共财政保障范围,建立中央和地方分项目、按比例分担的农村义务教育经费保障机制。中央重点支持中西部地区,适当兼顾东部部分困难地区。通知规定,从2006年开始,全部免除西部地区农村义务教育阶段学生学杂费。到2007年,扩大到中部地区,对贫困家庭学生免费提供教科书并补助寄宿生生活费。免杂费资金由中央与地方按比例承担,对贫困家庭学生免费提供教科书的资金,中西部由中央承担,补助寄宿生生活费资金由地方承担。通知的实施,表明中央政府开始对农村义务教育学校办学经费投入承担起重要责任,特别是贫困农村贫困家庭学生入学难问题开始得到解决。

2006年6月,修订后的《义务教育法》颁布,规定义务教育实行"经费省级统筹,管理以县为主"的财政投入新体制。新的投入制度的建立使县级政府能够真正发挥好农村义务教育"以县为主"的管理主体作用,切实承担起发展本地区义务教育事业的责任。同时,经费实行"省级统筹",使农村义务教育经费投入真正具有了财政制度的保障。

2007年11月26日,财政部、教育部发布了《关于调整完善农村义务教育经费保障机制改革有关政策的通知》,《通知》提出进一步落实农村义务教育阶段家庭经济困难寄宿生的生活费补助政策,农村义务教育阶段家庭经济困难寄宿生的生活费基本补助标准,从2007年秋季学期起执行(参见附录4)。具体标准为:小学生每生每天补助2元,初中生每生每天补助3元,学生每年在校天数均按250天计算;向全国农村义务教育阶段学生免费提供教科书,提高中央财政免费教科书补助标准,从2008年春季学期开始,免费提供地方课程的教科书,所需资金由地方财政承担;提高中西部地区部分省份农村义务教育阶段中小学的生均公用经费基本标准,从2007年开始,对中西部地区农村义务教育阶段中小学的生均公用经费基本标准,小学低于150元或初中低于250元的省份,分别提高到150元和250元。

农村义务教育经费保障新机制的实施,使农村学校公用经费不足、教育教学不能正常运行的状况开始转变。更重要的是,新的保障机制的实施，意味着农村义务教育财政体制的改革开始真正将农村义务教育纳入国家公共财政保障范围，标志着农村公共产品供给方式开始发生具有划时代意义的深刻变革。

课题组认为，农村义务教育经费保障机制改革政策的实施，表明农村义务教育经费新的投入体制开始建立，政府公共教育经费的投入已成为农村义务教育持续发展的最主要制度保障，农民在义务教育投入方面承担责任的状况已成为历史。从整体上讲，"两免一补"的实施，基本解决了农民子女交纳不起学杂费、进不了学校的问题，从根本上保障了农村普及九年义务教育目标的实现。

第二节 农村贫困家庭收入水平及教育支付能力分析

20世纪80年代以来，随着经济的高速发展和国家对基础教育投入的增加，我国农村基础教育取得了显著的成就。但从总体来说，由于我国东西部之间、城乡之间的发展存在很大差异，有相当比例的农民仍处于贫困状态。据国家统计局对2006年全国人口数统计，中国农村居民人口共有73 742万人，占全国总人口比例的56.1%。① 同年，农村还有贫困人口和低收入人口5 698万人，其中年人均纯收入692元以下的绝对贫困人口有2 148万人，年人均纯收入不到958元的低收入人口有3 550万人。② 特别是改革开放以来，由于东、中、西部地区经济改革开放的受益程度差异很大，中、西部贫困农村地区经济发展水平较东部地区更低，农民人均收入和支出水平远落后于东部农村地区。

一、贫困和贫困线

贫困是一个既简单又复杂的现象，学术界至今还没有有关贫困公认含义及其衡量的标准。一般认为，贫困是一个相对概念，贫困相对于富足，类似于贫穷。因为贫穷而生活窘困，称之为贫困。贫困是一种社会物质生活和精神生活的贫乏综合现象，其主要根源是物质生活条件缺乏与精神生活没有或缺乏出路。1998年诺贝尔经济学奖获得者阿马蒂亚·森认为：贫困的真正含义是贫困人口创造收入能力和机会的贫困；贫困意味着贫困人

---

① 国家统计局. 中华人民共和国2006年国民经济和社会发展统计公报 [R]. 2007-2-28.
② 农村低保制度可惠及2 100万绝对贫困人口 [N]. 中国青年报，2007-3-07.

口缺少获取和享有正常生活的能力。按照经济学的一般理论，贫困是经济、社会、文化贫困落后现象的总称。但首先是指经济范畴的贫困，即物质生活贫困，可定义为一个人或一个家庭的生活水平达不到一种社会可以接受的最低标准。也有观点认为，贫困不仅是经济概念，更关乎基本的公民权利、能力，其实质是一种权利和能力的贫困。如阿马蒂亚·森所说："贫困不是单纯由于低收入造成的，很大程度上是因为基本能力缺失造成的"，比如与高额医疗、养老、教育、住房等民生支出对应的公民获得健康权、养老权、教育权、居住权的能力缺失。世界银行在《1990年世界发展报告》中将贫困定义为：缺少达到最低生活水准的能力。社会分层理论认为贫困是一种不平等，认识贫困应该观察社会最低层10%～20%的人与其他人之间的差别的本质与程度。从政治和法律角度解释，贫困是人们无论因为什么原因而丧失了交换权、生产权、劳动力所有权、继承遗产权等几项权利中的一项或几项从而陷于挨饿的境况。也有观点认为，贫困指主体因缺乏经济收入而造成经济匮乏，并影响主体身心健康及参加社会活动的状况。

国家统计局农调总队将贫困定义为"个人或家庭依靠劳动所得和其他合法收入不能维持其基本的生存需求"，意指人由于缺乏获得基本的物质生活条件和参与基本的社会活动的机会而不能维持一种个人生理和社会文化可以接受的生活水准，还包括由于缺乏必要的自然、经济和制度环境而不能提高生活水准的发展能力方面的内容。本书主要参考这一解释作为研究的基本概念。

贫困线就是指在一定的时间、空间和社会发展阶段的条件下，人们维持生存（包括维持健康和工作能力）所必需消费的商品和劳务的最低费用。具体讲，农村贫困线就是农村居民的年人均纯收入达到维持基本生活所必需的最低费用的界限。根据贫困的界定，实际上存在两种贫困线的概念，一是绝对的贫困线，贫困线以下的是贫困人口，提高这些成员的收入水平能消除贫困。另一种是相对的贫困线，随着全社会生活水平的提高，贫困线标准也相应提高，因此任何时候都会存在一定数量的贫困人口。

国际上确定贫困线的方法大体上可分为两类：一是相对方法，即依据相对贫困的概念；二是绝对方法，主要依据人们消费生活必需品的绝对水平来确定贫困线，具体有以下四种确定方法。

（1）生活必需品法。该法根据"家庭收支"调查的详细资料，通过研究，确定出必需的生活消费品和劳务项目，然后乘上相应的价格，再相加求和就得出基本生活费用。这种方法从理论上来说是较为合理的，但主要问题是：衡量必需品的标准难以把握；在区分出必需品和非必需品以后，确定必需品的消费额也是一个比较困难的问题。

（2）营养构成法。该方法是根据维持人们生存所需要的营养量来确定贫困线。一个人仅能够满足营养基本需要量的收入水平，就可被认为是一个恰当的贫困线标准，因此，使用这种方法确定贫困线是可能的。但由于不同国家、地区的人口具有不同的营养基本需求量，这种营养需求量的差别甚至出现在同一种族的人中，因而，单纯靠营养的基本需求量来划定贫困线还缺乏足够的说服力。

（3）马丁法。马丁是美国一位研究贫困问题的专家。他提出了两条贫困线：一条是"低的"贫困线，即食品贫困线加上最基本的非食品必需品支出；一条是"高的"贫困线，是那些达到食物贫困线的一般住户的支出。该方法计算结果虽然很科学，但在操作上比前两种更为复杂，不宜用来划定绝对贫困线。

（4）食品份额法。食品份额法的基本思路就是根据国家营养协会推荐的食品定量标准，先列出能满足规定能量摄入水平的食品清单，并确定实际消费每一种食品的价格，由此找出能满足规定能量摄入水平的食物贫困线，然后再除以恩格尔系数，最终得到农户的贫困线。维持人们最低生存每天需要的热量及其对应的食品基本上是固定不变的，因此，采用食品份额法确定出的绝对贫困线，从食物量出发，不与社会整体收入的发展水平相联系，能进行客观的衡量比较，不受外界生活水准变化的影响，具有较强的可比性和连续性，比起其他方法操作简单，方便易行。该方法的主要不足之处就在于对食品消费的定量不尽合理，另外，由于市场经济尚不成熟，影响恩格尔系数的因素较多。

我国贫困标准的计算方法主要考虑以下几点：

（1）综合国际和国内最低限度的营养标准，中国采用大卡热量作为农村贫困人口的必须营养标准。

（2）用最低收入农户的食品消费清单和食品价格确定达到人体最低营养标准所需的最低食物支出，作为食物贫困线。

（3）假设靠牺牲基本食物需求获得的非食品需求是维持生存和正常活动必不可少的，也是最少的。并根据回归方法计算出收入正好等于食品贫困线的人口的非食物支出（包括最低的衣着、住房、燃料、交通等必需的非食品支出费用），作为非食品贫困线。

（4）用食品贫困线（约占60%）与非食品贫困线（40%）相加得到贫困人口的扶持标准。

1985年，我国开始划定农村贫困人口标准线。当时划定的农村贫困人口标准线是每人每年 206 元人民币，平均每人每天不足 1 元。到 2006 年，我国农村绝对贫困线标准提高到每人每年 692 元，低收入线标准是每人每年 958 元。

从地域分布上看，我国绝对贫困的人群大多数分散在生存条件较差的边远山区，以传统的农耕为主要生产方式和生活来源。这主要表现在贫困发生率向中西部倾斜，贫困人口集中分布在西南大石山区（缺土）、西北黄土高原区（严重缺水）、秦巴贫困山区（土地落差大、耕地少、交通状况恶劣、水土流失严重）以及青藏高寒区（积温严重不足）等几类地区。这些地区是中国贫困人口最多、贫困程度最深、贫困结构最复杂的地区。1994 年，国家重点扶持的 592 个贫困县，全部集中在中西部的 21 个省（区、市），全部是少数民族地区、革命老区、边境地区和特困地区，其中老、少、边县的比例分别为 17%、45%、7.3%，涵盖了全国 72% 以上农村贫困人口。重点县覆盖的贫困人口（625 元）占全国的 54%，低收入人口（865 元）占 57%。

二、农村、农民经济收入分析

到 21 世纪初，伴随着沿海地区改革开放程度的提升和城市经济发展速度的加快，农村社会经济问题逐渐凸显。其中"三农"问题及农民收入相对降低的问题形成对农村社会发展的压力，特别是农村绝对贫困人口和低收入人口的持续存在，已经逐渐成为政府必须认真对待和解决的重要现实问题。

以下对这一时期农民收入状况、贫困人口和低收入人口数量作一分析，了解不同地区、不同收入层农民经济状况差异，为正确认识实施农村义务教育就学资助政策的重要意义提供支持和依据。

（一）农村人口经济收入状况

表 1　2004—2006 年全国农村与城镇居民人均收入比较

	2004 年	2005 年	2006 年
农村居民家庭人均纯收入（元/年）	2 936.4	3 254.9	3 587.0
城镇居民人均可支配收入（元/年）	9 421.6	10 493.0	11 759.45

数据来源：国家统计局. 中国统计年鉴 2006 [R]. 北京：中国统计出版社，2007.

表 1 的数据表明，由于我国农村经济整体发展水平不高，因此，城乡居民收入水平差异明显，农村农民收入远远低于城市居民。2004—2006 年，农村居民家庭人均纯收入只占城市居民收入的 32%、31%、30.5%。显然，我国农村经济发展滞后以及农民经济收入不高是造成农村地区义务

教育投入不足，农民家庭教育支付能力低下，以及城乡义务教育巨大差异的主要原因。

（二）农村绝对贫困人口与低收入人口经济收入状况与人口数量分析

1. 中国农村绝对贫困人口与低收入人口经济收入状况

目前，我国农村农民家庭经济收入不仅整体上远远低于城市居民家庭，而且农村还存在一个数量庞大的贫困和低收入群体。据国务院扶贫办发布的数据显示，2004—2006年全国农村绝对贫困人口的年均收入标准分别为669元、683元和692元，低收入人口的年人均收入标准分别为924元、944元和958元①（见表2）。如果根据2006年绝对贫困人口与低收入人口的年人均收入标准测算，当年，全国农村中，绝对贫困人口数量为2 148万人，占农村人口比重的2.3%；低收入人口数量为3 550万人，占农村人口比重的3.7%。绝对贫困人口与低收入人口合计数量为5 698万人，占农村人口比重的6%。②

表2　2004—2006年全国和四省农村农民、绝对贫困、低收入人口的年人均收入标准　　　　　单位：元

年	全国			甘肃	四川	河南	湖北
	农村农民年人均纯收入	农村贫困人口年人均收入标准	农村低收入人口年人均收入标准	农村农民年人均纯收入	农村农民年人均纯收入	农村农民年人均纯收入	农村农民年人均纯收入
2004	2 936	669	924	1 869	2 580.3	——	2 897
2005	3 255	683	944	1 980	2 802.8	2 870.58	3 099
2006	3 587	692	958	2 134	3 013	3 261.03	3 419.35

注：1. 数据来源：国家统计局2004—2006年《全国国民经济与社会发展统计公报》，甘肃、四川、河南、湖北四省统计局2004—2006年《国民经济与社会发展统计公报》。

2. 划"——"表示未获得数据。

3. 四省贫困和低收入人口年人均收入标准与国家标准基本相同。

---

① 国务院扶贫办. 中国农村扶贫开发纲要（2001—2010年）中期评估政策报告[N]. 人民日报，2006-3-29.

② 国家统计局农村社会经济调查司. 中国农村贫困监测报告2007[R]. 北京：中国统计出版社，2008.

2006年全国592个国家扶贫开发工作重点县（以下简称国家扶贫重点县）贫困人口1 266万人，贫困发生率为6.3%；中部国家扶贫重点县农村贫困人口387万，占农村人口的比重为4.4%；西部国家扶贫重点县农村879万人，占农村人口的比重为7.9%。统计显示，中、西部地区农村国家扶贫重点县贫困人口占全国贫困人口比例的58.9%。①

根据2006年3月发布的中国农村贫困监测数据，我国贫困农户的54.1%、低收入农户的47.2%，人均家庭生活消费支出超过收入水平，需要借债度日。② 由此可以推断，农村贫困人口与低收入人口家庭支付能力低下，不仅直接影响到家庭生活状况，而且也会直接影响对子女就学的选择。

上述分析使用的贫困人口与低收入人口收入标准均为国家规定，但是国家规定的标准是20世纪80年代依据当时经济发展水平制定的，标准较低。实际上如果根据世界银行《2005年世界发展报告》的观点，按照1人1天消费1美元以下就属贫困的标准，中国2001年的贫困人口是2.12亿。③ 如果以2006年为例，全国农村低收入家庭居民人均收入标准为958元，实际月人均收入不足79.8元，按全年365天计算，平均每天全国农村低收入家庭居民人均纯收入仅为2.62元。按当年实际购买力平价（PPP）的比率1美元＝7.97元人民币（2006年）计算，等于0.329美元，远低于1美元的标准。那么，按照2006年国家公布的标准，即农村低收入家庭人均年收入低于958元以下，还不到全国农民家庭人均收入水平3 587元的1/3。因此，家庭经济收入不足是农村低收入及贫困家庭的基本状况。另一方面，由于现有的国家标准较低，虽然有一部分农村家庭人均年收入高于国家贫困和低收入标准，但他们实际上也十分贫困，而且会长期处于"边缘化贫困"状况。

2. 中国农村绝对贫困人口与低收入人口数量分析

随着农村经济的加快发展，我国农村贫困问题凸显出一个新的特征，开始由"整体贫困"转向"边缘化贫困"。由于形成贫困农民家庭的原因比较复杂，影响因素很多，即使今后农村经济发展速度会不断加快，但由

---

① 国家统计局农村社会经济调查司. 中国农村贫困监测报告2007 [R]. 北京：中国统计出版社，2008.

② 四大特点凸显我国扶贫开发形势严峻 [EB/OL]. http://www.jgny.net/news/200603/39814.htm. 2006-3-30.

③ 国务院扶贫开发领导小组办公室. 中国农村扶贫开发纲要（2001—2010年）中期评估政策报告 [N]. 人民日报，2006-3-29.

于地域条件、历史原因以及自然灾害等问题的存在和发生，贫困农民现象不可能在短时期消除。

表3 2005—2006年东、中、西部和东北地区农村贫困人口、低收入人口规模

	全国		东部		中部		西部		东北	
	2005	2006	2005	2006	2005	2006	2005	2006	2005	2006
绝对贫困人口规模（万人）	2 365	2 148	142	112	668	560	1 421	1 370	134	107
贫困发生率（％）	2.5	2.3	0.4	0.3	2.4	2.0	5.0	4.8	2.4	1.9
低收入人口规模（万人）	4 067	3 550	318	226	1 237	1 041	2 384	2 196	128	87
低收入发生率（％）	4.3	3.7	1.0	0.7	4.4	3.7	8.4	7.7	2.3	1.5

数据来源：根据国家统计局农村司发布的2006—2007年中国农村贫困检测报告数据整理。

例如，据国家统计局发布的数据显示（见表3），2006年中部地区的绝对贫困人口和低收入人口的数量较2005年减少明显。但是，农村贫困人口分布呈现出以下两个特征：一是贫困人口进一步向山区集中，全国农村绝对贫困人口和低收入人口中，山区分别占57.2％、52.7％；二是西部省份贫困发生率相对较高，如青海省贫困发生率在10％以上，贵州、云南、陕西、甘肃、新疆五省（区）在5％～10％之间。从低收入人口占农村人口比重看，上述五省比例均在10％以上。①

2004年4月13日，国家民委组织力量，深入开展对我国特困少数民族地区贫困状况的调查和研究工作。调查对象包括中西部国家和省、市、自治区扶贫工作重点的民族自治地方县，涉及17个省区的322个县，实地调查深入到贫困县、乡、村和贫困户。研究发现少数民族贫困问题整体在明显缓解的同时，局部地区的贫困问题仍很严重。特别是滇、黔、湘、桂、川、青、新、陇、宁、蒙、渝11个省（区、市）中，还有约20个民族的390万群众所在的77个少数民族贫困县属于特殊贫困少数民族地区，分别占全国民族自治地方县的11％、民族自治地方贫困县的29％。这77个县辖乡镇1 309个、村委会13 097个，总人口1 818.03万，其中，乡村

---

① 国家统计局农村社会经济调查司.中国农村贫困监测报告2007 [R]. 北京：中国统计出版社，2008.

人口1 631.58万,占全国民族自治地方乡村人口总数的14.2%。绝对贫困人口390万,占全国绝对贫困人口的13.4%、占少数民族地区绝对贫困人口的30%。与一般贫困地区相比,这些特困少数民族地区有着与其他贫困地区不同的特殊贫困:一是贫困面大,77个县共有扶贫攻坚重点特困村8 240个,占62.9%;二是大多呈整体贫困状态,贫困发生率高达23.9%,远远高于同期全国3.1%和592个国家扶贫工作重点县8.8%的绝对贫困发生率;三是贫困程度深,77个特困县390万特困人口中普遍存在缺钱、缺粮、缺衣被、缺水和住房难问题。

据国家发改委2007年2月1日发布的中国居民收入分配年度报告的数据显示,2005年农村居民内部收入分配差距继续扩大,主要表现为以下几个方面:

(1) 2005年农村居民内部收入分配差距扩大,速度有所加快。据对全国31个省(区、市)6.8万个农村住户的抽样调查,2005年农民人均纯收入的基尼系数为0.375 1,比上年提高0.6个百分点,高于上年提高0.12个百分点的幅度。

(2) 低收入与高收入农户的收入差距进一步扩大。按照住户人均收入水平进行五等分分组,2005年高收入组与低收入组的收入差距比由2004年的6.9∶1,上升到2005年的7.3∶1。2005年低收入组收入在农村居民收入中所占的份额为7.2%,比2000年下降0.7个百分点。

(3) 地区间(三大经济地带)收入差距略有扩大。2005年,东部地区与中部地区农村居民收入差距由2004年的1.46∶1,提高到2005年的1.47∶1;东部地区与西部地区农村居民收入的差距由2004年的1.91∶1,提高到2005年的1.92∶1。

(4) 大部分省份农村居民内部收入分配差距扩大。2005年,19个省(区、市)农民收入的基尼系数比上年扩大,比上年增加11个。[①]

从地域分布情况来看,国家扶贫重点县及西部地区10省是农村经济发展水平滞后的主要区域,这些地区既是贫困发生率最高的地区,也是低收入人口比重最高的地区。因此,巨大的贫困人口压力使中西部农村贫困学生就学资助的任务十分艰巨。

图3显示,自1978年到20世纪末,我国社会、经济得到快速发展,贫困人口规模有了明显的降低;但进入21世纪以来,贫困人口规模的下降

---

① 国家发改委. 2005年中国居民收入分配年度报告 [R/OL]. (2007-02-01) http://news.QQ.com.

趋势开始逐渐放缓。结合上述数据和贫困与低收入人口分布的特征分析，说明我国经济发展水平虽然近几年整体上升很快，但一部分处于特别贫困地区，缺乏能力，具有特殊困难的农村贫困人口并不能随着经济的快速增长在短期内脱离贫困。由于这些贫困人口多数集中于西部和中部最偏远落后地区，大部分无法通过自主的市场参与获得必要的收入，经济增长难以惠及这部分人口，脱贫的任务仍然艰巨。经济贫困直接限制了这部分农民家庭的教育支付能力，因此，就学资助对这一群体显得更为必要。

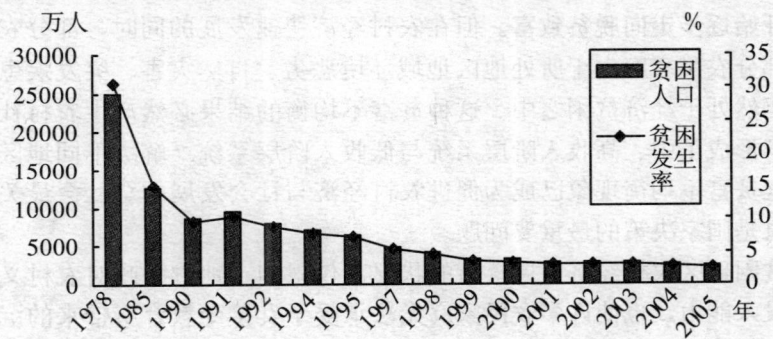

图3 1978—2005年全国贫困人口及贫困发生率

数据来源：国家统计局农村社会经济调查司. 中国农村贫困检测报告2006[R]. 北京：中国统计出版社. 2006

三、农村家庭教育支付能力分析

（一）农村家庭整体教育支付能力不高

表4 2004—2006年农村和城镇居民家庭年人均教育文化支出

	2004年	2005年	2006年
农村居民家庭年人均教育文化支出（元）	247.63	295.43	305.07
城镇居民年人均教育文化支出（元）	1 032.80	1 097.46	1 203.03

数据来源：国家统计局. 中国统计年鉴2006[R]. 北京：中国统计出版社，2007.

相对城镇居民而言，农村家庭年人均教育文化支出水平很低。如表4所示，2004至2006年，农村居民家庭年人均教育文化支出仅占城镇居民教育文化支出的23.98%、26.92%、25.36%。该组数据说明，在教育支出方面，农村家庭对教育的支付能力要远远低于城镇家庭。有关数据显示，2004年我国中西部农村地区义务教育阶段约有家庭经济困难学生2 400多万人，这些学生需要在"两免一补"政策基础上给予更多的就学资助。① 因此，实施农村义务教育就学资助，推行"两免一补"，既是减轻农民家庭经济负担的需要，更是帮助农村学生完成学业的要求，对普及农村义务教育的意义十分重大。

（二）农村贫困家庭教育支出负担更加沉重

改革开放以来，我国农村经济获得了前所未有的发展，绝大多数农民家庭开始逐步走向脱贫致富。但在农村经济快速发展的同时，部分农村地区和部分农民家庭由于所处地区地域环境恶劣、自然灾害、突发疾患等原因，仍然处于经济贫困之中。这种贫富不均衡的结果必然产生农村社会的分层，形成了中、高收入阶层系统与低收入阶层系统。解决不同地区和农民家庭贫富不均衡现象已成为促进农村经济与社会发展的全社会最关注问题，也是国家决策的最重要问题。

贫困地区农村经济发展落后的状况不仅限制了地方财政对农村义务教育的投入能力，也使许多农民家庭无法承受子女接受教育所带来的沉重负担。贫困农民的收入货币化程度低（2006年贫困人口人均现金纯收入364元，占纯收入的59.2%）。人均纯收入相对集中在500元以上，多数处于贫困线边缘②，因此，贫困农民为其子女接受义务教育的经济支付能力很低。

根据国家统计局农村司对592个国家扶贫重点县的贫困监测调查，2006年，由于"两免一补"和农村义务教育经费保障新机制的实施，扶贫重点县农村学龄儿童在校率提高，小学、初中学生书本费和学杂费支出大幅度下降，但贫困及低收入农户的家庭教育负担依然较重。当年，贫困家庭学生人均教育费用小学为209元，初中为534元，按三口之家计算，分别占其家庭全部纯收入的6.9%和17.8%。低收入家庭学生人均教育费用小学为218元，占其家庭全部纯收入的5.2%；初中为643元，占其家庭全部纯收入的15.3%。③ 以上是以三口之家收入进行计算，但实际上在贫困农村，多子女家庭的比率非常高。而且子女越多，教育支出的费用越

---

① 再次大幅度增加中央财政专项资金，免费教科书发放范围继续扩大 [N]．中国教育报，2004-8-30．

② 国家统计局农村社会经济调查司．中国农村贫困监测报告2007 [R]．北京：中国统计出版社，2008．

③ 2006年扶贫重点县贫困户教育负担依然较重 [EB/OL]．中国三农消息网．2007-4-17．

多,负担就越沉重。

国家统计局农村司的调查还显示,2006年国家扶贫重点县农民人均文化教育、娱乐消费支出168元,比上年减少14元,下降7.6%,扣除价格因素的影响,实际下降9%。① 这一数据表明,实行"两免一补"政策后,扶贫重点县农村居民的教育支出负担下降幅度并不大。贫困和低收入人口的文教娱乐支出中2/3是学杂费支出。② 农民因经济贫困而支付不起教育费用,就会导致其家庭义务教育阶段学生失学和辍学。我国相关研究结果表明,农村学校特别是农村初中辍学率一直居高不下的最重要原因是家庭经济困难,长期以来,贫困因素一直是导致义务教育阶段学生辍学的主要原因之一。贫困农村经济发展落后的状况不仅限制了地方财政对农村义务教育的投入能力,也使许多农民家庭无经济能力承受子女接受义务教育的经费负担。因此,对农村家庭来讲,其子女接受义务教育需支付的费用仍是比较沉重的。

另据国家统计局发布的数据显示,如按收入五等份划分,2005年农村低收入家庭平均每人生活消费总支出为1 548.31元,而其中食品消费支出为796.26元,其他生活费用支出为752.05元。③ 我们按小学学生人均教育费用218元,初中学生人均教育费用643元计算,小学和初中学生的人均教育费用就分别占人均其他生活支出的29.0%和85.5%。可见,教育支出在低收入农民家庭经济支出中占很高比例。

课题组认为,当前以至今后一段时期,中国农村经济发展还会处于较低水平,国家重点扶贫县,中、西部地区的农村贫困家庭群体数量依然庞大。这一群体处于温饱边缘,或刚解决温饱问题,家庭经济支付能力十分有限,在支付子女上学的费用上都有不同程度的困难,是就学资助的重点对象,对他们的子女实施就学资助的任务依然艰巨,需要国家和社会对这些学生给予力度更大的就学资助。只有发展教育才能提高农民素质,改变农村经济落后现状,最终帮助贫困农民家庭通过教育实现脱贫致富的愿望。

---

① 2006年国家扶贫重点县农民生活消费增长8.3%[EB/OL]. 中国三农消息网. 2007-3-29.

② 国家统计局农村社会经济调查司. 中国农村贫困检测报告2006[R]. 北京:中国统计出版社,2006.

③ 国家统计局农村社会经济调查司. 中国农村统计年鉴2006[R]. 北京:中国统计出版社,2006.

需要说明，影响农村学生就学及完成学业的因素十分复杂，家庭支付能力只是一个方面，同时还有文化传统、思想观念、学校教育及管理、学生学习成绩、就业市场等方面的原因在起作用。本课题研究主要从经济因素方面探讨学生就学资助问题，除本书第五章对学生辍学与学习困难关系的问题作出分析之外，其他影响学生就学的因素及其原因不在本书中作专门探讨。

四、农村贫困学生资助对象界定的分析

贫困学生的含义也是相对的。从现有文献看，义务教育阶段"贫困学生"的界定目前没有统一标准。一般理解为因家庭经济支付能力低下，无力支付学杂费、生活费、学习用品等与学习活动有关的费用的学生。

2001年，教育部、财政部、国务院扶贫开发领导小组办公室印发的《关于落实和完善中小学贫困学生助学金制度的通知》中明确规定，学校助学金的发放对象：主要为因家庭经济困难，无力负担杂费、书本费、寄宿生活费而未入学和可能辍学者。对家庭经济困难的少数民族儿童、孤残儿童应优先资助（见附录5）。持有城乡最低生活保障证和农村特困户救助证家庭的未成年子女可得到教育救助。中英甘肃基础教育项目、中欧甘肃基础教育项目都把农村贫困生资助作为主要内容，规定：资助对象必须限制在那些贫困家庭的儿童，家庭年人均收入少于300元或者人均食物量少于300斤的家庭（2004年）。规定对父母残疾、单亲、孤儿、入学年龄超过9岁的儿童、残疾儿童、女童、少数民族儿童实施资助。

从2001年开始，为了使贫困农民家庭学生不因贫困而无法就学，保证入学的贫困学生顺利完成学业，我国部分农村地区首先实施贫困学生就学资助。到2005年，国家颁布农村义务教育阶段"两免一补"政策，大幅度地对农村贫困学生实施就学资助。这一时期，我国地方各级政府和社会在资助义务教育阶段贫困生就学方面投入了相当的财力，取得了很好的效果。这一时期，实施就学资助的各地政府为了确保贫困学生得到就学资助，对资助的贫困学生对象标准进行了必要的界定。因为，正确、合理地界定贫困生标准对实施就学资助，保障贫困学生权益特别重要。一方面关系到如何来认定哪些学生处于贫困状态，属于需要国家和社会来提供资助，帮助其完成学业的；另一方面又关系到政府准确掌握处于真实贫困状态的学生数量，进而准确预算救济贫困生的资金额度，从而保证贫困学生能够切实获得资助，使就学资助工作真正落实到实处。

为了了解这一时期各地政府是如何开展此项工作，合理规定贫困生界

定标准的情况，课题组通过国内相关网站搜索"贫困生"、"贫困户"、"学生资助"等关键词，共查到国家教育部、财政部、民政部等有关部门，以及26个省（区、市）各级地方政府部门有关就学资助文件中对"贫困生"的规定，其中西部地区包括广西、重庆、四川、贵州、云南、陕西、甘肃、宁夏、内蒙古、青海、新疆11个省（区、市），中部地区包括山西、吉林、安徽、江西、河南、湖北、湖南7个省，东部地区包括河北、辽宁、江苏、浙江、福建、山东、广东、海南8个省。从总体上看，在"贫困生"的界定上，各省虽没有统一的标准，但基本上都有共同之处，并且确定的贫困生特征和标准基本合理。更重要的是所采用的界定方法较为符合农村实际，也便于农村学校和乡村政府在使用过程中具体操作。

综合分析各地农村就学资助的有关政策和规定，可以了解到，各地主要根据以下几种情况界定资助对象。（对"贫困生"一词的运用，有的地方称"特殊困难未成年人"，有的地方称"两免一补"对象，有的地方称"贫困生资助对象"，本研究都称为贫困学生，包括享受"两免一补"的贫困学生，以及享受"两免一补"后因各种原因，家庭在支付其他教育费用方面还存在困难的贫困学生。）

（1）绝对贫困和低收入家庭子女，包括持有"特困证"、"社会扶助证"、"最低生活保障证"的家庭子女。2004年民政部、教育部发出通知，要求进一步做好城乡特殊困难未成年人教育救助工作。四类情况可获得教育救助，其中第三条明确规定持有城乡最低生活保障证和农村特困户救助证家庭的未成年子女可得到教育救助；中欧甘肃基础教育项目在2004年、中英甘肃基础教育项目在2005年对帮助对象提出要求：助学的对象必须来自年均收入少于300元或者人均食物量少于300斤的家庭。2004年，广西壮族自治区根据国家规定的有关标准，合理界定经济困难家庭。绝对贫困家庭即未解决温饱问题的家庭，年人均收入低于625元；低收入家庭，年人均收入低于865元。规定资助对象主要是农村义务教育阶段家庭经济困难的学生和残疾学生，适当兼顾其他困难学生。2005年，河南、湖北两省颁布了贫困生界定标准，其中明确规定：持有农村特困户救助证家庭的学生可接受教育救助；安徽省、湖南省、山西省在2005年也界定和调整了贫困生标准，分别规定农民人均年纯收入低于865元（参照国家2001年制定的农村贫困人口标准）、1 000元、900元的贫困家庭子女可接受资助。广东省从2001年开始，建立农村人均年收入低于1 500元的困难家庭子女义务教育阶段杂费免收制度，规定农村人均年纯收入低于1 500元的困难家庭子女，免收义务教育阶段学杂费。辽宁省义县对贫困生的界定标准是：

农村年人均收入1 200元以下的特困户家庭中的学生。综合分析各地区对贫困家庭的界定可以看出，贫困标准与本地的经济发展相关，西部地区的标准最低，中部次之，东部较高。其中新疆比较特殊，按照自治区财政厅、教育厅的有关规定，国家义务教育助学金要优先解决农村人均纯收入在825元以下的贫困家庭学生，主要资助少数民族学生、残疾学生、孤儿得到免费教科书，它的贫困标准与西部地区相比较高，这与国家的民族政策有关。

（2）由社会福利机构监护的未成年人。四川省泸州市、甘肃省白银市、浙江省湖州市、浙江省台州市路桥区等地方政府规定：青少年教育救助资金救助范围包括各级社会福利院收养的弃孤入学儿童。另外，浙江省湖州市特别规定：对接受九年义务教育期间由社会福利机构监护的未成年人，通过教育券形式实行免费入学。社会福利机构是国家设置的照顾没有监护人的特殊困难人群的机构，该机构所需财力由国家承担，因此，他们所监护的未成年人的教育问题必须由国家承担，将这一群体纳入资助范围，有利于这些未成年人的教育和成长。

（3）持有农村五保供养证的未成年人。农村五保户家庭，一般都是家庭经济水平处于最低线、生活无法自给的家庭，属于政府和社会救济的对象。五保供养的未成年人指的是无劳动能力的、无生活来源的、无法定扶养义务人，或者虽有法定扶养义务人，但是扶养义务人无扶养能力的人。这些未成年人的生活都存在困难，更无钱支付上学接受教育的费用，因此，国家有必要承担他们的义务教育的费用。1994年1月23日，中华人民共和国国务院令第141号发布《农村五保供养工作条例》，第九条中明确规定：五保对象是未成年人的，还应当保障他们依法接受义务教育。民政部、教育部2004年发出通知也规定，对持有农村五保供养证的未成年人进行教育救助。为了贯彻实施这一政策，2005年，福建省厦门市同安区莲花学区在资助贫困学生工作中规定受助对象包括持有农村五保供养证的在校生。2004年浙江省台州市路桥区在教育资助对象中也列入了农村五保供养范围的未成年人。

（4）孤儿、烈属、军属家庭贫困的子女，残疾家庭子女，残疾学生，单亲贫困家庭子女。这一类学生的家庭，由于家庭缺少主要劳动力，经济收入水平一般都低于其他家庭，各地政府都将其作为资助的主要对象。由甘肃省政府和欧盟、英国政府组织实施农村基础教育项目，中英甘肃基础教育项目、中欧甘肃基础教育项目都特别强调了对父母残疾、单亲、孤儿、入学年龄超过9岁的儿童、残疾儿童、女童、少数民族儿童的资助和照顾。2005年,河南、湖北、河北三省制定的贫困生标准中都规定对父母离异或丧父、丧母家庭子女,还有革命烈士子女给予优先照顾。湖北省特别规定要优先照顾残疾家庭子女、残疾学生。山东省嘉祥县界定的贫困生包括:没有固定生活来源的孤儿;家庭经济极其困难的少数民族儿童、革命烈士子女;家庭经济困难的处于义务教育阶段的盲、聋、哑残疾儿童少年。之所以把这些对象列入救助范围,就是因为这一类群体的辍学现象突出,即使上了学,也会因家庭教育支付能力很低,孩子上学存在缴费困难的问题。

(5) 因天灾人祸、父母因重大疾病丧失劳动能力等原因导致家庭不能维持基本生活的子女。天灾人祸的发生往往具有突发性和不可抗性以及不可预期性,它的到来往往能导致农民家庭临时贫困转化为较长时期贫困状况的出现。在某种程度上可以说,对遭遇天灾人祸家庭的救助应成为一种政府和社会的公共救助。因此,遭受天灾人祸的农民家庭在校就读子女,也应当成为实施资助的对象。在2005年公布的贫困生标准中,河南省把因天灾人祸造成重大经济损失家庭的贫困学生、父母因重大疾病丧失劳动能力的贫困学生列入救助范围;同年,青海、云南、安徽、河北四省也规定因自然灾害或家庭成员发生重大病故等突发事件导致家庭经济困难的子女享受资助。天灾人祸不可避免,重大疾病任何人也不愿面对,这样的不幸降临到任何一个家庭,都足以使这个家庭的生活陷入困境,子女教育不能正常进行。因此,国家的资助不仅能够帮助这些家庭渡过难关,更对于这些家庭的子女教育和发展有特别重要的意义。

(6) 对农牧民家庭经济困难的学生、农村家庭经济困难的少数民族儿童、实行计划生育家庭经济困难的独生子女,以及家庭成员长期患严重疾病家庭子女等,就学资助给予优先照顾。2005年,青海省公布的"两免一补"的对象包括农村牧区绝对贫困家庭或低收入家庭子女、实行计划生育家庭经济困难的独生子女。云南省、江西省也规定了经常性助学活动的对象,即优先资助农村家庭经济困难的少数民族儿童、孤儿、重灾户子女。河南省是全国人口第一大省,同时也是艾滋病高发省区之一,因此,在界定贫困生时就特别强调了对独生子女、少数民族家庭子女以及艾滋病家庭子女给予优先照顾;对省级艾滋病高发村义务教育阶段贫困学生救助经费的救助对象特别规定:全省38个艾滋病高发村义务教育阶段学生中,因家庭成员感染艾滋病病毒而造成家庭贫困,无力负担杂费、书本费的学生,优先资助和照顾。山东省嘉祥县资助的对象也包括家庭经济困难的少数民族儿童、革命烈士子女。在国家公布的592个国家级贫困县中,大部分都地处中西部地区，这些贫困县同时也是少数民族、农牧民聚居地区，贫困家庭数量很高，需要就学资助的贫困生数量大。为此，大多数县都有对本地区贫困学生就学资助的规定，对于这些地区加快义务教育事业发展，减轻农牧民家庭教育负担产生了重要的作用。

通过文献归纳和分析，课题组发现：我国各地政府与学校在贫困学生就学资助对象确定方面，基本上是在上述几个范围内来界定的。界定贫困生主要从以下几个群体考虑：(1) 经民政部门确认的农村低保或农村特困救助范围的家庭子女；(2) 因自然灾害或家庭成员发生重大病故等突发事件导致家庭经济困难的子女；(3) 孤儿、烈军属贫困家庭子女、残疾家庭子女、残疾学生、单亲贫困家庭子女、父母双亲有一人痴呆傻的家庭子女、父母双亲长期患严重疾病的家庭子女；(4) 接受特殊教育的学生；(5) 持有农村五保供养证的未成年人；(6) 进城务工就业人员中贫困家庭的留守子女。

第三节 农村贫困家庭义务教育阶段学生就学资助[①]

20世纪90年代至本世纪初，由于中国税费体制改革，国家财政对农村义务教育投入严重不足，使得中西部农村地方财政收入下降，出现了义务教育经费负担由县级财政下移到乡级财政，再到村，再由农民个人承担的不正常现象，使农民的教育负担更为加重。在这种情况下，国家扶贫重点县，中西部农村出现了大量由于家庭经济贫困，难以支付上学费用而失学和辍学的儿童。

当代社会，义务教育被视为一种由国家公共财政制度保障的社会公益性教育，是每个公民必须依法接受的国民教育，具有基础性、普及性和强制性特点。同时，义务教育已被人们视为实现社会公平的重要手段，是保证公民基本教育权利的体现。因此，实行农村义务教育免费，从经济上保障农村学生，特别是贫困家庭子女接受义务教育，应当是国家的基本职责。

《义务教育法》第二条规定：国家实行九年义务教育制度。义务教育是国家统一实施的所有适龄儿童、少年必须接受的教育，是国家必须予以保障的公益性事业。由此，实施就学资助，保证农民家庭学生接受义务教育也是贯彻国家教育立法精神的基本要求。

---

① 由于本课题主要研究内容是农村学生个人就学资助问题，因此对国家和各级地方政府实施的针对农村义务教育的其他资助政策和项目不作专门研究。

鉴于前述分析，课题组认为：就学资助就是对因经济困难、教育支付能力不足的贫困家庭学生提供就学条件，以帮助他们顺利完成学业。就学资助的对象是贫困家庭学生，由于在校学习过程中缺少必需的学习和生活条件，因此，由国家、社会给予他们在校学习阶段资金、免费、实物等方面的经济资助。

一、义务教育阶段学生就学资助的提出与实施

（一）义务教育阶段就学资助的提出

从1986年我国义务教育制度建立开始，义务教育就学资助问题就作为一个社会问题被提出来，国家、地方各级政府、社会组织、国际教育项目等，都十分关注中国农村居民家庭子女上学难问题，采取了一系列措施从各种途径来资助农民子女接受义务教育。

1986年4月第六届全国人民代表大会第四次会议通过的《中华人民共和国义务教育法》第10条规定：国家对接受义务教育的学生免收学费。国家设立助学金，帮助贫困学生就学。国家教育委员会1992年2月发布的《中华人民共和国义务教育法实施细则》第17条规定：对家庭经济困难的学生，应当减免杂费。第29条规定：中央和地方财政视具体情况，对经济困难地区和少数民族地区实施义务教育给予适当补助。1995年3月第八届全国人民代表大会第三次会议通过的《中华人民共和国教育法》第37条直接规定："国家、社会对符合入学条件、家庭经济困难的儿童、少年、青年提供各种形式的资助。"2006年6月29日，第十届全国人民代表大会第22次会议修订的《中华人民共和国义务教育法》第6条又一次明确规定：国务院和县级以上地方人民政府应当合理配置教育资源，促进义务教育均衡发展，改善薄弱学校的办学条件，并采取措施，保障农村地区、民族地区实施义务教育，保障家庭经济困难的和残疾的适龄儿童、少年接受义务教育。修订后的《义务教育法》第2条首次以法律条文明确作出规定："实施义务教育，不收学费、杂费"。

依照上述法规政策的精神与规定，属于义务教育阶段的家庭经济有困难的学生、少数民族聚居地区的学生、经济发展贫困落后地区的学生、边远和地域环境恶劣地区的学生等，国家有义务对他们进行就学资助，帮助他们完成义务教育学业。

20世纪90年代以来，我国政府为了落实国家有关义务教育阶段贫困学生实施就学资助的法律规定，有关部门从教育制度和财政制度等方面作

出了一系列的规定，从不同方面提出和实施了针对农村义务教育阶段贫困学生实施就学资助的措施。例如，1995年，国家教委和财政部下发了《关于健全中小学生助学金制度的通知》，要求各级地方政府健全和完善助学金制度，规定助学金经费"按照财政体制和教育管理体制，实行分级管理分级负担"。1997年，国家教委和财政部又制订了《国家贫困地区义务教育助学金实施办法》，对贫困农村地区学生实施经费资助，解决因贫困不能入学的问题。该办法规定："设立贫困地区义务教育助学金"，对国家级贫困县农村贫困学生实行杂费和课本费补助。文件并对贫困学生受助条件、补助标准、补助用途、评定办法、实施主体、资金拨付程序、监督审计等问题作出规定。2001年，国务院颁布了《国务院关于基础教育改革的决定》，提出：各级政府要完善并落实中小学助学金制度，采取减免杂费、书本费、补助寄宿费等办法减轻农村贫困学生就学的费用负担。为此，2001年教育部、财政部、国务院扶贫开发领导小组办公室联合发布了《关于落实和完善中小学贫困学生助学金制度的通知》，规定：国家对义务教育阶段的贫困学生实行助学金，中央财政设立"国家义务教育贫困学生助学金"专款，助学金主要用于抵减贫困学生的杂费、课本费以及补助寄宿制贫困学生生活费等。并规定，助学金的发放对象，主要为因家庭经济困难，无力负担杂费、书本费、寄宿生活费而未入学和可能辍学者，对家庭经济困难的少数民族儿童、孤残儿童应优先资助。省级教育行政部门负责制定衡量贫困学生的具体方法和标准。助学金依照民主、公平、公开的原则，每学期评定一次。针对贫困程度不同的学生，应相应设立不同等级的助学金，可全额免收杂费、书本费、寄宿生活费，也可部分减免。享受助学金学生的名单及金额必须张榜公布，接受监督。学校应及时办理助学金的发放事项，保证学生入学，不得因学生交不了杂费、课本费、寄宿生活费等而拒绝他们入学。

为了落实国家法规和政策对义务教育阶段农村贫困学生实施就学资助的精神和要求，国务院有关部门2002年拨款1亿元，2003年拨款4亿元，专门用于对中西部农村贫困地区贫困学生提供免费教科书。

但从整个贫困学生群体的就学资助需求来看，这一时期国家对农村义务教育投入经费总体数量还是不高，国家财政对贫困地区贫困学生就学资助的支持和制度保障力度仍然很小。因此，贫困农村贫困学生的就学资助政策并未形成一种大面积的就学资助性制度，农村贫困地区大量的贫困学生仍然享受不到就学资助的保障，失学和辍学比例依然较高。

据全国教育科学"十五"规划课题"当代中国农村教育综合改革的历

史经验、现存问题与发展对策研究"的调查数据反映，2002—2003年，从全国平均状况看，估计我国农村小学的辍学率在19%～5%之间，农村初中的辍学率在29%～10%之间。对西部地区小学辍学率的估计偏于19%～9%，初中辍学率的估计偏于29%～20%。该项研究的调查结果表明，在造成农村学生辍学的三个主要原因中，导致小学生和初中生辍学的第一个原因是学生家庭经济困难，分别占到47%和43.1%，第二个原因是家长对教育或对学生到学校学习不重视，第三个原因是学生本人学习困难以及认为读书无用、想尽早到社会上去挣钱。研究认为，在中西部地区，学生因家庭经济困难而辍学的原因，稳居在各种原因的首位。①

(二) 农村义务教育阶段多种就学资助的实施

从20世纪80年代我国义务教育制度建立以来，国家和社会就对农村贫困学生实施不同形式的就学资助，帮助他们进入学校。但由于资助缺乏国家财政的支持和制度方面的保障，各种就学资助的形式虽多，但数量很少、规模也小，且不稳定。直到21世纪初，我国农村义务教育阶段学生接受就学资助的受益面和资助产生的效果十分有限，不能惠及所有农村学生，因家庭贫困造成的失学、辍学现象十分严重。随着全面普及农村义务教育目标期限的临近，就学资助日益成为亟待解决的突出问题。需要国家将零散的、不稳定的就学资助发展为一种制度性资助。

2003年，《国务院关于进一步加强农村教育工作的决定》提出，要建立健全资助家庭经济困难学生就学制度，争取到2007年全国农村义务教育阶段家庭经济困难学生都能享受到"两免一补"，努力做到不让学生因家庭经济困难而失学。同年，国务院办公厅转发教育部等部门关于开展经常性助学活动意见的通知（见附录6），指出：为实现并巩固普及九年义务教育工作成果，支持家庭经济困难的学生完成学业，开展经常性助学活动；并就如何开展助学提出了实施意见。这一文件是专门针对贫困学生就学资助制定的，在文件中特别强调要重视农村贫困学生资助问题。

为贯彻国务院的决定精神，国家从2004年秋季新学期开始，再次大幅度增加中央财政专项资金，将免费教科书发放范围扩大到中西部农村义务教育阶段全部家庭经济困难学生，同时推动地方政府逐步落实免杂费和补助寄宿生生活费的责任，到2005年，中西部农村有400万义务教育阶段贫

---

① 廖其发. 关于我国农村义务教育阶段学生辍学问题的研究[J]. 国家教育行政学院学报，2004，(2).

困学生基本上接受了免杂费、免教科书费、补助寄宿生生活费的"两免一补"政府资助。

2005年，中共中央一号文件指出，到2005年，安排"两免一补"资金62亿元。国家承担支付的农村贫困学生就学资助资金由2002年的1亿元、2003年的4亿元到2005年的62亿元，增长比例之大，意味着农村贫困学生就学资助有了历史性的突破。

2005年，国家提出了农村义务教育阶段"两免一补"政策，并首先在全国592个国家扶贫重点县开始实施。"两免"，即免除学杂费，免除课本费；"一补"，即对住宿学生补助住宿生活费。2005年2月，国务院办公厅[2005]7号文件转发的《财政部教育部关于加快国家扶贫开发工作重点县"两免一补"实施步伐有关工作意见的通知》确定：建立农村义务教育经费保障机制，在2006至2010年五年内，全部免除农村义务教育阶段学生学杂费，对贫困家庭学生提供免费教科书并补助寄宿生生活费，提高公用经费保障水平，这标志着中国农村义务教育进入到一个新的发展阶段。当年，国家和地方政府共投入70多亿元，使3 400多万名贫困家庭学生从中受益。2005年12月，国务院发布了《关于深化农村义务教育经费保障机制改革的通知》，明确提出，从2006年开始，全部免除西部地区农村义务教育阶段学生学杂费。到2007年，扩大到中部地区，对贫困家庭学生免费提供教科书并补助寄宿生生活费。

建立农村义务教育经费保障新机制是党中央、国务院为落实科学发展观，强化政府对农村义务教育的保障责任，普及和巩固九年义务教育，促进社会主义新农村建设的一项重大决策。新机制按照"明确各级责任、中央地方共担、加大财政投入、提高保障水平、分步组织实施"的基本原则，国家逐步将农村义务教育全面纳入公共财政保障范围，建立中央和地方分项目、按比例分担的农村义务教育经费保障机制。中央重点支持中西部地区，适当兼顾东部部分困难地区。新机制的主要内容有：（1）全部免除农村义务教育阶段学生学杂费，对贫困家庭学生免费提供教科书并补助寄宿生生活费；（2）提高农村义务教育阶段中小学公用经费保障水平；（3）建立农村义务教育阶段中小学校舍维修改造长效机制；（4）巩固和完善农村中小学教师工资保障机制。

按照国务院的部署，农村义务教育经费保障机制改革从2006年农村中小学春季学期开学起，分年度、分地区逐步实施（详见附录3）。

（1）2006年，西部地区农村义务教育阶段中小学生全部免除学杂费；中央财政同时对西部地区农村义务教育阶段中小学安排公用经费补助资金，提高公用经费保障水平；启动全国农村义务教育阶段中小学校校舍维修改造资金保障新机制。

（2）2007年，中部地区和东部地区农村义务教育阶段中小学生全部免除学杂费；中央财政同时对中部地区和东部部分地区农村义务教育阶段中小学安排公用经费补助资金，提高公用经费保障水平。

（3）2008年，各地农村义务教育阶段中小学生均公用经费全部达到该省（区、市）2005年秋季学期开学前颁布的生均公用经费基本标准；中央财政安排资金扩大免费教科书覆盖范围。

（4）2009年，国家出台农村义务教育阶段中小学公用经费基准定额。各省（区、市）制定的生均公用经费基本标准低于基准定额的差额部分，当年安排50％，所需资金由中央财政和地方财政按照免学杂费的分担比例共同承担。

（5）2010年，农村义务教育阶段中小学公用经费基准定额全部落实到位。

与此同时，20世纪90年代以来，为农村义务教育发展和资助贫困家庭学生所提供的其他非政府教育资助无论在形式还是数量方面都占有一定的比重，在资助农村贫困家庭学生就学，加快农村义务教育事业发展方面也起到了重要作用。

二、义务教育就学的资助主体和受助主体

（一）实施义务教育就学资助的主体

实施义务教育就学资助的主体是指资助的提供者。课题组通过调查了解到，目前，对农村农民家庭义务教育阶段学生实施就学资助的主体从类别划分，主要有：国家、地方政府、社会组织和团体、个人、国际教育组织、港澳和海外同胞等。

（1）国家。由国务院部署，教育部、财政部组织实施的国家义务教育最大助学行动是从2003年开始的"两免一补"和2006年开始实施的"农村义务教育经费保障机制"，惠及整个农村地区所有农村居民家庭义务教育阶段的学生。

（2）各级地方政府。从20世纪80年代末以来，各级地方政府在实施农村贫困家庭学生就学资助方面作出了积极的努力。

（3）社会组织和团体、个人、港澳和海外同胞资助。在我国，社会组织和团体、个人、港澳和海外同胞对农村贫困学生资助的数量很难统计，

但对农村贫困学生资助作用不容忽视。主要有：希望工程、中国儿童少年基金会资助项目、春蕾计划、安康计划、扶残助学项目、中国教育发展基金会资助项目等。另外，还有大量的其他非政府组织，如企业组织、事业单位参与社会就学资助活动。

(4) 国际和港澳教育项目资助。

外国政府：英国国际发展部、加拿大国际发展部等政府机构。

跨政府组织：世界银行、亚洲开发银行、联合国儿童基金会、联合国教科文组织等。

非政府组织：福特基金会、中国香港乐施会、香港救助儿童会等。

(5) 学生就读学校提供的资助。农村学校提供的资助一般表现为给贫困学生减免杂费、教科书费、住宿费，为特困学生提供助学金、免费用餐以及提供免费体检与保险等形式。另外，许多农村中小学校的教师个人也以现金、实物等不同形式为学生提供资助，帮助贫困学生完成学业。

(二) 接受义务教育就学资助的受助主体

我国农村义务教育接受教育资助的受助主体主要可以划分为两种，即对学校的资助和对学生个人的资助。

(1) 学校。我国农村义务教育阶段的小学、初中基本都设在村和乡（镇）。长期以来，由于农村义务教育投入不足，特别是国家级贫困县财政困难，学校办学资源十分匮乏，学校办学条件很差。因此过去的教育资助多数都针对学校进行，如校舍建设改造、教育教学设备、教师培训、网络建设等。

(2) 学生个人。对义务教育阶段学生个人资助在实施"两免一补"政策之前，主要是针对农村贫困家庭学生进行，实施"两免一补"后，"两免一补"资助对象范围已扩大到全体农村学生。目前，还有许多地区和学校在"两免一补"资助之外，对农村贫困的学生实施与就学相关的其他资助。

三、义务教育就学资助的问题分析

"两免一补"和"新机制"作为国家在农村地区实施义务教育的基本政策，在就学资助方面，范围和力度日益增大，已成为农村义务教育阶段学生就学并顺利完成学业的基本保障。但由于目前我国农村经济发展还比较落后，农民人均收入整体水平较低，贫困人口数量比例仍然较高，贫困家庭和低收入家庭教育支出负担过重的问题还十分突出，目前的就学资助还不能充分满足学生就学的需求。

义务教育就学资助主要还存在以下问题：

第一，义务教育"两免一补"和"农村义务教育经费保障新机制"实施以后，从政策和理论上讲，农村学生可以不向学校缴纳上学费用即可正常就学，但从现实情况看，学生要完成与学业相关的各种活动，仍需支出学杂费和课本费之外的诸如学习用具、校服、保险等多种费用（见本书第五章第一、二节），而这部分费用对农村贫困家庭来说仍然是沉重的负担。

第二，农村学生缴费压力虽在一定程度上减轻，但他们的学习条件还十分困难，主要是必需的学习用具不足且非常简陋，家庭与学校之间距离远而产生的交通费用、与就学相关的其他费用支出仍然对家庭形成很大的经济压力。"两免一补"政策保证了学生入学起点的公平，但学生因家庭贫困所导致的学习过程中的资源不公平的问题亟待解决。

第三，目前，农村家庭所需承担子女接受教育的成本，小学约在1/4到1/3之间，初中在1/3左右。对贫困家庭来讲，家庭承担的这部分负担仍然沉重。家庭越穷，经济负担越重，儿童辍学的可能性就越大。①

第四，寄宿制学校学生产生的寄宿费用，加剧了贫困家庭的经济负担。并且，由于地方政府财政困难，寄宿制学校学生补助生活费无法正常发放。

第五，我国各种农村贫困学生就学资助形式很多，但除"两免一补"以外，其他社会性资助面窄、缺乏稳定性、数量也比较小，就各省贫困地区来看，差异也比较大（见本书第七章第二节）。

由于农村义务教育阶段学生就学资助存在以上问题，为了进一步改善我国农村学生就学资助的现状，保证农村义务教育阶段贫困家庭学生就学并顺利完成学业，亟须建立一个持续、稳定，符合我国农村实际情况的义务教育阶段贫困家庭学生就学资助制度。

从现有的关于义务教育就学资助的研究文献看，大多数研究的角度集中在政府、社会、学校几个层面，内容集中在"两免一补"的实施现状等方面。而从家庭和学生的角度对就学资助进行的研究较少，为了弥补这一空白，本书将从家庭和学生的视角，着重对包括"两免一补"和其他社会资助的现状以及对家庭的影响进行研究。

---

① [英]贝磊等.减轻贫困人口的经济负担：在中国甘肃省降低基础教育的家庭成本[M].香港：香港大学教育学院比较教育研究中心，2004.

小结

1. 义务教育取得了巨大成就

自1986年《中华人民共和国义务教育法》实施以来，我国义务教育事业取得了巨大的成绩。全国学龄儿童入学率基本保持稳步上升的态势，初中学生毛入学率和升学率随着义务教育的普及也得到很大幅度提高。2003年，国家逐步将农村义务教育纳入公共财政保障范围，进一步加大对农村义务教育的投入力度，已经使农村的义务教育得到实质性的改善。

2. 农村贫困现象短时期内难以消除

我国区域之间经济发展水平存在较大差异，农村绝对贫困人口和低收入人口仍有相当比例，大部分贫困人口集中于中西部经济欠发达地区。由于贫困原因复杂，因此贫困现象在较长时间内很难消除。

3. 农村贫困家庭教育支付能力低

现阶段农村贫困家庭和低收入家庭教育支付能力低下，在负担子女上学费用方面还存在较大困难。

4. "两免一补"标准偏低

"两免一补"和"新机制"已成为农村义务教育阶段学生入学的基本保障，但目前标准较低，公用经费只能维持农村学校在最低水平运行；免费教科书覆盖范围小，尚未做到循环使用；寄宿生生活补助标准低，地方财政支付困难。

5. 社会性资助覆盖面小、力度不足

我国现有的义务教育阶段就学资助形式较多，但起主体作用的是"两免一补"，其他各种社会资助项目形式多，资助面窄，资助力度小，缺乏连续性、稳定性，缺乏统一管理，各地差异较大。

第二章 就学资助研究的相关理论分析与文献综述

第一节 就学资助研究的相关理论分析

贫困学生就学资助制度研究，既涉及教育问题和社会问题，同时也涉及经济和财政制度问题，因而，本课题的研究需要有坚实的理论作为研究基础，以为课题研究提供支持。教育公平理论、公共产品理论、社会分层理论、家庭教育决策理论是本研究的理论支点。

一、教育公平理论

教育公平是社会公平的一部分，也是社会公平的一个子系统。社会公平广义上包括了经济公平、政治公平、教育公平等。就个人的生存和发展而言，教育公平是经济公平和政治公平的起点和基础。教育公平对促进个人发展的意义重大。萨缪尔森认为，缺乏教育是人们走向平等的三个最大障碍之一。今天，人们普遍意识到，接受教育可以提升人的劳动能力，改变社会弱势群体的生存和发展状况，促进社会的公平与和谐。

（一）从多学科角度分析教育公平问题

教育公平是涉及多学科、多层面、多因素的复杂问题，因此有学者从多学科进行了分析：(1) 伦理学视角。在伦理学上，公平更多地被理解为公正、正义，在近现代的西方思想家那里，公平概念越来越多地被专门用做评价社会制度的一种道德标准，被看做社会制度的首要价值。在当代的公平观念研究者中，影响较大的是罗尔斯（John Rawls），他提出了公平三原则：平等自由的原则、机会公正平等原则和差别原则。(2) 经济学视角。从经济学角度来说，教育公平是与教育资源的分配和享受联系在一起的。当人们意识到高等教育是获得社会声望和经济利益最高的领域之一时，享受高等教育者分担高等教育的成本已是不争的事实。（3）法学视角。从法学角度看，教育公平就是受教育权利的普遍化问题，是一个基本人权问题。受教育权利的发展经历了从平等到不平等，又趋于平等的演变过程，由一种少数人的特权转化为普遍的公民权利并受到法律的肯定和保护是现代社会才出现的现象。（翁文艳，2001）

（二）教育公平的内涵

公平概念在法理学意义上应包括四种含义：一是指在法律面前人人平等；二是指机会均等，即在法律面前人人平等的基础上，前程为人人开放；三是指分配公平，在机会均等的条件下每个人获得与自己投入的有效资源相称的收益；四是结果平等，指人们在最终消费上的平等。

从社会公平的角度出发，一些学者认为可以将教育公平简单理解为教育机会均等。在西方教育理论中，最具代表性的界定教育机会均等是美国的科尔曼和瑞典的胡森的论点。科尔曼把这一概念归纳出四种含义：（1）在前工业社会中，家长制盛行，还没有教育机会均等目标出现；（2）在工业社会中，教育机会均等发展到创办面向人民群众子女的、基础的、义务的和公款资助的教育；（3）在欧洲的自由主义者和社会主义者那里，教育机会均等被界定为"为所有儿童提供同样的教育机会"，即不论其社会出身，人人都能不受限制地接受教育；（4）在自由主义的理论中，教育机会均等观念被解释为受教育结果或学业成绩的均等。科尔曼还指出，教育机会的均等，"只可能是一种接近，永远也不可能完全实现"。

胡森认为"平等"有三种含义：（1）指每个人都不受任何歧视地开始其学习生涯的机会（起点均等论）；（2）以平等为基础对待不同人种和社会出身的人（过程均等论）；（3）促使学业成就的机会平等（结果均等论）。

英国法学家米尔恩提出了"比例平等"原则，其要义是"相同情况同等待遇"、"不同情况不同待遇"、"待遇的相对不平等必须与情况的相对不同成比例"。（刘尧，2003）

国内有学者认为，研究教育公平要考虑它的如下内在规定性：其一是教育公平首先要关注的是由不同划分标准所形成的特定受教育群体在教育利益和负担分配中所占的份额。其二是只有确定"份额"在群体中公平分配的前提下，群体中个体教育权利的公平性才有可能。其三是教育公平除了要求一种分配上的待遇以外，还特别强调相应的救济或制度保障。（胡劲松，2001）

中国教育学会中青年教育理论工作者专业委员会于2000年11月23日—27日在苏州研讨了社会转型时期的教育公平问题，六十多名代表对教育公平的概念达成共识。代表们认为，教育公平是社会公平的一个子系统，教育公平受其外部条件和内部因素双重制约；教育公平是相对的，教育公平不等于绝对的平均；教育公平是一个动态的、历史的、区域的概念，不同时期、不同地区内教育公平的范畴也是不容混淆的。最终，会议将教育公平界定为："公民能够自由平等分享当时、当地公共教育资源的状态。"（钱志亮，2001）

有学者提出，教育公平是社会公平价值在教育领域的延伸和体现，包括教育权利平等和教育机会均等这样两个基本方面。从层次方面分析，教育公平可区分为起点公平、过程公平和结果公平三种不同类型的公平，各自表现为教育权利、教育机会、受教育者成就机会的均等。即：每个人都有实现他自己的潜力和享有创造他自己未来的权利。从教育权利平等、教育机会均等到受教育者成就机会的均等，这个演变的序列代表着"教育公平"的不同尺度，标志着"教育公平"的不同程度。教育权利、教育机会平等是实现受教育者成就机会均等的条件，而受教育者成就机会均等则是教育权利、教育机会平等的最终目标。从性质方面分析，教育公平可分为均等性的公平和非均等性的公平。均等性的公平，即平等地对待相同者，是一种水平性的、横向的、平均性的公平；非均等性的公平，即不均等地对待不同者，是一种垂直性的、纵向的、不均等的公平。教育权利平等属于均等性的公平；教育机会均等是均等性公平和非均等性公平的有机结合。

（三）教育公平的特点

有学者研究认为，教育公平有如下特点：（1）教育公平的历史性。所谓教育公平的历史性是指在不同的历史时期，人们追求教育公平的侧重点是不同的。奴隶社会，教育公平是针对奴隶主阶级的，范围非常有限；封建社会以后的教育则进了一步，不仅公平所指的范围有了很大的扩展，而且开始追求教育起点和教育过程的公平；进入20世纪70年代以后，人们不仅要求起点公平、过程公平，而且越来越注重结果的公平。（2）教育公平的阶段性。教育的供需矛盾导致了世界各国在教育上普遍存在的一个特点是：在义务教育阶段以教育社会公平为主；在非义务教育阶段则以教育市场公平为主，兼顾教育的社会公平。（3）社会的教育取向对教育公平有很大的影响。如果一个社会以普及教育为其主导思想，那么社会必然会以教育的社会公平为主,重视教育社会公平的实现;如果一个社会以英才教育为其主导思想,那么社会就必然会以教育的市场公平为主,重视教育市场公平的实现。当然,在现代社会并不存在这两者之间的一种非此即彼的选择,而是一种不同程度的混合体。(胡劲松,2001)

(四)教育公平与教育均衡

实现教育公平,是义务教育的基本原则和终极目标。我国现阶段义务教育的不公平主要是教育资源配置不均衡和教育政策制定上的不合理造成的。要实现教育公平,有必要在义务教育阶段实施教育资源均衡配置。近年来,我国学者对教育均衡问题进行了广泛的研究,系统深入地探讨了教育公平与教育均衡的关系。大量的研究成果认为,长期以来,因社会、经济发展的不平衡而造成了教育的城乡差别,因贫富差距与家庭、社会、文化背景的不同而形成了教育的群体差异,它确实是我国教育的现实存在。但是,在承认这种巨大差异的同时,我们更要努力缩小包括城乡之间、学校之间、群体之间的发展差距。

为了保证国家为弱势群体提供同等机会和同样优质的教育,实现教育公平,当今世界各国都在运用国家和社会力量缩小教育差距、均衡教育发展。只有以教育公平为目标,以均衡发展为手段,将"教育公平"和"均衡发展"融为一体,才能形成一个互相推动的过程。如果没有均衡发展作基础,那么在教育资源匮乏的农村地区,就很难保证每个学生平等地享有接受教育的权利与机会,实现受教育者成就机会均等更是不可能。因此,应该切实关注弱势群体,让他们都能够顺利地接受义务教育,实现教育权利与机会平等。

教育公平也包括了义务教育财政的公平,在运用国家力量推进教育资源分配不断趋向公平过程中,应以更多的手段加大对义务教育阶段弱势群体实施教育资源的资助。对象为贫困家庭学生、少数民族聚居地学生、非母语学生、偏远落后地区学生、残疾学生、女童等,要给予他们更多的就学资源和经费的支持,政府有责任为贫困地区学校和处于不利地位的学生提供尽可能多的学习条件。

二、公共产品理论

在西方的公共财政理论中,公共产品理论占有极为重要的地位,某些西方财政学家甚至认为它在财政学中处于核心地位。了解西方的公共产品理论,对于我国义务教育财政理论和实践的完善与改革具有一定的借鉴意义。

根据公共经济学理论,社会产品分为公共产品和私人产品。按照萨缪尔森在《公共支出的纯理论》中的定义,纯粹的公共产品或劳务是这样的产品或劳务,即每个人消费这种物品或劳务不会导致别人对该种产品或劳务的减少。而且公共产品或劳务具有与私人产品或劳务显著不同的三个特征:效用的不可分割性、消费的非竞争性和受益的非排他性。而凡是可以由个别消费者所占有和享用,具有敌对性、排他性和可分性的产品就是私人产品。介于二者之间的产品称为准公共产品。

(一) 公共产品理论的主要内容

1. 关于国家职能问题

由于公共产品主要提供者是国家,因而国家能干些什么,尤其是国家有哪些经济职能,就必然成为公共产品理论首先要研究的问题。西方财政理论认为,政府具有资源配置、公平分配和稳定经济三大职能。政府在履行这些经济任务时,须克服市场失效所产生的效率损失、分配不公和经济波幅过大等缺陷,这些也都是西方政府所提供的重要公共产品。

2. 关于公共经济问题

即在市场经济和私人经济的基础上,探讨公共经济的存在和国家对经济的介入等问题。该理论认为,公共产品存在之处,必然是市场机制运行失效和私人经济难以存在的地方。这是由公共产品消费的非排他性决定的,它使得私人提供公共产品将无法按其价值收费。因此,私人经济应在市场机制能有效发挥作用的地方存在,而公共经济和政府介入则应限制在市场失效的范围内。提供公共产品正是政府最主要的活动范围之一。

3. 关于公共产品的主观价值与公共供应问题

在边际效用价值论的指导下,公共产品理论以人们的主观效用为价值的标准,赋予了无形公共产品的主观价值,这就使得人们能以统一的货币尺度去衡量对比公共产品的供应费用与所产生的效用间的关系。瑞典学派的代表人之一林达尔分析了两个消费者共同纳税分担一件公共产品的成本问题,指出每人在总税额中应纳份额应与他从该公共产品消费中所享有的效用价值相等,这些税收份额即为税收价格,这就是著名的林达尔价格。这解决了公共产品供应所需费用的来源问题,为西方公共财政收支分析提供了核心理论。

4. 关于庇古的外溢性问题

外溢性,是指某个人或企业的行为对他人或其他企业产生正负影响,却没有为此而承担应有的成本费用或获得应有的报酬。外溢性具有很强的公共产品性质,是政府干预社会经济生活时必须予以考虑的。

5. 关于公共产品的帕累托效率问题

即在供应公共产品时,不仅要考虑社会总资源的有效配置问题,还要考虑在公共经济内部如何有效使用资源的问题等。

(二) 义务教育的产品性质

在界定义务教育的产品属性之前,我们必须明确什么是义务教育。《教育大辞典》的释义是:义务教育亦称"普及义务教育",是根据国家法律规定对适龄儿童实施一定年限的普及的、强迫的、免费的学校教育。《中华人民共和国义务教育法》规定,义务教育是全体适龄儿童、少年必须接受的,国家、社会、学校、家庭必须予以保障的带有强制性质的国民基本教育。与非义务教育相比,义务教育的本质属性是公共性、普及性、强制性、免费性。

从目前研究者对义务教育产品属性的认识来看,主要有以下几种。

厉以宁(1999)根据经济学中所给定的公共产品、准公共产品、私人产品的定义认为,由政府作为供给者所提供的义务教育是具有纯公共产品性质的教育服务之一。

王善迈(2000)指出,义务教育在一定意义上是一种公共产品,它用法律规定了受教育者家长和政府的权利和义务,从理论上说,它是一种强制的免费教育,基本上应由政府提供。

王一涛、安民(2004)认为教育(包括基础教育)既可以作为公共产品,又可以作为私人产品。如果政府实行义务教育制度,教育由政府以免费的形式向社会公众提供,那么此种教育就是公共产品。

胡鞍钢(2003)认为:"并非由于基础教育是公共产品而实施义务教育,而是由于实施义务教育而使基础教育成为公共产品"。胡鞍钢的话包含了下面两层含义:第一,基础教育并不一定是公共产品;第二,实施义务教育(即由政府免费向社会公众提供)后,基础教育才成为公共产品。

郭清扬(2004)认为教育属于公共产品,但是把义务教育归为纯公共产品,而将非义务教育归为准公共产品,是不符合现实情况的。在义务教育不是完全意义上的免费教育的前提下,它也是典型的准公共产品,同时具有公共性和私人性这两重性质。

卢周来(2004)认为基础教育的公共产品性质仅次于国防与公共安全,而国防是"纯粹公共产品",既然基础教育性质接近于纯公共产品,政府当然应该负担起提供足够的基础教育的义务。

朱四倍（2004）则认为，义务教育是通过立法规范受教育者家庭以及各级政府的行为。在普及了义务教育的地区，某个人的义务教育并不会妨碍其他人也接受义务教育。在提供了免费的义务教育的地区，不存在因某人没有或不愿付费就将其排除在义务教育的范围之外，即义务教育具有消费的非竞争性和具有受益的非排他性，因而具有很强的公共产品性质。

（三）义务教育公共产品理论的借鉴意义

到目前为止，尽管学者们对教育的产品属性并没有达成共识，但在对义务教育产品属性的论述上已基本达成一致，即大都认为义务教育属于公共产品，政府应该义不容辞地负担起提供义务教育的责任。

新华网2004年9月18日报道，国务委员陈至立在河南省考察工作时强调，加强义务教育，要加大投入，把农村义务教育经费纳入公共财政，把学校建设列为基础设施建设的重点领域。这一政策性的讲话也是对义务教育公共产品性质的充分肯定。在公共财政框架下，教育财政支出首先应当用于提供教育中的公共产品，当某些地方政府由于经济不发达而不能保证本地适龄儿童在正常条件下获得与其他地区同等的最低的受教育权利时，上级政府有责任在财政上帮助那些经济不发达地区的政府。（刘永涛，郑名伟，2004）

目前我国义务教育的财政责任主要在地方政府，事实上义务教育是一种外溢性很强的地方性公共产品，因为义务教育阶段的学生往往在毕业以后就通过上大学等途径在全国范围内流动。在这种情况下地方政府缺乏投资义务教育的积极性，义务教育投资就会出现以拖欠、减拨为特征的政府责任转嫁现象。这一问题要求中央政府和省级政府树立公共财政观念，加大政府对义务教育的投入，建立和完善政府公共财政体制。

三、社会分层理论

社会分层即指按照一定的标准将人们区分为高低不同的等级序列。"分层"原为地质学家分析地质结构时使用的名词，是指地质构造的不同层面。社会学家发现社会存在着不平等，人与人之间、集团与集团之间，也像地层构造那样分成高低有序的若干等级层次，因而借用地质学上的概念来分析社会结构，形成了"社会分层"这一社会学范畴。

（一）社会分层理论的内容

社会不平等现象，在资本主义社会以前，是以"等级"的形式存在的。到了19世纪，人们广泛使用"阶级"和"阶层"概念来描述社会中人们的地位等级，这反映了时代的变化。由封建社会转变为资本主义社会，阶级对立简单化了，整个社会逐渐形成两大敌对的阶级：资产阶级与无产阶级。马克思创立了唯物史观，对资本主义社会的阶级与阶级斗争作出了独特的分析，在理论上作出了重大的贡献。西方社会学家韦伯研究了马克思的阶级分层观点，提出一套不同的多元社会分层理论。

韦伯提出划分社会层次结构的三重标准，即财富—经济标准，威望—社会标准，权力—政治标准。韦伯认为，财富指社会成员在经济市场中的生活机遇，这就是个人用其经济收入来交换商品与劳务的能力，即把收入作为划分社会阶级、阶层结构的经济标准。社会标准指个人在他所处的社会环境中所获得的声誉与尊敬。在西方分层理论中，常常按照这个标准把社会成员划分成不同的社会身份群体。所谓社会身份群体是指那些有着相同或相似的生活方式，并能从他人那里得到等量的身份尊敬的人所组成的群体。政治标准指权力。韦伯认为，权力就是"处于社会关系之中的行动者即使在遇到反对的情况下也能实现自己的意志的可能性"。权力不仅取决于个人或群体对于生产资料的所有关系，也取决于个人或群体在分层制度中的地位。以上三条标准既是互相联系的，又可以独立作为划分社会层次的标准。

（二）社会分层对教育的意义

社会分层与教育有无关系？许多学者的观点是，社会分层会影响教育机会、教育的获得。西方国家的学者研究认为，家庭背景因素会影响儿童教育的获得，产生教育的不平等。法国学者布迪厄的研究观点是，学业成功的不平等是个体间固有的、天生的不平等的反映，学校则是把不平等转变为能力不平等的机制，从而使个体等级化得以合法化。按照分层理论的观点，处于较高阶层的家庭拥有较多的家庭和社会资源，也就有能力为其子女获得较多的教育机会。一个社会的教育不平等水平会受到社会贫富程度的影响，如果阶层之间的贫富差异巨大，阶层之间所拥有的教育资源不均衡程度就越巨大，贫富差距就会成为产生教育不平等的代际根源。

教育具有社会传承的意义，个人的教育水平会受到其家庭先赋因素的影响，较高社会地位的家庭，其子女的教育水平也会较高，子女的社会地位实际是父母社会地位的复制。处于社会上层的家庭会利用自己所有的资源优势,保证其子女获得更好的教育资源和学习机会。社会分层理论的观点认为,文化资源具有明显的代际传承性,父母受教育的程度和水平会直接影响子女受教育的机会和程度。日本学者天野郁夫指出,父母的学力所代表的学校教育成果,作为"文化资本"不仅在家庭里积蓄着,由子女继承下来,而且子女和家庭的升迁流动机会,在很大程度上取决于能够给子女提供怎样的学校教育机会。社会公认的看法是:"父母受教育程度越高,其子女拥有的入学机会越多。"

在我国农村地区,农民群体祖祖辈辈从事体力劳动,其社会地位、经济收入都很低,他们所从事的农业活动决定了他们拥有的教育资源的匮乏,自身所受的教育程度非常之低,难以为其子女提供足够的教育资源和条件。贫困农民家庭只能为子女选择方便就业的教育条件或提早完成学业,甚至选择对教育的放弃。因此,依靠农民自身无法改变教育不公平现象,只能够依靠其他方式来改变。

(三)逐步消除社会分层产生的教育不公平现象

虽然由社会分层所带来的教育不公平是客观存在的,但如果国家和社会重视这个问题的解决,是可以采取措施来缩小社会分层所产生的教育差距,从而促进不同阶层之间教育公平发展的。

1. 建立健全弱势群体的教育保障体系

一个专门针对贫困学生的教育资助制度,是弱势群体教育问题得以解决的根本出路。解决教育不公平现状的最好方式是给所有处于弱势地位的贫困学生提供均等的受教育机会,使他们每个人在教育起点开始就能享有充分的教育公平和教育机会,不会因为家庭出身或其他方面的原因而失去学业。就教育过程公平来讲,目前我国的义务教育保障体系已基本建立,但还需进一步完善:(1)提高农村"两免一补"的资助标准,整体上改善农村学校办学条件;(2)在"两免一补"基础上加大对贫困学生的资助力度,为贫困学生提供顺利完成学业必需的教育条件。

2. 发挥政府在教育资源配置中的主渠道作用

在教育经费和教育资源投入上要更多地倾向于农村地区和落后地区,实现城乡教育的一体化,使农村学生和城市学生享有平等的受教育条件。

3. 实行补偿教育,逐步实现教育公平

改革开放以来,在全社会经济巨大增长的同时,社会阶层之间的分化也在不断加剧,城市与农村之间、非贫困地区与贫困地区之间、农村学校之间及农民家庭之间，贫富差距愈来愈大，不同社会资源家庭的孩子享有的教育资源存在巨大的差距，造成了教育起点、教育过程和教育结果的不公平。政府应基于正义和公平的原则，从积极的补偿教育措施入手，尽可能使公共教育资源政策向弱势群体倾斜，向西部地区和贫困地区倾斜，促进我国教育发展不断走向公平。

四、家庭教育决策理论

家庭教育决策理论来源于国外经济学家对家庭内资源配置的微观经济分析。20世纪80年代以来，国外经济学家基于新古典家庭模型和讨价还价模型建立了家庭教育决策模型。我国学者孙志军（2004）的研究成果《中国农村的教育成本、收益与家庭教育决策——以甘肃省为基础的研究》，是该理论在中国教育理论界研究农村家庭教育投入成本与决策问题中成功的实证应用。

（一）影响家庭教育决策的主要因素

1. 家庭经济条件的影响

大部分的研究结果都表明，家庭收入对儿童的入学影响具有正的效应（Tansel，1998；Shapiro and Tambashe，2001；都阳，2001）。家庭的资产拥有量和结构是代表家庭经济状况的一个重要变量。学者的研究结果发现，家庭资产的拥有量与家庭收入对儿童教育的影响基本相同。例如，Tansel（1998）、Glick & Sahn（2000）、孙志军（2003）的研究结果发现了家庭收入的变化对女童入学的影响要大于男童。

2. 父母教育的影响

几乎所有的研究都发现，父母的教育对孩子的教育获得水平有显著的正影响。强调性别差异的研究认为，父亲和母亲的教育对其儿子和女儿的教育有不同的影响，Glick & Sahn（2000）的研究结果显示，父亲受教育程度的提高会提高儿子和女儿的教育程度，而母亲的受教育程度只对女儿的教育有显著的影响。孙志军（2003）的研究也认为，父亲的受教育程度较之母亲的受教育程度更能对孩子教育有正的影响。

3. 儿童性别的影响

儿童性别对家庭教育决策的影响是不言而喻的。在实证模型中，女童符号一般是负的，而且比较显著。若考虑不同的教育阶段，性别效应可能有不同的表现。Sawada等人（2000）在巴基斯坦的研究中发现，家庭并不是对所有年龄阶段的孩子的教育都有性别偏好，分析显示，在较高的教育阶段（指初中及以后），父母在子女的教育选择上会把更多的资源分配给"优胜者"，而不是考虑他们的性别。

4. 子女数目与出生顺序的影响

在文献中对子女数目和出生顺序效应是否存在，以及这一效用即使存在，它的影响是正的、负的还是非线性的并没有一致的看法。大部分研究认为出生顺序效应是存在的，而且性别差异对教育获得水平的影响也是重要的。Parish & Willis（1993）认为，子女数目越少，入学上的性别差异就越小。同时，在许多发展中国家往往是出生越晚的儿童获得的教育越多。其原因是早出生的儿童工作后，能够给家庭带回资源。

5. 教育的价格（教育的直接成本）影响

教育的价格与家庭经济状况对儿童入学的影响表现出相似性。虽然在许多发展中国家已实行了普及义务教育的政策，但是这些国家的家庭仍要承担一部分教育费用。Mason（1995）、何更生（1999）研究认为，学校收费及其相关的直接成本对儿童入学的影响是显著负的，而且教育价格对贫困的家庭影响要大于对富裕家庭的影响。

6. 学校方面因素的影响

在实证模型中，涉及学校方面的变量主要是家庭与学校的距离、学校质量以及学校的供给问题（学校数量是否足够）。一般而言，学校与家庭的距离对儿童入学的影响是负的（Mason，1995）。Sawada 等人（2000）的研究发现，学校的供给约束（在家庭临近的地区是否有学校）对女童教育的正影响超过了对男童的影响。Mason（1995）的研究发现，不论在小学还是初中阶段，学校质量都与儿童入学正相关。

7. 劳动力市场机会和工资率的影响

Mason（1995）用工资率作为儿童入学的机会成本，结果表明它对儿童入学的影响是显著负的，说明儿童入学的机会成本对于贫困地区来讲比较重要，即机会成本越大入学率越低。许多研究还讨论了家庭内劳动的性别分工对儿童入学的影响。如 Mukhopadhyay（1994）在印度的研究中发现，当家庭中的成人在农业劳动力市场上有更好的工作机会时，这些家庭就会倾向于让女孩辍学，以替代成人外出工作后的家庭劳动力。

8. 教育最终实现程度的影响

在现代社会，人们越来越深刻地感受到，教育带给人们的不仅是知识和文化的素养，而且还赋予人们生产能力和职业能力，给受教育者带来各种经济和非经济的收益。城乡差异，城市的生活质量和生活水平显著高于农村，是促进农民进行家庭教育投资以便进入城市的主要动力之一。因此，20世纪90年代以来，教育投资最终实现程度以及改善家庭状况的实际效果是制约家庭教育投资水平的非常重要的因素。（胡辉，1996，1998）

9. 教育投资的收益预期的影响

家庭是否进行教育投资，教育投资在总投资中的比重，以及家庭成员的学习积极性如何，还受家庭对教育投资的预期收益因素的制约，具体包括利润预期和机会成本预期两方面。只有当教育投资的收益大于等于其他投资的收益时，人们才会进行教育投资。家庭在抉择教育投资的方向时除了受个人爱好和天赋的影响外，根本上取决于人们对未来各种职业的机会成本预期。（张屈征、贾继红、王春玲，2001）

10. 地方政府的教育财政能力的影响

孙志军（2003）在甘肃农村的研究表明，在义务教育阶段，地方政府的教育财政能力与儿童入学存在着显著的正相关关系，特别是当地方政府教育支出增加时，家庭经济条件以及父母的教育对儿童入学的影响将会下降。

（二）家庭教育决策理论的启示

我国农村义务教育的现状、接受义务教育主体的特殊性及农村家庭的特征等诸因素，决定了当前农村义务教育的实际决策者是家长。要使农民保证送子女到学校接受教育，关键是要实现义务教育从家庭决策向国家决策的转变，而要实现这一转变，必须推行义务教育投入国家承担的制度，并要严格义务教育执法，保证儿童、少年的父母或其他监护人履行责任。这种保证既要有行政手段，同时也要有经济手段。因此，义务教育经费拨款必须有专项用于对贫困家庭的教育资助，教育资助制度要与强制实行九年义务教育相结合。同时，还要加强家长引导，深化教育改革，提高教学质量。

在农村，实施教育资助制度的目标是要基本保障家庭困难学生依法接受九年义务教育的权利，保证学生不因家庭困难丧失接受义务教育的机会。只有直接面向贫困农民家庭的子女，把教育资助与受教育者的实际需求直接挂钩，使受教育者从政府那里获得确定的保障，才能保证农民家庭正确决策。

解决贫困家庭子女入学问题，需要完善现行的教育资助制度。无论是援助贫困地区还是贫困家庭，最终目的都是要建立制度化的渠道解决失学和教育不公平的问题，实现每个农民家庭的孩子都有学上，都有书读，都有基本的学习条件，让农民放心。因此，在制定教育政策时，应将农民子女接受义务教育全面纳入政府的公共财政体系中来。按照罗尔斯"不均等地对待不同者"的公平原则，对不同需求的群体所投入的资源，应有所区别。为体现公平的理想，教育资源的分配应优先考虑物质条件上较为欠缺的农民，特别是贫困农民家庭。

主要参考文献

[1] 孙开. 公共产品与政府行为分析 [J]. 当代财经, 1995, (5).

[2] 胡辉. 教育投资最终实现程度是制约家庭教育投资水平的首要因素 [J]. 教育评论, 1996, (6).

[3] 郑晓鸿. 教育公平界定 [J]. 教育研究, 1998, (4).

[4] 何更生. 家庭教育投资行为的动机分析 [J]. 教育与经济, 1999, (4).

[5] 厉以宁. 关于教育产品的性质和对教育的经营 [J]. 教育发展研究, 1999, (10).

[6] 程浩, 管磊. 对公共产品理论的认识 [J]. 河北经贸大学学报, 2002, (6).

[7] 王善迈. 关于教育产业化的讨论 [J]. 北京师范大学学报, 2000, (1).

[8] 钱志亮. 社会转型时期的教育公平问题 [J]. 教育科学, 2001, (1).

[9] 都阳. 人力资本、生育率与经济增长 [J]. 中国人口科学, 2001, (1).

[10] 翁文艳. 教育公平的多元分析 [J]. 教育发展研究, 2001, (2).

[11] 张屈征, 贾继红, 王春玲. 家庭教育投资的投资收益关系分析 [J]. 长安大学学报, 2001, (3).

[12] 刘尧. 教育公平研究综述 [J]. 交通高教研究, 2002, (4).

[13] 胡劲松. 论教育公平的内在规定性及其特征 [J]. 教育研究, 2001, (8).

[14] 胡鞍钢, 熊义志. 大国兴衰与人力资本变迁 [J]. 教育研究, 2003 (4).

[15] 孙志军. 中国农村家庭教育决策的实证分析 [EB/OL]. 中国经济学教育科研网, 2003, 12.

[16] 郭清扬. 论义务教育应该进行成本分担 [J]. 教育与经济, 2004, (3).

[17] 王一涛, 安民. 教育是公共产品吗？[J]. 复旦教育论坛, 2004, (5).

[18] 刘永涛, 郑名伟. 公共产品理论对我国农村发展的启示 [J]. 农村·农业·农民, 2004, (12).

[19] 卢周来."教育券"背离了义务教育？[EB/OL]. 浙江在线新闻网站, 2004, 1.

[20] 朱四倍. 界定义务教育的公共产品属性是当务之急 [EB/OL]. 新浪网新闻中心, 2004, 10.

[21] 张翠娥. 从家庭决策到国家决策——也谈中国农村义务教育的出路 [J]. 当代教育论坛, 2005, (2).

[22] 高培勇. 公共经济学 [M]. 北京：中国人民大学出版社, 2003.

[23] 厖中平，陈东升. 中国教育两难问题 [M]. 长沙：湖南教育出版社, 1995.

[24] 孙志军. 中国农村的教育成本、收益与家庭教育决策 [M]. 北京：北京师范大学出版社, 2004.

[25] Mason. Schooling Decisions, Basic Education and the Poor in Rural Java. Ph. D. Diss., Stanford University, 1995.

[26] Tansel, Aysit. Determinants of School Attainment of Boys and Girls in Turkey. Discussion Paper No. 789, Economic Growth Center, Yale University, 1998.

第二节 与课题研究相关的文献综述

一、农村义务教育成本研究

教育成本不仅是政府制定学费标准、对学校拨款的重要依据，也是家庭进行教育投资决策的重要依据。教育经济学界对教育成本的基本观点是，教育成本的本质是为使受教育者接受教育服务而耗费的资源的价值，它既包括以货币支出的教育资源价值，也包括因资源用于教育所造成的价值损失。

（一）教育成本概念的形成和发展

1. 教育成本

1958年，约翰·维泽（John Vaizy）出版了《教育成本》（*The Costs of Economics*）一书，但该书没有明确给出教育成本的定义，可以想见维泽是将教育经费视同为教育成本。1962年，他对教育成本概念的内容进行了扩展，在其《教育经济学》（*The Economics of Education*）一书中，他提出不仅要计量教育的直接成本，还应计量教育的间接成本。

1963年，舒尔茨（Theodore W. Schulte）在《教育的经济价值》（*The Economic Value of Economics*）中论述了教育成本，提出了"教育全部要素成本"（total factor costs of education）的概念。他认为，教育的全部要素成本可分为两部分，一是提供教育服务的成本，二是学生上学时间的机会成本。并明确指出，教育经费与教育成本是两个不同的概念，教育经费是一个统计概念，包含了一些不属于教育成本的东西，而同时又缺少一些重要的教育成本项目。舒尔茨的这些论述是目前我们研究教育成本的理论基础。

科恩（Elchanan Cohn, 1979；1990）的《教育经济学》中也未直接给出教育成本的定义。他提出教育成本分为两大类：直接成本和间接成本。直接成本主要是学校提供教育服务的成本，也包括学生因上学而产生的支出。科恩认为，从经济学的角度看，教育成本概念以机会成本表示最为恰当。

莱文（Henry M. Levin, 1983）和曾满超（Mun C. Tsang, 1988）认为，从经济分析的角度，教育投入成本的最合适的定义是机会成本，它可以通过在其他最佳使用状态下的价值来衡量。因此，教育的实际成本不仅包括公共教育经费，也包括私人成本。

王善迈（1996）认为，教育成本是"用于培养学生所耗费的教育资源的价值，或者说是以货币形态表现的，培养学生由社会和受教育者个人或家庭直接或间接支付的全部费用"。也就是说，只有用于培养学生所耗费的资源才能构成教育成本。

阎达五、王耕（1989）提出，教育成本是"指教育过程中所耗费的物化劳动和活劳动的价值形式总和。包括：（1）有形成本，也叫直接成本，即在教育过程中直接培养学生、可以用货币计量和表现的劳动耗费。（2）无形成本，即间接成本和机会成本"。

2. 教育私人成本

学生及其家长为接受教育而支付的教育成本，即家庭成本，也就是教育的私人成本。其分类至今还没有一个统一的界定，一种便于应用的分类包括三部分：一是学生缴纳的学杂费及其他学校费用（这部分与机会成本重复）；二是因子女上学而增加的生活开支，例如，书籍文具费、家庭购置用于子女教育的设备和用品（电脑等）费用，因上学增加的衣、食、住、行费用；三是机会成本，即因上学放弃的收入。

科恩（1979）的《教育经济学》中，提出教育成本可分为两大类：直接成本和间接成本。直接成本主要是学校提供的教育成本，但也有一部分是学生因上学而发生的支出，除了学杂费、书本费以外，还有额外发生的食宿费、服装费、往返于学校和家庭之间的交通费。间接成本主要是学生上学放弃的收入、学校享受的减免税款以及用于教育的土地建筑物等资产损失的利息和租金。

舒尔茨认为，学生在一定受教育年限内所花费的成本包括学杂费、书本费、培训费及迁移费用；学生受教育期间的机会成本是指工资计量的学生因上学而放弃的收入。

闵维方等译的《教育经济学百科全书》（2000）中的教育成本包括学生及其家长在教育上的支出（直接私人成本，诸如学费及其他与教育有关的杂费、课本、校服、交通等）和学生放弃的机会成本（间接私人成本，诸如放弃的收入和其他生产活动）；还包括私人对教育的贡献（个人、家长或私人组织的货币或实物贡献）。

靳希斌（2001）、范先佐（1999）、林荣日（2001）等学者均认为教育的个人成本即为"教育私人成本"。指培养一名学生由学生本人、家庭、亲友支付的全部费用，包括个人直接成本和个人间接成本。个人直接成本主要指由学生本人、家庭、亲友为学生受教育直接支付的学费、杂费、书籍文具费、文体费、交通费、住宿费、生活差距费等；个人间接成本指达到法定劳动年龄的学生因上学而未就业可能放弃的就业收入，即机会成本。

傅旭东（2003）认为，教育的直接私人成本即为家庭的教育支出，按涵盖范围家庭教育支出包括基本教育支出、扩展教育支出、选择性教育支出三类。一般来说，基本教育支出是受教育者应支付的起码的教育支出，包括学费、杂费、学校指定的教材及参考资料费、文具费、为求学而支出的食宿费及其他相关费用。扩展教育支出则指基本教育之外的家教支出、补课费、各种开发智力的培训班支出、课外书籍费用、各种有关的辅导班费用等。选择性支出是指为学生择校而支付的费用。基本教育支出是家庭必须承担的消费支出，是不可或缺的。而后两项支出则更多是因为教育的多种因素造成的消费支出。

王玉昆（1991）以教育成本是否实际支出为标志将学生放弃的收入视为教育的间接成本，而个人直接成本包含学杂费、学习（用）文具费、交通费、额外的吃穿费、住宿费、文体活动费等。

上海市教科院智力开发研究所将教育的直接私人成本分为交给学校的部分和家庭购买的部分。学校根据当地教育主管部门的规定也收取一些费用，这些项目往往数额较少，但由于种类较多，其总和也构成了较大份额。家庭购买部分费用中，不同经济水平的家庭用于购买文具用品和书报杂志的费用存在显著性差异。其意义为收入水平越高，家庭购买部分费用越高，占总私人成本的份额也越大。因此，家庭购买部分的费用占私人成本的比例，尤其是购买书报杂志的费用所占比例，能够从另一个侧面反映农民家庭的经济状况。

Wei, etc（1999）认为，在中国，教育法规定了儿童必须接受九年义务教育，以及相关的劳动法规禁止雇主雇佣这个年龄段（一般为16岁以下）的儿童。因而，这个年龄段的儿童放弃的收入（教育的机会成本）可以假定为零或忽略不计。

孙志军（2004）在对机会成本的研究中认为，对于贫困的农村家庭，孩子经常需要从事农业生产活动、家务劳动或照顾幼小的弟妹，在这种情况下即使在小学阶段教育的机会成本也不能忽略。

3. 教育成本分担

教育成本分担又称教育成本负担，是指由谁来支付、负担教育成本。与教育成本分担相关的概念还有教育成本补偿。教育成本补偿更多的是从学校主体的角度讨论用什么收入来弥补学校所耗费资源的价值。

袁连生（2000）强调：教育成本分担的表象是由谁来分担教育成本，是政府还是个人，是中央政府还是地方政府，或几者共同分担教育成本的问题，但实质是居民收入再分配的问题。即政府以税收的方式筹集教育经费，把那些没有子女上学的居民的一部分收入贡献给他人的子女受教育（居民收入的横向转移）。

范先佐和周文良（1998）认为义务教育属于公共产品的范畴，具有非竞争性。根据公共产品的特点和利益获得原则，义务教育的教育成本就应主要由政府来补偿。同时由于义务教育外部不经济给教育部门带来的损失，不能通过市场来对受损者进行赔偿，只能由非市场部分来进行赔偿。

张学敏（2003）指出贫困地区投资办教育却出现"人才辈出，山河依旧"的尴尬状况，主要原因之一是教育成本意识缺乏，以不公平的教育成本分担方式要求落后地区的政府和个人独立承担教育成本。他还指出国家应建立教育成本补偿制度（即在贫困地区的教育投资来源中，建立一种发达地区对落后地区教育成本补偿部分的新体制，进一步保证贫困地区的教育投入），弥补贫困地区在教育投入上为发达地区所作的贡献。

周文良（2005）的研究认为，目前我国义务教育的成本分担与补偿机制尚未建立，现行的义务教育投资严重危害着教育公平，主要表现为义务教育的投资存在着巨大的地区差距与城乡差距。

（二）家庭教育支出的研究

西方对家庭教育支出的研究是随教育经济学学科的发展而逐步展开的，在研究教育的成本问题时，都离不开对个人和家庭教育支出行为的研究。从20世纪70年代末80年代初开始，随着教育经济学研究主题的深入，国外对家庭教育支出的研究逐渐增多，并且这种趋势一直延续到现在。国外研究大多采用量化研究方法，着重对家庭消费和支出数据进行分类分析，利用一定的数理统计方法对家庭教育支出的影响因素进行分析、总结和归类。国外研究学者不仅分析了家庭的社会经济地位的诸指标，也着重探讨了家庭结构、人种、民族、宗教信仰及家庭支出意愿等具体的微观要素。国外研究还关注学校类型、学校投入、政府政策支持、政府支出、社会经济发展等中观和宏观的具体要素对家庭教育支出的各类影响。

英国学者萨恰洛普洛斯指出，家庭收入状况和家长的社会经济地位对于子女受教育的多少和子女能否获得较好的职业是有影响的。卡诺依指出，不同家庭对教育质量（教育成本的某种函数）的期望值不同，会导致家庭教育支出高低不同，不同经济收入家庭对教育的投入也不一样。1994年，洛雷因·韦斯特（Loraine West）对广东省的研究发现，尽管家庭教育支出与家庭收入正相关，但不同收入水平的家庭教育支出占家庭收入的比例却具有累退性质：即家庭收入水平越高，家庭教育支出占家庭收入的比例却越低。世界银行1998年对中国陕西省和贵州省农村地区家庭教育成本调查也得出了类似的结论。所以，政府教育财政政策应该适当向低收入水平的家庭倾斜。

特瑞莎·莫尔丁、三村洋子、马克·利诺（Teresa Mauldin, Yoko Mimura, Mark Lino, 2001）在《父母对孩子的教育支出》一文中，根据1996年居民消费支出的调查数据，分析6—17岁儿童在双亲或单亲家庭的教育费用情况，试图找到影响一个家庭对17岁以下学龄儿童教育支出的因素，以及教育支出的数量问题。其调查表对所调查家庭的基本情况与子女教育费用支出进行分析。文章运用实证的方法证明了其假设，如高收入的家庭对其子女（17岁以下）的教育投入就较高；家长的学历越高，对子女的教育投入也越多；家长的就业状况直接影响其孩子的教育支出费用，即处于无业状态的家长不会花太多钱在其子女的教育上；白人家长比黑人家长投入到孩子基础和中等教育中的费用更高。利诺（Lino, 1995）根据1990年居民消费支出（CE）的调查数据，分析高、中、低收入的三组家庭（均是双亲家庭且有两个孩子）在教育消费支出上的区别：在消费支出的项目上,除了住房、食物、交通、衣服和医疗保健外,还加入了学龄儿童的教育费用和幼儿看护费用(childcare)。他发现,在中、高等收入家庭中,住房占了家庭消费支出的最大比例,而最小的是医疗保健费用。在低收入家庭组中,家庭消费支出中占最小比例的是学龄儿童的教育费用和幼儿看护费用。该研究显示,在消费支出中,不同收入家庭的家庭消费支出重点不同,家庭结构,比如单亲或双亲家庭也会影响家庭教育消费支出的重点。

马克·布雷(Mark Bray,1996)对东亚九国初等及中等教育阶段家庭教育支出的研究发现,各国的家庭教育支出数量庞大,家长的教育支出意愿也比较强烈。特别是当免费的公共教育质量不能让人满意,在公立学校的师资水平、硬件设备条件比较差的情况下,来自家庭的额外教育支出就会不断增加,择校、择教的现象就会持续出现。不过,家庭的教育需求和教育支出虽然都呈现比较旺盛的趋势,但对于不同家庭而言,旺盛的教育需求和教育支出的背景及影响是不同的。对于经济条件好的家庭来说,不断增加的家庭教育支出反映了其追求优质教育资源的愿望和较强的支付能力;对于经济条件差的家庭来说,不断增加的家庭教育支出虽然体现了家庭强烈的教育需求和愿望,但是不可避免地给家庭带来沉重的经济负担,大幅度地降低了家庭生活的质量。在多子女的家庭中,父母对不同的孩子,特别是不同性别的孩子的教育支出程度是不同的,在贫困的农村地区,家长对女孩的教育支出要远少于对男孩的教育支出。布雷指出,家庭教育支出的增加将会促进教育质量的提升,从而推动经济与社会的发展,但是家庭教育支出的不断增加也可能带来一些问题,如家庭经济负担的加重,人们之间社会经济地位差距和地区差距的不断扩大。在基础教育阶段,家庭教育支出的增加将有可能造成辍学率的上升和辍学时间的提前,尤其是对于贫困地区或贫困家庭的学生来说更是如此。

世界银行与联合国儿童基金组织联合项目(WB,UNICEF,1996)针对为实现人人有教育机会,贫困家庭所需要的帮助为主题所进行的研究表明,在九个东亚国家中,家庭已经负担了公共教育总成本中的相当部分。在其中一些国家,家庭的教育支出甚至高于政府的教育支出。文中指出,许多分析教育成本的研究实际上只展现了政府方面支出的成本。这些研究或者完全忽略家庭和社区为教育支出的成本,或者只是一带而过,未能给出具体的统计结果或进行深入的探讨。而在许多社会,家庭投入的规模是相当大的。即使是在公立学校,家庭的投入也往往超过总成本的20%,在其调查中,有两个国家的家庭投入甚至超过了50%。贝尔曼和诺尔斯

(Behrman, Knowles, 1999) 对越南家庭收入与儿童教育投资关系分析发现，家庭收入与家庭缴付学费的弹性系数是 2.312，家庭收入与家庭支付学校费用的弹性系数是 1.063，家庭收入与家庭整个教育支出的弹性系数是 0.243。存在这种差异主要与学费占家庭总教育支出比重小有关（从学费、家庭支付学校费用，到家庭总教育支出是不断增加的）。

近年来，我国教育学者对家庭教育支出的研究逐渐兴起，开始进入一个理论与实证相互结合研究的时期。因为市场经济体制和教育成本分担制度在我国已经逐步确立，私人投资教育成为一个新的投资亮点，国内学者改变了以往讨论教育投入时，只重视政府投资主体而忽视个人支出行为，把个人对教育的支出引入了教育投资领域。

倪咏梅（1997）研究了农村小学生家庭教育支出，对贫困地区的初等教育成本、学生家庭对教育的投入，以及他们的经济承受能力等问题进行了较为全面的研究，指出学生家庭经济状况、民族因素以及地区因素对教育私人成本起决定作用。对于来自贫困地区家庭的学生，无力支付教育成本，应给予经济资助。叶文振（1999）在研究中，利用厦门市中小学生教育费用的调查数据，采用多元回归模型的方法对孩子的教育费用及其决定因素作出了实证分析，其分析涉及教育支出的内部结构。叶文振还综合已有研究，对子女教育费用的影响因素专门作了总结，认为在解释子女教育支出差异的研究中，目前比较流行的主要有三种说法：一是收入决定论，当家庭收入增加时，父母花费在抚养和教育孩子方面的费用也会增多，而且收入的提高还会强化父母对孩子质量的偏好，从而在孩子的教育和培训上投资更多；二是文化影响论，重男轻女的传统观念会影响孩子投资上向男性性别倾斜；三是政策效应论，认为由于计划生育政策的约束，中国家庭在抚养孩子的方式上出现政策诱导型的转变，从而增加了对单位孩子的教育投资。

孙彩虹综合 2001 年重庆市中小学生家庭近两万份教育消费支出的调查资料，运用多元回归模型法，分析影响家庭教育消费支出的主要因素。最后的研究结果表明：父母学历、家庭收入、家庭人口规模、地区发达程度等都是影响家庭教育消费支出的重要因素。2001 年，上海市教科院智力开发研究所对江西、贵州、安徽、甘肃、四川五省一万多户农民进行的农村小学生教育支出的研究得出了以下结论：学生家庭经济状况、民族因素以及地区因素，对教育私人成本起决定作用；家庭教育支出主要受经济条件的影响，教育对于贫困家庭来说是一个沉重的负担，较富裕的家庭即使加大了教育的投入，但教育负担仍相对较轻。雷万鹏和钟宇平（2003）在研究中，使用 1985、1990、1995、1999 年国家农调队农村住户调查数据，对农村家庭教育支出作了纵向研究并进行了实证分析，以家庭人均文化支出近似地替代家庭人均教育支出，重点关注我国农村家庭教育支出的收入弹性。丁小浩、薛海平（2005）的实证研究表明，家庭经济状况在一定程度上决定了教育支出结构，不同收入阶层的家庭在选择性教育支出上存在显著差异，这种差异进而会影响不同收入阶层家庭的子女在接受教育的数量和质量方面的公平性。刘灵芝、王雅鹏（2006）在《我国农村家庭教育支出的地区比较研究》一文中指出，我国目前的学费制度的改革和农村家庭在经济上的不利地位，造成了农村家庭教育费用与支付能力相脱节，强调应该充分重视我国农村居民的家庭收入差距问题，改革现今简单划一的教育收费标准。国家应充分发挥宏观调控作用，对于经济落后地区在教育经费上给予一定的倾斜，以改善这些地区的办学条件，使各个地区的教育得到均衡发展，所有公民享受均等的受教育机会。

从国内外相关研究来看，在家庭教育支出的影响因素的选取上，多以家庭收入状况或家庭基本情况作为考虑的主要内容，这些家庭情况包括家庭收入或支出情况、家庭类型（如双亲家庭或单亲家庭）、家庭的社会阶层、父母受教育程度、所在地区及宗教信仰、孩子的数量、在读的年级（教育等级）、孩子的性别等。从家庭教育支出来看，一方面，它可以看做是家庭的一种投资活动，是家庭资源对人力资本的投入，可以提高家庭未来的收入能力，促进经济社会的发展。另一方面，家庭教育支出也是一种家庭的消费活动，占用家庭的部分消费资金，教育消费品对某些消费品的消费具有一定的挤出效用或替代作用。换言之，家庭教育支出的投资与消费的两面性影响了家庭教育支出影响因素的探索和选取。从教育成本角度看，家庭教育支出是教育的私人成本，还有一部分成本是机会成本。在基础教育阶段，一个国家中私人教育投资和公共教育投资之间的常规比例（政府的教育投资政策）、学校办学的效能、教育成本的持续增长、劳动力市场上的教育投资收益率都应该是家庭教育支出的重要影响因素。

（三）贫困地区义务教育成本分担与学生就学

我国自 20 世纪 90 年代以来年均辍学的中小学生约 400 万左右（牛文元，1995）。而农村学生辍学现象更为严重。结合我国农村义务教育成本分担的现状，可以看出经济因素是引起农村学生辍学的主要原因之一，这主要体现在农村义务教育经费严重短缺、农村家庭教育分担比例过大两方面。

1. 城乡义务教育经费投入差异明显，农村义务教育经费严重短缺

据国务院发展研究中心2001年的一项调查显示，我国义务教育的投入中，乡镇负担78%左右，县财政负担约9%，省地负担约11%，中央财政只负担2%；而县乡两级负担的87%基本上都直接来自农民上缴的各项费用。由于县乡财政，尤其是乡镇财政主要经费来自农民上缴的各项税费，故农村义务教育经费投入实际上主要由农民个人承担，出现"小马拉大车、大马拉小车"的现象。

蒋鸣和、徐坚成、王红（1997）通过对491个国家级贫困县的分析，得出农村小学生均经费支出比全国平均水平低30.5%。贫困县农村初等教育成本结构与全国平均值呈显著差异。

叶向阳（1997）通过对5个样本省的29所贫困农村地区的小学进行调查，发现1995年中心小学的生均经常性成本为352.79元。而村办小学的生均经常性成本为259.49元，仅相当于中心小学的76.39%。

沈百福（2003）指出，2000年全国小学生均预算内教育事业费算术平均值为670.26，生均最高地区是最低地区的10.57倍；全国初中生均预算内教育事业费算术平均值为889.4，生均最高地区是最低地区的6.64倍。2001年，西部地区城镇初中生均教育经费平均为1 797元，农村初中生均教育经费平均为1 099元，城镇初中平均是农村初中的1.64倍。西部地区城镇初中生均预算内教育经费平均为1 287元，农村初中生均预算内教育经费平均为899元，城镇初中平均是农村初中的1.43倍。西部地区城镇初中生均预算内公用经费平均为118元，农村初中生均预算内公用经费平均为63元，城镇初中平均是农村初中的1.87倍。

2. 贫困农村家庭义务教育分担比例过大

倪咏梅（1997）通过统计得出1995年样本年小学生教育生均私人成本为191.3元。其中交给学校部分平均为128.0元，占总私人成本的66.9%；家庭购买部分费用平均为63.3元，占33.1%。分析表明，各个收入水平上的家庭教育支出均有显著差异，家庭教育支出主要受经济条件影响。教育对于贫困家庭是一个沉重的负担，贫困地区农民家庭人均教育支出为70.4元，占消费总支出的8.5%。倪咏梅（2001）对贫困地区的调查还发现，在所调查的贫困地区，每个家庭就读学生数为2.08名，每个家庭每年支出的子女教育费用负担为804元，占人均纯收入的90%以及户均纯收入的15.8%。教育负担过重成为贫困家庭普遍存在的问题。

林潼（2003）基于对初中生高辍学率的经济因素分析，认为其症结主要在于农民子女接受初中及其以上教育直接成本较高、机会成本太大。

目前，我国对于教育成本、家庭教育负担以及经济承受能力等问题的研究越来越多，但大多探讨的是高中或大学的教育负担问题，尤其是大学的教育负担，对于义务教育阶段的教育成本研究得较少。对于贫困地区的初等教育成本、学生家庭对教育的投入，以及他们的经济承受能力等问题还没有较为系统全面的研究。农村家庭教育支出的研究中，对于贫困地区的研究颇多，对少数民族地区的研究则较少。因此研究少数民族地区农村家庭的教育的支出状况以及教育费用对家庭造成的经济负担很有必要，可以使我国更好地针对少数民族地区制定不同的教育政策。总之，国内外已有的很多有价值的研究成果给我们提供了进一步研究的平台和基础，也为我们探索家庭教育支出的影响因素提出了许多需要继续深入思考和解决的问题。

二、就学资助研究

（一）不同视角对就学资助研究

1. 保障权利的视角

国力的竞争就是公费教育的竞争，这种观念几乎为所有国家所接受。为了让更多的人接受义务教育，许多国家把机会平等的观念引入教育之中，因此对贫困家庭的就学资助，被许多国家以法律的形式固定下来。在国外的社会政策和社会福利文献中普遍认为，贫困群体理应获得社会和国家的帮助、保护和服务。国外的有关教育法规里面，绝大多数认为接受义务教育是公民的权利，国家的义务是为公民接受义务教育创造条件。高如峰（2001）的研究提到：以德国为代表，将教育救助作为特殊扶助措施列入"联邦社会救助法"；以英国和美国为代表，重点通过专项家庭津贴（儿童津贴），来解决家庭经济困难儿童扶养和教育方面的需求。以日本为代表的独立的一系列就学资助立法，规定了在教科书、膳食供应等方面要给予经济补助；还有以泰国为代表的第三世界国家，在完善义务教育制度，提高适龄儿童入学率的基础上，为贫穷学生免费提供教材、学具、校服和午餐等（王英杰，1999）。各国除了增加义务教育的投资，延长义务教育的年限外，为了迅速普及义务教育，纷纷设立奖学金、助学贷款等一系列助学措施，使普通人家甚至是贫家子弟都能有机会完成义务教育阶段学业。欧美各国基础教育所以能有如此之高的普及程度，与一整套教育资助制度紧密相关。除了上述经济援助之外，各国还通过改善学校组织形态和考试制度，协助教师建立对家庭经济困难学生的适当态度，扩充教育机构类型等制度措施,来落实教育机会均等政策。

2. 教育与贫困关系的视角

诺贝尔经济学奖获得者、福利经济学家阿马蒂亚·森在《以自由看待发展》一文中指出:教育发展尤其是基础教育的发展有利于消除贫困和贫富差距。各国普遍认为就学资助政策和制度的建设与社会变迁有关。工业化、现代化加剧了社会阶层的分化和不平等,因而为处于不利"社会—经济"地位的学生提供教育机会,在增加知识的同时,也增加向上流动的机会,有助于阻隔贫穷的代际传递,提升社会地位。(杜育红,2000)

3. 社会学冲突的视角

从社会学冲突论的角度出发,贫困的产生同时是一种公民应得权利在社会变迁中遭到剥夺的过程。阿马蒂亚·森认为,应得权利是"人们用在一个社会里可利用的法律手段去控制(物品)的能力",而且这不纯粹是个人的能力,"这种能力表现为社会中的权利关系,而权利关系又决定于法律、经济、政治等的社会特性",从其主要的表现形式——社会权利来看,与贫困相联系的内容就涵盖了受教育权。当一批特定的群体和个人权利遭受剥夺,造成其数量不足、获取权利的机会和管道不畅时,就会陷入贫困的境地。因此,消除经济贫困的治本之道是强化社会权利的平等和保障社会权利的公正。一方面保证人人都享有受教育的权力,不会因性别、民族、社会阶层、所处地区的差异,而丧失接受教育的机会,另一方面为那些处于不利"社会—经济"环境,但天资秉赋优异者提供均等教育机会,也有利于充分运用人力,避免人才浪费。因此,许多发达国家认为建立就学资助政策与制度是维护教育公平、实现教育机会均等的重要措施。(朱家存,2003)

4. 社会投资的视角

从社会投资角度出发,各国普遍认为就学资助也是社会投资——在人力资本方面,通过态度、知识和能力的训练,帮助贫困家庭学生提高生活技能,处理不同人生阶段的任务,减少人力耗损而付出的社会代价;在社会资本方面,教育可以协助巩固家庭和社会的支持功能,建立扶持互助的社群关系;在社会文化融合方面,教育一方面可以协助贫困群体自助和参与主流社会活动,增加社会不同阶层的沟通和相互接纳,减少"社会排斥",另一方面可以促进社会"平等"观念和"志愿服务"意识的建立,形成对社会弱势群体的关怀。(翁文艳,2003)

(二) 国外就学资助研究

对义务教育阶段贫困学生就学进行资助是世界各国国家政策和推行教

育公平的重要内容，是国外社会和政府普遍关注的问题。同时，各国研究者（包括国际教育资助组织）亦对义务教育阶段政府对贫困学生个人就学资助制度及效果积极开展研究，以推进全社会重视这一问题并对政府政策施加影响。相关研究文献显示，许多国家都建立了较为完善的贫困学生就学资助制度。发达国家以及非洲和亚洲许多发展中国家都有较为完善的学生个人资助体系，如美国的免学费免费供应教科书计划、法国的初中社会基金会、巴西的学生资助计划、孟加拉国小学教育资助项目及中学女生就学资助项目等（见本书第九章）。

从资助存在形态和对象来看，现有资助分为专项就学资助项目和全部免费两种。专项就学资助项目是指在一定时间和区域内根据国家政策或社会发展目标，对符合条件的群体或个人给予某种形式的经济援助。上述孟加拉中学女生就学资助项目就属于前者，其目标是提高6—10年级女童的入学率，增加女童通过初中毕业（SSC）考试的人数，并且减少她们中的早婚现象。根据此目标该项目资助对象条件为：保持75%以上出勤率，45%以上的考试成绩，未婚的初中适龄女童。而全部免费是义务教育资助发展方向和最终目标，是指国家实施全免义务教育，即义务教育的全部费用支出均由政府公共财政经费承担。据亚洲开发银行报告，全球190多个国家中有170多个国家已经实现了免费的义务教育。如上述美国的免费供应教科书计划，其受益对象为所有从小学到高中的公立学校的学龄儿童。实施了义务教育全部免费的国家也根据一定政策目标针对有特殊需要的群体实施了相应的专项学生资助项目或计划，许多发达国家都实施了"免费就餐"的资助措施，美国政府对低收入家庭的学生提供免费就餐计划，学校为其提供免费或低价的午餐、早餐，全部费用由联邦政府承担。

从资助的范围和形式上来看，各国有所不同，但总的看来随着社会的发展而不断扩大，先是免收学费，后来又扩大到免费供应教科书以至其他学习用品，甚至免费供应午餐、免费医疗以及免收交通费、服装费等（见本书第九章）。

从资助实施的影响和效果来看，无论免费义务教育还是专项学生资助项目，其实施效果和影响都是依据一定政策和社会发展目标而论的，归纳起来有：（1）保障义务教育阶段适龄儿童的受教育权，提高儿童入学率；（2）促进义务教育阶段适龄儿童更好地完成学业，保证儿童就学质量；（3）促进教育公平，消除因贫困、性别歧视及发展不均衡等原因造成的不公平现象。目前各国资助的实施都在为完成以上目标而努力。

(三) 国内学生资助

从文献检索来看，截至 2006 年，我国学术界对义务教育阶段贫困学生就学资助的专门研究成果不多，原因是多年来对农村义务教育研究的关注点主要集中在教育财政体制、义务教育经费分担机制、义务教育经费转移支付、学校经费运行和管理等方面。即使近年来兴起的对教育公平和教育均衡的研究，主要也是研究区域均衡和校际均衡等方面的问题。对义务教育阶段贫困学生群体和个体就学资助问题缺少专门的研究。但从一些农村义务教育财政研究的著述中看到，也有部分学者对义务教育阶段贫困学生就学资助问题非常关注，并进行了较系统的分析，提出了一些建议。

高如峰（2005）在《中国农村义务教育财政体制研究》一书中对农村义务教育贫困生助学金状况进行了系统的实证研究。该研究对中国东部、中部、西部农村贫困学生基本状况作了全面的分析，包括贫困生经济状况及数量、享受助学金学生数量、各省助学金投入等，并分析了助学金实施存在的问题及原因。主要是义务教育阶段学生对助学金的需求量大，政府所供给的助学金严重不足，部分地区没有建立助学金制度，地区内各省之间、学校之间助学金投入差异很大，政府财政对助学金投入少，西部贫困地区助学金投入少，辍学率高等。课题研究针对以上问题，分别根据东部、中部、西部三地区不同情况，从贫困学生的贫困特征，从贫困生数量及产生原因，贫困地区和家庭经济发展水平，助学金制度建立，提出了实施助学金制度的相应建议。主要内容是：各级政府重视农村贫困学生助学金制度建立的意义，加大政府投入，明确政府责任分担，完善相关法规，建立主管统筹机构，拓展社会捐助渠道。并从微观管理方面提出建议：建立贫困生档案，确定资助标准，明确资助贫困学生的申请、审核、批准、监督程序并实施监测。

"中国农村义务教育转移支付制度研究"（2005）课题组的研究也关注农村贫困学生就学资助问题。该研究认为，在实施义务教育过程中，总会遇到一些特殊地区和特殊群体的教育问题，对此必须予以特别关注并采取特殊方法解决。研究建议，应建立"低困家庭救助基金"制度，并设想了"政府监管、非营利组织运作"的模式。还提出，低困家庭救助基金主要用于帮助特困和困难家庭的学生支付学费，也可为特困家庭子女支付生活费。并将资助分为部分资助和全额资助两种。研究提出管理的具体办法是：个人申请、学校调查申报、基金会核查审批。

阳荣威（2005）的研究认为，贫困家庭子女在接受教育过程中，在学习资源条件上如果受到限制，缺少相应的就学资助来改变学习的条件，事实上是难以与其他社会群体家庭的子女竞争的。由于经济发展水平差异，会造成贫困家庭父母对于子女教育的漠视或虽重视却没有能力供养自己的子女读书。并且，家庭教育支付能力的不平等造成贫困学生受教育条件的不平等，也会导致贫困学生在学习知识与参加学校教育活动方面的不平等。贫困学生的教育水平低下又必然会导致他们成为新的社会和教育的弱势群体。这些弱势群体构成一个单独的社会系统，逐渐被主流社会排斥在社会的边缘，并最终与主流社会断裂。但是，在弱势群体的子女中同样也会存在社会的精英人才，社会的发展需要我们去培养这些精英。即便将来大多数学生未必会成为精英，但他们也要成为未来农村建设和发展的有用之才。

目前，国内学生就学资助的研究主要集中在对国家"两免一补"资助政策实施现状、实施效果以及实施过程中存在的问题上。随着"两免一补"资助政策力度、覆盖范围的不断调整和扩大，"两免一补"资助政策正在从专门针对边远、贫困农村家庭儿童的专项就学资助政策逐渐向旨在向全国义务教育阶段儿童提供免费教育的全免政策过渡。国内外研究者的研究重心也从资助的公平性、合理性逐渐向资助实施效果、资助需求等内容转移。

对于"两免一补"资助实施现状和存在的问题，相关研究认为：免费义务教育政策总体上是指向处境不利的贫困家庭、残疾和少数民族儿童，这一政策的设计符合实践，对促进贫困地区农村教育发展有积极作用（孙百才，2008）。但在具体实施上仍然存在着一些问题，最为突出的问题是寄宿生生活费补助比例整体偏低，补助资金不能落实，寄宿生的生活困难未得到解决。"两免一补"受助生的资格认定上出现偏差，有一部分贫困生享受不到资助；基层财力匮乏，贫困寄宿生生活补助专项资金难以到位，这些问题亟须引起政府和社会的关注。目前，国家对"两免一补"政策作出了相应的调整，资助范围扩大到了全国农村地区，资助标准也有所提高，逐步朝着实现免费义务教育的目标前进。

对于"两免一补"资助的影响，分为资助的宏观影响研究（间接效果）和资助的微观影响研究（直接效果）。宏观上，相关研究认为对"两免一补"的影响评价要基于"两免一补"政策设计的初衷与目标预期，"两免一补"政策的设计初衷是基于战略考虑的，通过政府支持，使学生受益、农民拥护，最终使个体效应转化为整体的、宏观变化，成为改革与发展的一部分。这种转化源自一定的效果转换机理和政策扩散效应。具体体现为，提高农业 GDP，拉动农村经济发展；减贫与缩小收入差距，缓解城乡发展不均衡。总之，"两免一补"政策加快了农村免费义务教育的普及步伐，体现了教育公平，其在空间延展以及时间上的延伸，对于政策实施产生的经济社会影响也实现了横向上的叠加化和系统化效应，以及纵向上的累积化效应，有利于实现经济和社会的可持续发展（"完善农村义务教育财政保障机制"课题组，2005）。微观上，对"两免一补"影响的研究主要集中在对农村义务教育普及的促进、减轻儿童家庭教育成本负担及促进儿童入学的影响上。相关结果显示，"两免一补"资助政策的实施使农村家庭支付的个人直接教育成本负担实际降低了 1/3。80%以上的学生家长认为"两免一补"在很大程度上减轻了家庭的教育负担。

对义务教育阶段学生就学进行资助是今天世界各国普遍关注，并积极推行的政策。研究者们也对义务教育阶段对贫困学生个人就学资助制度意义及效果积极开展研究，以此作为推行教育公平的重要内容。但是，正如上文所述，对义务教育阶段贫困学生就学资助的研究目前远不如对高等教育阶段贫困学生就学资助研究的深入和系统。因此，对义务教育阶段贫困学生就学资助问题研究的不足，也是造成贫困学生就学资助制度构建缺乏依据和支持的重要原因。2009 年以来，我国党和国家领导人多次提出，要完善贫困学生就学资助体系，这显示了党和国家对此问题的高度重视。而研究者的责任即是为此提供相应的建议和策略，这也是本研究的目的所在，是本研究要着力解决的问题。

主要参考文献

[1] 王玉昆. 教育成本问题初探 [J]. 教育与经济，1991，(1).

[2] 蒋鸣和，徐坚成，王红. 中国贫困县教育财政与初等教育成本——491 个国家级贫困县的分析 [J]. 教育与经济，1997，(4).

[3] 范先佐，周文良. 论教育成本的分担与补偿 [J]. 华中师范大学学报，1998，(1).

[4] 魏新，邱黎强：中国城镇居民家庭收入及教育支出负担率研究 [J]. 教育与经济，1998，(4).

[5] 王善迈. 关于教育产业化的讨论 [J]. 北京师范大学学报（教育科学版），2000，(1).

[6] 杜育红. 中国义务教育转移支付制度研究 [J]. 北京师范大学学报（教育科学版），2000，(1).

[7] 倪咏梅. 论减轻贫困地区家庭义务教育费用负担 [J]. 基础教育

研究，2001，（3）.

[8] 高如峰. 义务教育投资的国际比较与政策建议［J］. 教育研究，2001，（5）.

[9] 方彤，赵厚勰. 义务教育免费制浅探［J］. 当代教育论坛，2002，（4）.

[10] 林潼. 西部农村初中高辍学率的经济分析与对策［J］. 教育探索，2003，（1）.

[11] 沈百福. 区域层次与中小学生均经费地区差异［J］. 上海教育科研，2003，（12）.

[12] 袁连生. 论教育的产品属性、学校的市场化运作及教育市场化［J］. 教育与经济，2003，（1）.

[13] 封北麟. "税费"改革后的农村义务教育投入保障机制［J］. 当代财经，2003，（4）.

[14] 周守珍，尹以森. 基础教育成本分担的若干理论探讨［J］. 湖北教育学院学报，2003，（5）.

[15] 张攸峰. 促进我国教育发展的财政支持政策［J］. 中国财经信息资料，2003，（8）.

[16] 杨阳，刘娇：农村义务教育财政投入的经济学分析［J］. 农业经济，2004，（2）.

[17] 阳荣威. 试论弱势群体子女教育补偿的政策支持［J］. 天津师范大学学报，2005，（6）.

[18] 范先佐. 构建"国家办学、分类承担"的农村义务教育财政制度［EB/OL］. 中国教育先锋网：2003-6-13.

[19] 阎达五，王耕. 教育成本研究［M］. 北京：北京出版社，1989.

[20] 王善迈. 教育投入与产出研究［M］. 石家庄：河北教育出版社，1996.

[21] 张力. 面对贫困——中国贫困地区教育发展的背景、现状、对策［M］. 南宁：广西教育出版社，1998.

[22] 曾满超. 教育政策的经济分析［M］. 北京：人民教育出版社，2000.

[23] 罗刚. 中国财政扶贫问题研究［M］. 北京：中国财政经济出版社，2000年.

[24] 中国教育与人力资源问题报告课题组. 从人口大国迈向人力资源强国［M］. 北京：高等教育出版社，2003.

[25] 单中惠. 外国素质教育政策研究 [M]. 济南：山东教育出版社, 2004.

[26] 高如峰. 中国农村义务教育财政体制研究 [M]. 北京：人民教育出版社, 2005.

[27] 马国贤. 中国农村义务教育转移支付制度研究 [M]. 上海：上海财经大学出版社, 2005.

[28] Smith, E. A. Social Welfare: Principles and Concepts [M]. New York: Association Press, 1965.

[29] The Bangladesh Primary Education Stipend Project: A Descriptive Analysis. Karen Tietjen, 2003.

[30] World Bank. Project Performance Assessment Report Bangladesh: Female Secondary School Assistance Project. 2003.

第三章　课题研究问题与研究设计

第一节　课题研究关注的主要问题

中国农村义务教育阶段教育经费投入长期以来存在两个突出的不合理问题。一是政府对农村学校公用经费投入严重不足，造成学校正常运行困难，因此学校对学生收取各种费用，以弥补公用经费的不足，加重了农民负担；二是农民家庭支付的义务教育费用占家庭收入的比例过高，给农民家庭带来沉重经济负担，而家庭对子女就学的支付能力又明显不足，直接影响了学生就学以及学业的顺利完成。特别是在中西部农村贫困地区，因家庭贫困导致学生无法正常入学或顺利完成学业的现象更为突出。

由第一章的研究也可以看到，从 21 世纪初开始，国家和社会开始对农村学生完成义务教育进行各种形式的资助，帮助大批农村学生完成了义务教育，特别是"两免一补"政策的实施，保证了农村义务教育阶段所有学生能够进入学校学习，不再为支付不起学杂费而放弃义务教育。但是，由于我国农村整体上经济发展仍然相对落后，特别是中西部贫困农民家庭的数量还很庞大，经济支付能力很低，因此农村贫困家庭的教育成本负担仍然很重，接受"两免一补"后还需支付的其他各种教育和生活费用仍是他们的主要经济负担，影响其子女顺利完成义务教育。

本课题研究基于两个假设：第一，农村经济发展整体水平较低，农民群体处于弱势地位，教育支付能力不高。因此，需要在义务教育阶段由国家对其子女就学给予资助，保证农村义务教育事业的发展。第二，我国农民群体中，还有相当一部分家庭收入处于当地政府规定的贫困线和低收入线水平之下，没有脱贫，家庭教育支付能力很低，这部分家庭的子女需要得到力度更大的就学资助。

基于以上假设，本课题制定的研究目标如下：

（1）确定学生就学资助的任务，以提高教育产出（推进普及义务教育，提供良好质量的义务教育）。

(2) 评价现有就学资助对义务教育产出的影响（主要是"两免一补"），并就进一步完善现有就学资助政策提出建议。

(3) 为建立一个针对农村贫困家庭学生的就学资助体系提出建议。

根据课题研究目标，课题组确定对以下三个主要问题开展研究：

(1) 实施就学资助对农村学生完成义务教育学业的作用；

(2) 农村学生就学资助的现状和存在问题；

(3) 为完善"两免一补"政策和构建农村贫困学生就学资助制度提出建议。

为实现课题研究目标，课题组确定课题研究的基本内容和研究思路如下：

进一步完善现有就学资助政策，构建农村贫困学生就学资助制度。由此，课题调查研究从家庭和学校两个层面开展：从家庭方面，调查个人教育成本、家庭财产与收入现状和贫困家庭学生的辍学状况，反映贫困生家庭教育支付能力和资助需求，根据贫困家庭学生就学的资助需求确定贫困生资助对象和标准；从学校方面，分析"两免一补"和"农村义务教育经费保障机制"实施前后学校经费收入和支出的变化情况，并考察现行各种资助的现状，评价各种学生就学资助对提高教育产出的作用。通过对各种就学资助制度的评价就完善"两免一补"提出建议。最后，形成报告建议。

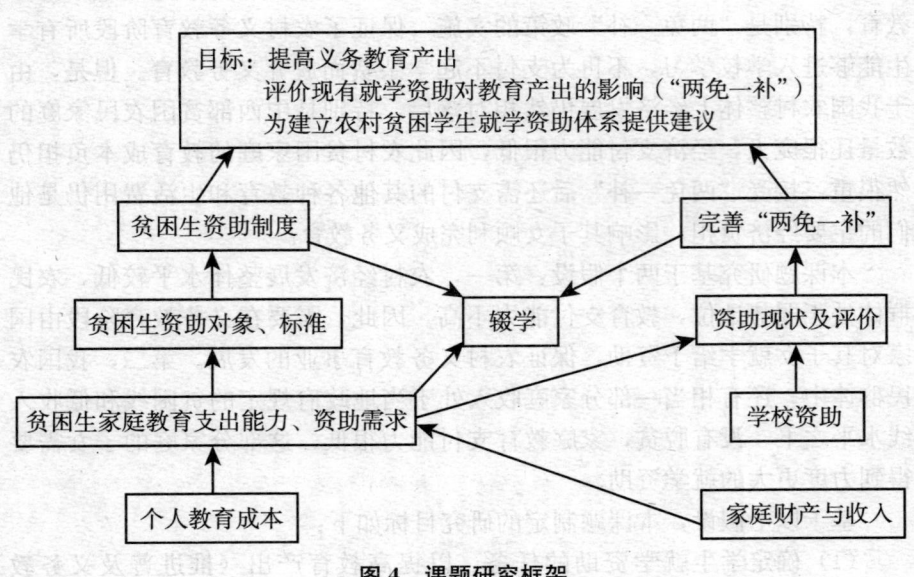

图 4　课题研究框架

由此，课题组认为，农村义务教育学生就学资助制度课题研究内容应主要集中于以下六个方面：

（1）农村义务教育发展历史及现状分析。对我国农村义务教育发展及财政体制改革的历史与现状以及现行的农村义务教育阶段就学资助现状和其存在的问题进行分析。分析考察四省的义务教育供给情况，并比较"农村义务教育经费保障机制"实施后，四省义务教育财政的变化及样本学校教育经费收入和支出的基本情况。

（2）家庭教育成本及教育成本负担率。本研究的假设是贫困家庭教育成本支付能力低是影响贫困学生顺利完成学业的主要原因之一，因此需要对农民家庭收入水平、教育成本（学生个人就学成本）、学生参加劳动花费时间、父母特征、家庭特征（家庭经济状况）、学生特征等进行调查，以确定家庭教育成本负担对子女入学的影响。

（3）农村义务教育阶段学生辍学状况。了解义务教育阶段辍学儿童（包括以前辍学的6~16岁的适龄儿童）和从未入学儿童的数量和特征；对可能存在辍学风险的学生个体和家庭特征进行研究，分析学生辍学和未入学的原因，学生参加劳动与学生辍学之间的关系。

（4）农村贫困学生就学资助需求。为建立农村贫困学生就学资助制度，需要对农村贫困学生就学的实际资助需求进行研究，确定除学杂费和课本费之外的农村贫困学生就学的实际需求内容和数量，为构建义务教育阶段农村贫困学生就学资助制度提供依据。

（5）国家和社会对农村学生就学资助的现状。课题组对近年来我国各种义务教育就学资助形式进行分类分析，分析研究目前学生就学资助基本现状以及现有学生就学资助制度的实施效果、基本经验和存在的主要问题，总结可资借鉴的方法和经验，以便为本研究提出义务教育阶段农村贫困学生就学资助建议提供借鉴。

（6）建立针对农村贫困家庭学生就学资助制度。通过对农村学生就学资助制度现状以及农村贫困学生就学的实际资助需求的调查，就构建一个长期、科学有效、符合我国农村实际情况、针对不同地区农村贫困学生的就学资助制度提供政策建议。确立就学资助制度的目标，界定资助对象，提出符合贫困学生资助需求的不同资助形式以及资助途径。

第二节 研究设计

本课题主要研究"两免一补"和"农村义务教育经费保障机制"等政

策实施的效果，农村贫困学生就学资助对义务教育阶段学生就学的影响，并且建议可行的途径促进农村贫困学生资助的实施。为了达到研究目的，课题组需要进一步讨论学校的教育成本、家庭经济收支和教育支出，从而能够从供给和需求（学校和家庭）两个方面分析学生就学资助对教育产出的影响，并且评价学生就学资助对义务教育阶段学生就学的作用。

运用与贫困学生资助制度有关的可借鉴的理论（主要有教育公平理论、公共产品理论、社会分层理论、家庭教育决策理论等）和政策进行分析，并对国家和地区层面的学生资助政策的制定及实施过程，包括资助对象确定、资助执行等进行研究。

针对以上确定的研究目的和需要研究的内容，课题组主要采取以下方法进行研究。

一、研究方法

（一）文献分析比较法

搜集、分析和比较国内外在资助农村贫困学生方面制定的政策和制度方面的相关资料，采用一般的比较分析模型以及定量比较分析方法对我国和其他国家有关贫困学生资助的基本情况、统计数据及经验进行分析。本书文献研究主要集中在我国经济发展和教育财政体制改革对义务教育阶段学生就学的影响，国内近年来各种义务教育资助形式与方法的实施现状与历史沿革，国外有效的资助方法与经验借鉴等三个方面。

（二）田野研究

1. 现场调查

通过对学校与家庭的调查，了解和分析农村学生就学基本状况、贫困学生就学资助状况、资助需求的方式及程度、现有资助效果及存在问题，了解和分析贫困学生辍学的状况与原因。

2. 访谈研究

深度访谈：研究者深入样本学校和贫困学生家庭，进行实地调查，了解家庭的基本经济和教育成本负担状况，分析学生就学方面存在的主要问题。

座谈：与样本县、乡和学校的有关人员座谈，调查了解贫困学生完成基础教育学业方面的现有资助状况和资助过程中存在的主要问题，以及了解他们对就学资助内容、程度和形式的需求，以及对建立教育资助制度的观点与看法。

访谈提纲：访谈内容与问卷调查相结合，弥补问卷中不能得到的信息，力求全面深入地掌握贫困学生就学资助的第一手资料。

3. 问卷调查

依据本课题所要研究的问题，确定对教育行政部门、学区、学校、学生、地方政府、学生家庭进行问卷调查，调查设计的工具包括以下几种。

家庭调查问卷：包括家庭的经济收支、教育支出、家庭成员基本情况、家长对接受教育的立场和选择。

学校调查问卷：通过结构式和半结构式问题，获得可能影响学生资助的学校方面的相关资料，包括贫困学生界定的方法和标准、资助形式等。

学区调查问卷：了解本学区适龄儿童接受教育情况，包括就学和辍学的基本现状。

教育行政部门调查问卷：包括省级教育行政部门和县级教育行政部门。了解当地教育收入与支出状况和贫困学生的总体情况，资助项目的类型、资助形式和经验，贫困学生界定的方法和标准。

地区社会经济统计调查问卷：包括县、乡区域的社会、经济、人口、民族、教育、文化、自然地域等统计资料。

学生学习用具问卷：按照目的性和典型性的原则，选择每所样本学校的部分班主任和部分学生调查其学习用具拥有情况，反映其家庭教育支付能力。

课题组通过文献分析比较和实证调查，对1995年至今的义务教育发展情况以及现有就学资助的基本情况进行了分析。

通过省级教育行政部门问卷，考察了样本省的教育财政现状和义务教育供给情况。课题组之所以选择四川、甘肃、河南和湖北四省展开田野调查，这是因为甘肃和四川属于教育部、世界银行和英国国际发展部"西部地区基础教育发展项目"省，地处西部，国家级贫困县较多；河南和湖北属于中部省，人口数量大，贫困县的数量也较多。四个省的农村人均收入都较低，在农村义务教育阶段贫困学生就学资助方面面临的困难程度和问题突出，具有一定的代表性。

通过县级教育行政部门调查问卷和学区调查问卷，对样本省义务教育阶段经费的收支情况及义务教育阶段适龄儿童的入学与辍学现状以及义务教育阶段各种资助的基本现状和实施效果进行分析，并结合家庭调查问卷对农村贫困学生的就学资助需求进行调查。

通过学校调查问卷,对样本学校在"农村义务教育经费保障机制"实施前后教育经费的收入和支出情况进行调查,分析"新机制"的实施对样本学校的影响。

运用家庭调查问卷和学生学习用具问卷,对家庭经济条件、家庭教育支出、家庭成员基本情况、学生个人的就学成本、参加劳动的时间等进行调查,以反映家庭教育成本及家庭教育成本负担。

在整个调查的过程中,调查人员深入样本学校和贫困学生家庭实地调查,与教育行政部门和学校的人员座谈,调查了解他们对义务教育阶段学生就学和资助的观点和看法。

二、调查抽样

依据调查问卷设计,本课题共建 6 个数据库,分别是省级教育信息数据库、县级教育行政数据库、县级社会经济数据库、乡镇学区数据库、学校数据库以及农村家庭儿童数据库。样本量共包括 4 个样本省(其中 2 个"西部地区基础教育发展项目"省①,2 个非项目省,四川调查未得到省级数据信息),16 个样本县(每个省选择 4 个样本县,有 8 个国家级贫困县②,8 个非贫困县),32 个样本乡(学区),102 所样本学校(样本村所有的教学点和小学、样本乡(镇)所有的初中,包括独立初中、完全中学),1 028 户样本家庭及 1 804 名样本学生的详细信息(抽样地区和学校,抽样原则、方法和过程详见附录7)。

表5 调查工具及调查样本数量统计

问　　卷	样本数量
家庭(学生)入户调查问卷	1 028 户、1 804 名学生
学校(小学、初中)调查问卷	102(所)
学生学习用具调查问卷	149 人次
乡(学区)调查问卷	32 个
县教育行政问卷	16 个
县经济、人口基本数据问卷	16 个
省教育行政基本数据问卷	4 个

---

① 教育部财务司、世界银行贷款、英国赠款,"西部地区基础教育发展项目"。
② 本报告中调查的贫困县均为国家级扶贫工作重点县。

第三节 调查质量控制

对整个调研过程的质量控制主要体现在三个方面:(1)在正式实施调查前,课题组对调查工具进行了反复试测,目的是为了确保调查工具的全面、客观、有效和易接受性等。同时,我们对调查组工作人员进行了系统的调查前培训。(2)在调查过程中,按照调查组要求每天进行调查后集体总结,主要针对当天调研任务完成情况、调查存在问题及时进行问卷纠错并予以改正,以及对次日调研任务予以分配。(3)调研结束后对全部问卷进行检查整理,处理发现的问题和错误数据,根据调查工具上所留采访对象电话对部分奇异值进行再次核实,确保调查信息可靠无误。

一、数据录入与处理

为保证数据录入质量及速度,最大限度降低数据录入差错,根据课题组要求,数据录入由双人录入方式进行,采用一人主录、另一人监录的方式同时进行。数据录入结束后,根据国际专家建议,检查各项数据录入结果,对各个数据库进行详细查错和清理工作,主要是为了找出逻辑错误和可能存在的奇异值,具体步骤如下。

(一)逻辑错误处理

逻辑错误主要集中在各项基本信息与收支指标中,如年龄、婚否和就学、经费等数据和指标,这部分错误在清理过程中通过查询原始问卷或电话查询予以纠正。

(二)奇异值纠错

课题组将与均值相差在三倍标准差范围以外的数据和指标均定义为可能存在的奇异值。奇异值的处理一般都是从原始问卷中进行纠错,如属录入错误则直接改正,如属原始错误,则打电话对调查样本进行核实。部分数据库中的奇异值大都出现在教育行政部门和学校收支各项详细指标中,纠错困难较大,主要原因是因为这些部门和学校统计资料不够健全以及对部分数据信息过于敏感不愿提供所致。

为了保证数据的信度,在调查数据统计分析过程中,课题组对部分变量做了奇异值剔除。

二、加权和权重的选择

为了客观真实地反映各项数据，尽可能消除各地由于人口数量与分层样本总量大小的差异对数据结果产生的影响，课题组根据各地人口数与贫困人口数的相对比例，结合抽样方法，在计算各项数据的同时，本书第四章对教育成本和教育负担的研究使用了加权方法对数据进行处理（详细内容见附录7）。

三、课题研究存在的不足

本次调查是一次涉及省级教育行政、县级教育行政、乡级财政、学校财政、学生家庭入户及社会经济信息的全面调查，调查取样工作十分复杂而繁重。因此，项目课题组进行了大量的准备工作，基本保证了调查工作的顺利启动和进行。2006年11月课题组基本结束对四省的调查。

本次调查的抽样方法均是按照与国际咨询专家讨论的原则和要求进行。原先设计调查方法时确定通过户籍，在乡和村抽取有适龄儿童样本家庭，但家庭样本由于通过乡级政府和村抽样困难太大，无法得到有效的协助和所需要的信息，而家庭样本需通过当地户籍部门才能够得到，但调查又不易得到户籍部门帮助，故改为由在学区（乡）在校生中随机抽取样本。另外，对部分教育行政部门、县级财政部门的调查也遇到不提供信息，影响数据信息收集完整性等问题。例如，本调查的义务教育阶段农村家庭学生辍学数据只能够通过学区途径获取，并且，实际得到的是在校学生本人义务教育年龄阶段兄弟姐妹的辍学统计信息，而非该学区的全部农村辍学儿童数据。因此，本项研究没有获得所调查样本地区辍学儿童的完整信息。

由于各方面原因，调查工作和数据搜集还存在其他一些问题，影响了对部分问题的分析：一是虽然调查组对调查前的工具进行了试测，基本避免了调查工具设计与实际调查数据指标不相符合的情况，但依然存在各省某些具体指标统计口径存有差异，以及部分学校账目不够健全（主要表现在各教学点）等客观情况；二是由于整个调查活动中，部分地方教育行政部门和学校对涉及辍学、经费等调研内容比较敏感，故不能给予很好的支持，给调查工作的正常进展及数据搜集带来了一定的困难。

由于课题调研过程搜集数据存在各种客观困难，省、县教育行政部门数据缺失较多，部分指标缺失，在一定范围影响了对政府各项教育经费收支情况的细化分析。

学校数据库与儿童家庭数据库的建立旨在反映以儿童和学校为单位的义务教育基本情况，由于课题组进入学校调查，家庭问卷采用入户进行，因此，学校数据库与儿童家庭数据库反映的信息较其他数据库全面，可信度较高。

表6 数据库基本情况说明

数据库	内容	备注
省级教育信息数据库	国家和样本省教育政策、义务教育基本情况、资助等	1个省未提供信息，部分县信息有一定缺失
县级教育行政数据库	样本县义务教育基本情况、经费收支、资助等	
县级社会经济数据库	样本县各项经济指标、社会背景等	部分信息存在一定缺失
乡镇学区数据库	以学区为单位义务教育各项指标、乡镇经济指标、各项资助情况等	部分信息存在一定缺失或缺乏信度
学校数据库	学校收支、学校规模、学校基本信息、普九情况、入学与辍学、各项资助详细情况等	信息较为详细、可信度较高
学生家庭数据库	家庭收入、家庭支出、教育详细支出、家庭规模与其他特征、各适龄儿童义务教育详细情况以及各项资助等	

小结

基于课题研究目标，课题组确定将对以下三个主要问题开展研究：

（1）实施就学资助对农村学生完成义务教育学业的作用；

（2）农村学生就学资助的现状和存在问题；

（3）为完善"两免一补"政策和构建农村贫困学生就学资助制度提出建议。

为解决这三个主要的问题，课题组采用文献分析比较法、田野研究和问卷调查的方法进行调查，从农村义务教育阶段背景、农村义务教育经费供给现状、家庭教育成本及教育成本负担率、农村义务教育阶段学生辍学状况、国家和社会对农村学生就学资助的现状、农村贫困学生就学资助需求、建立农村贫困学生就学资助制度等七个方面进行分析，最终实现本课题的研究目标。

第四章　甘肃、四川、湖北、河南四省农村义务教育经费现状调查

我国农村义务教育财政实行"以县为主"的管理体制，地方县级政府主要承担农村义务教育投入责任。但是，由于我国农村经济发展不平衡，农村贫困地区地方财政财力拮据，义务教育投入不足，造成农村学校公用经费短缺，学校运行十分困难。为了真实反映农村义务教育财政的实际状况，同时为就学资助制度构建研究提供依据，本章就甘肃、四川、湖北、河南四省（以下称四省）义务教育财政调查数据进行分析，内容主要包括省级、县级、学校水平的农村义务教育阶段学校经费收支现状及"新机制"的实施对学校经费收支的影响。

第一节　2005年四省农村义务教育支出情况分析

一、四省农村义务教育经费支出

图5是我国中小学教育经费支出结构图，教育经费支出主要分为事业性经费支出和基建支出两大部分。

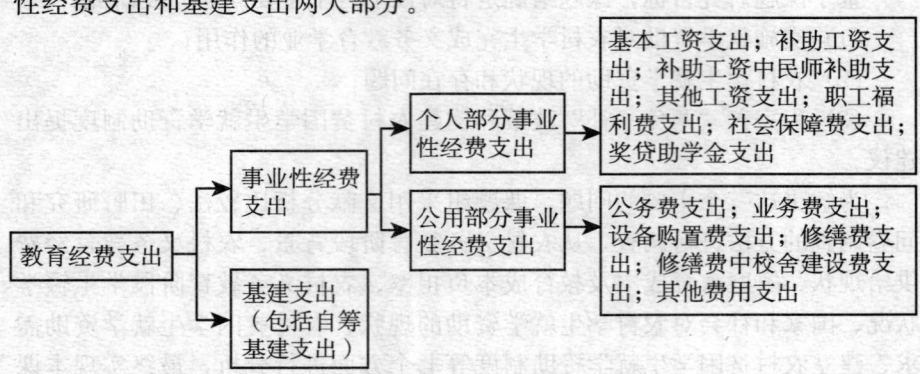

图5　教育经费支出结构图

以下内容介绍了四省农村义务教育生均经费支出及农村义务教育经费投入的三项比例，分析了各地对农村义务教育的投入状况。长期以来，我国地区间发展不平衡，为了便于比较，分析中加入了东部比较发达的上海市和江苏省的教育经费情况，作为参照。

（一）全国和六省（市）农村初中、小学生均教育经费支出

表7和图6显示，2005年农村义务教育生均经费中、西部地区要远远低于东部地区，而且也低于全国平均水平。四省中四川义务教育生均支出最高，湖北次之，再次是甘肃，河南最低。

表7　2005年全国与六省（市）农村初中、小学生均教育经费支出比较

单位：元

地区	农村初中			农村小学		
	总计	事业性教育支出	基建支出	总计	事业性教育支出	基建支出
全国合计	1 819.93	1 744.96	74.97	1 572.56	1 529.72	42.84
上海	10 217.46	9 361.84	855.62	8 222.59	8 222.59	0
江苏	2 372.70	2 212.07	160.63	2 436.80	2 342.66	94.14
河南	1 065.79	1 051.01	14.78	880.88	865.28	15.60
湖北	1 469.62	1 445.23	24.39	1 130.50	1 117.53	12.97
四川	1 507.86	1 468.20	39.66	1 254.81	1 230.36	24.45
甘肃	1 418.23	1 299.22	119.01	1 114.70	1 088.42	26.28

数据来源：教育部财务司，国家统计局社会和科技统计司. 中国教育经费统计年鉴2006［R］. 北京：中国统计出版社，2007.

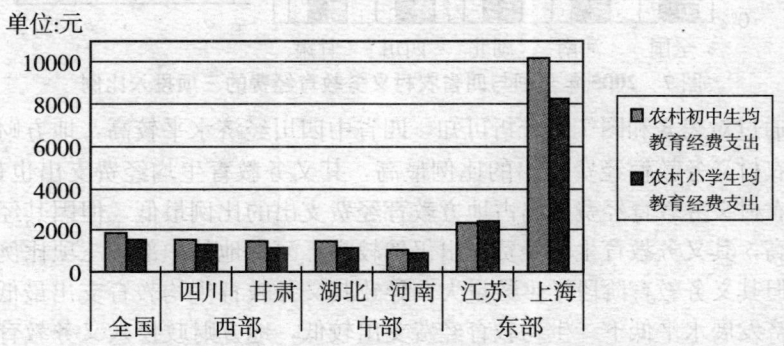

图6　2005年全国与六省（市）农村初中、小学生均教育经费支出

（二）全国和四省农村义务教育经费的三项投入比例

表8显示，对于农村义务教育经费支出占地方财政支出的比例和农村义务教育经费支出占地方教育经费支出的比例这两项指标，2005年四省的投入比例

均高于全国平均比例。对于农村义务教育预算内经费支出占农村义务教育经费支出的比例，河南和甘肃高于全国平均水平，湖北和四川低于全国平均水平。

表8　2005年全国与四省农村义务教育经费的三项投入比例　单位：%

	农村义务教育经费支出占地方财政支出的比例	农村义务教育经费支出占地方教育经费支出的比例	农村义务教育预算内经费支出占农村义务教育经费支出的比例
全国	7.64	28.20	76.88
河南	9.81	33.27	80.47
湖北	9.03	28.67	76.53
四川	10.40	38.71	64.46
甘肃	9.51	39.71	86.40

数据来源：1.教育部财务司，国家统计局社会和科技统计司.中国教育经费统计年鉴2006 [R]. 北京：中国统计出版社，2007.

2. 中华人民共和国国家统计局. 中国统计年鉴2006 [R]. 北京：中国统计出版社，2006.

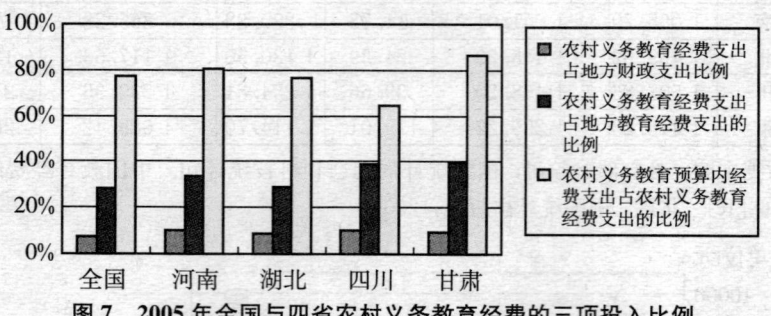

图7　2005年全国与四省农村义务教育经费的三项投入比例

通过对表8和图7的分析可知，四省中四川经济水平较高，地方财政支出中农村义务教育经费支出的比例最高，其义务教育生均经费支出也最高；湖北农村义务教育经费支出占地方教育经费支出的比例最低，但因其经济水平最高，其义务教育生均经费支出仍然较高；河南地处中部，三项比例都很高，但其义务教育阶段学生数量大，导致其义务教育生均教育支出最低；甘肃经济发展水平低下，生均教育经费支出较低，地方财政投入义务教育的经费比例偏低，但由于享受国家的优惠教育政策较多，其他两项比例最高。

以上分析显示：第一，四省农村义务教育经费支出占地方财政的投入比例均高于全国平均数，这说明四省对农村义务教育经费投入的努力程度是比较高的。第二，四省的生均投入比例均低于全国平均数，更远远低于经济发达的东部地区。这种情况说明，尽管四省对农村义务教育经费投入的力度较大，但由于经济发展水平较低，财政支出能力较弱，导致生均教育投入不足，还不能充分满足农村义务教育事业发展的需要。

二、样本县义务教育经费支出

为了充分了解被调查地区义务教育财政执行情况，课题组对2005年样本县的义务教育规模及经费支出作了调查，以下分别予以描述和分析。

（一）义务教育规模

表9显示的是样本县义务教育阶段的学校数和学生数。由于16个样本县的人口、经济、地理条件等存在很大差异，因此义务教育阶段学校规模和分布差别很大。从学校数来看，四川学校数量最多，河南次之；从义务教育阶段学生总数来看，四川最多，湖北次之；甘肃的学校数及学生总数都最低。从学校校均学生数规模来看，湖北学校最大，甘肃最小。

表9 2005年样本县义务教育阶段学校数和学生数

单位：所；人

省	县（区）	学校数	学生总数	每校学生数
甘肃	靖远县	418	107 433	257
	清水县	333	55 116	166
	张家川县	272	64 003	235
	舟曲县	173	24 140	140
四川	巴州区	853	187 545	220
	平昌县	607	181 453	299
	峨边县	165	22 323	135
	犍为县	208	59 751	287
湖北	云梦县	134	86 935	649
	孝昌县	288	103 136	358
	浠水县	266	145 664	548
	罗田县	282	92 065	326
河南	伊川县	428	130 956	306
	汝阳县	241	73 737	306
	内乡县	373	76 368	205
	淅川县	555	108 654	196

注：1. 数据来源：课题组样本县教育行政部门问卷。
2. 义务教育阶段学校类型包括：小学、教学点、独立中学、九年制学校、完全中学。
3. 表中共15个样本县。巴州属四川省巴中市，为市辖区。以下不再注明。

(二) 样本县生均支出

表10 2005年样本县农村义务教育经费生均支出及结构

单位：元；%

省	样本县县（区）	是否国家贫困县	生均教育经费支出	生均预算内教育经费支出	预算内教育经费支出占教育经费总支出比例
甘肃	靖远县	否	—	—	—
	清水县	是	—	—	—
	张家川县	是	17 30.10	1 426.75	82.47
	舟曲县	是	1 022.76	352.64	34.48
四川	巴州区	否	880.52	396.17	44.99
	平昌县	是	1 914.27	1 365.86	71.35
	峨边县	否	1 423.14	1 081.14	75.97
	犍为县	否	679.63	560.42	82.46
湖北	云梦县	否	844.54	652.33	77.24
	孝昌县	否	971.70	623.38	64.15
	浠水县	是	932.46	750.66	80.50
	罗田县	是	830.37	716.62	86.30
河南	伊川县	否	902.23	679.21	75.28
	汝阳县	否	1 311.87	1 104.28	84.18
	内乡县	是	1 653.23	477.51	34.45
	淅川县	是	1 107.69	940.75	84.93

注：1. 数据来源：课题组样本县教育行政部门问卷。
2. 表内"—"项为缺失数据。
3. 巴州属省级贫困县。

表10显示，四川省生均教育经费支出最高的是国贫县平昌县，其次为非国贫县峨边彝族自治县，最低的是非国贫县犍为县。原因是平昌县当年得到的教育专项资助经费较多，峨边县为少数民族自治县，教育经费投入高于非民族县；甘肃省生均预算内教育经费支出最高的是国贫县张家川回族自治县，最低的是国贫县甘南藏族自治州舟曲县。表中数据说明，西部地区省内样本县之间生均教育经费支出及生均预算内教育经费支出的差距都十分突出。预算内教育经费支出占教育经费总支出比例低于40%的县仅

有两个，都属国家贫困县。

表11是按是否贫困县、是否项目县①比较样本县的教育经费支出情况，通过数据分析可以看出，2005年贫困县的生均教育经费支出低于非贫困县约200元，差距较大，但生均预算内教育经费支出高于非贫困县。这说明贫困县由于经济水平的限制，地方政府财政支出能力较低，但由于国家政策的支持，其财政预算内支出较高。与非项目县比较，项目县生均教育经费支出和生均预算内教育经费支出都比较高，这得益于诸多国家和国际教育援助项目的支持。贫困县生均杂费占生均教育经费支出的比例高于非贫困县，说明贫困县对杂费的依赖程度较大；项目县的生均杂费比例最低，说明其得到的项目资助减轻了学生的负担。

表11 2005年贫困县和非贫困县、项目县和非项目县教育经费情况

单位：元；%

		生均教育经费支出	生均预算内教育经费支出	生均杂费占生均教育经费支出的比例
是否贫困县	是	765.81	675.48	21.03
	否	966.02	608.21	18.41
是否项目县	是	1 285.33	818.33	13.30
	否	857.13	660.57	21.47

注：1. 生均教育经费及预算内教育经费支出数据，来源于课题组样本县教育行政部门问卷。

2. 生均杂费数据来源于课题组家庭问卷，2005年的生均杂费由2005秋季学期的生均杂费值的2倍计算所得。

3. 表中均值数据是根据各县的教育经费支出总数和学生总数计算所得的平均值，非各县生均支出的简单平均。

第二节 样本学校经费收支比较分析

从2006年开始，我国"农村义务教育经费保障机制"政策开始分地区、分阶段实施，国家开始逐步把农村义务教育全面纳入公共财政保障范围，构建农村义务教育经费保障的新机制，以推进农村义务教育的快速发展。西部的甘肃、四川两省于2006春季开始实施"新机制"，中部地区的湖北和河南当年未实施。

---

① 指"西部地区基础教育发展项目"县，具体各县见附录7。

本节通过对样本学校经费运行情况的比较，及甘肃和四川两省"新机制"实施前后样本学校经费收支情况的比较，来反映"新机制"的实施对不同地区农村学校经费运行的影响。

一、学校经费收入来源

"新机制"实施之前，从2002年开始，农村学校经费实行县级政府管理，根据国家规定，实施"一费制"对学生收取一定数量杂费。"新机制"实施后，学校公用经费来源主要由中央和地方按一定比例承担（见表12）。

表12 "新机制"实施前后学校经费来源情况比较

"新机制"实施前			"新机制"实施后		
收入	经费项目	来源	收入	经费项目	来源
政府下达	公用经费	县级财政	政府下达	公用经费补助	中央80％＋省、市、县承担20％
				免除杂费	
事业费收入	杂费	家庭	事业费收入	住宿费	家庭和政府
	住宿费	家庭			
	勤工俭学	社会		勤工俭学	社会
其他收入	基建、捐助等		其他收入	基建、捐助等	

注：1. "新机制"实施前，学校收入＝公用经费＋杂费＋住宿费＋勤工俭学＋基建、捐助等。"新机制"实施后，学校收入＝公用经费补助＋免除杂费补助金额＋住宿费＋勤工俭学＋基建、捐助等。

2. "新机制"实施前，学校维持正常运行的经费主要来自公用经费和各项事业收入（杂费、住宿费、勤工俭学和其他收入）。"新机制"实施后，学生免交杂费，寄宿生同时享受寄宿费补助。

3. 勤工俭学收入：指学校开展校办产业和勤工俭学取得收益补充学校办学经费部分，由于地区、气候、学校类型等因素，学校勤工俭学收入在所调查学校中，这一部分来源很少或几乎为零，故报告未对此项来源进行研究分析。

4. 其他收入：指学校得到的政府基建费用、社会捐助、银行利息收入等，由于其他收入不在公用经费之内，且不是稳定收入，因此不纳入报告研究的范围。

5. 住宿费只在有寄宿生学校发生。

二、2005—2006学年样本学校经费情况

（一）2005年秋季学期样本学校经费收入及构成

表13显示，2005年秋季甘肃省舟曲县学校生均收入最高，但由于舟

曲县当年义务教育达标评估，财政预算收入和专项投入很高，因此不宜对比。总体而言，中部的湖北省学校生均收入最高，同处中部地区的河南省最低，西部地区的四川省总体高于甘肃省。就学校经费收入结构分析，湖北省学校财政收入占总收入的比例都未超出40%，而河南省除了伊川县外，其他三县的学校财政收入占总收入的比例都高出58%，其中汝阳县和淅川县分别是99.76%和89.32%。课题组在河南省调查中了解到，2005年，河南省对国家级贫困县义务教育的经费投入力度很大，这就大大提高了汝阳县和淅川县学校经费收入中的财政收入部分的比例。西部两省财政收入占总收入的比例相对较低，四川省比例最高的平昌县是52.64%；但甘肃省的靖远县比例较高，达到81.35%，这是因为靖远县属非贫困县，当地政府财政能力较强，教育经费财政投入比例较大。此外，河南省有三个县的其他收入为零，学校经费收入完全依赖财政拨款和事业费收入，说明河南省的学校对财政收入的依赖程度较大。

表13 2005年秋季学期样本学校经费收入情况分析 单位：元；%

省	县（区）	学校生均收入	财政收入占总收入比例	事业收入占总收入比例	其他收入占总收入比例
甘肃	靖远县	53.11	81.35	16.67	1.99
	清水县	58.85	24.07	70.45	5.62
	张家川县	124.99	56.97	43.03	0.00
	舟曲县	306.09	27.00	54.85	18.15
四川	巴州区	153.39	26.03	51.29	22.68
	平昌县	188.05	52.64	31.17	16.84
	峨边县	107.82	45.15	54.26	0.59
	犍为县	110.67	36.06	62.29	1.66
湖北	云梦县	124.43	5.99	78.75	15.28
	孝昌县	125.43	29.65	65.09	5.26
	浠水县	211.26	37.64	60.17	2.20
	罗田县	244.78	33.47	61.38	4.15
河南	伊川县	84.00	20.54	79.46	0.00
	汝阳县	55.00	99.76	0.24	0.00
	内乡县	64.12	58.38	41.62	0.00
	淅川县	69.75	89.32	2.55	8.13

数据来源：课题组学校问卷。

（二）2006 年春季学期样本学校经费收入及构成

表 14 和图 8 显示，2006 年春季开始西部两省实施"新机制"，学校经费收入构成有了明显的变化，且甘肃省的学校生均收入较 2005 年秋季学期有所提高，四川省的总体生均收入却有所降低，这是由于"新机制"实施前四川省的生均杂费收入较高。"新机制"实施后西部八县样本学校财政收入占总收入的比例均大幅度提高，甘肃省四个县的比例都在 85% 以上，其中张家川县达到 100%；四川省比例最低的平昌县也达到 77.69%。与 2005 年秋季学期相比，未实施"新机制"的湖北和河南两省经费收入构成变化不大。

表 14 2006 年春季学期样本学校经费收入情况分析

单位：元；%

省	县（区）	学校生均收入	财政收入占总收入比例	事业收入占总收入比例	其他收入占总收入比例
甘肃	靖远县	97.87	97.63	1.95	0.42
	清水县	100.78	97.13	2.03	0.84
	张家川县	186.27	100.00	0.00	0.00
	舟曲县	103.49	85.70	9.63	4.67
四川	巴州区	149.70	84.35	8.07	7.59
	平昌县	165.47	77.69	3.04	19.89
	峨边县	98.50	86.10	7.14	6.91
	犍为县	107.91	98.51	0.00	1.50
湖北	云梦县	128.05	8.73	69.11	22.18
	孝昌县	115.87	37.69	62.02	0.29
	浠水县	226.14	39.89	57.75	2.36
	罗田县	175.23	50.23	45.81	3.96
河南	伊川县	93.67	23.14	76.86	0.00
	汝阳县	60.42	95.97	4.03	0.00
	内乡县	60.15	58.33	41.67	0.00
	淅川县	70.36	89.71	1.91	8.38

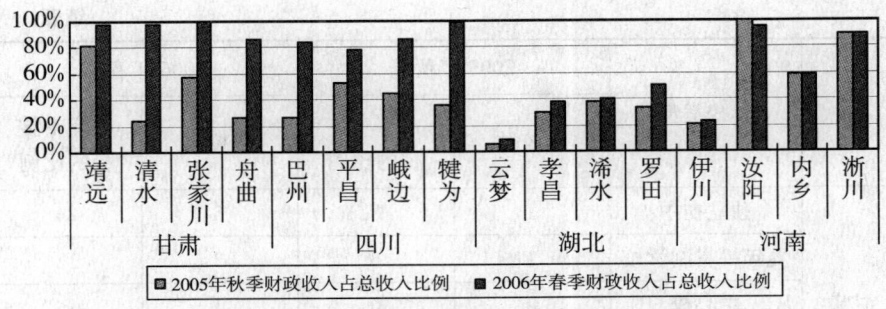

图8 2005—2006学年样本学校财政收入占总收入比例

三、四川、甘肃"新机制"实施前后样本学校收支变化比较分析

以下对四川、甘肃两省农村样本学校在"新机制"实施前后两个学期学校经费结构、收支和数量来源变化等进行分析,以了解"新机制"实施后学校层面经费收支的变化。

(一) 实施"新机制"前后学校经费收入①比较

1. 2005—2006学年样本学校公用经费收入

表15显示,"新机制"实施前,四川省样本学校中得到公用经费的比例为42%,甘肃省只有20%;2006年春季实施"新机制"后,所有样本学校均从政府得到了公用经费(未提供数据的学校除外),说明农村学校公用经费不能正常发放的状况彻底扭转。

表15 2005—2006学年得到公用经费的样本学校的数量及其比例

单位:所;%

省	学校类型	2005年秋季		2006年春季	
		学校数	占样本学校的比例	学校数	占样本学校的比例
四川	独立初中	3	18	4	20
	九年一贯制学校	1	6	3	15
	中心校	2	12	5	25
	村小、教学点	1	6	8	40
	小计	7	42	20	100

---

① 由于人员经费都由县级财政部门统一拨付,调查中得不到学校的此项经费收入,故此处经费收入研究只对"新机制"实施前后学校公用经费和杂费收支情况作出比较。

续表

省	学校类型	2005年秋季		2006年春季	
		学校数	占样本学校的比例	学校数	占样本学校的比例
甘肃	独立初中	1	5	6	24
	九年一贯制学校	1	5	3	12
	中心校	0	0	4	16
	村小、教学点	2	10	12	48
	小计	4	20	25	100

注：2005年秋季数据：四川有7所学校无法提供，其中含1所完全中学；甘肃有4所学校无法提供。2006年春季数据：四川有4所学校无法提供，其中含1所完全中学。

2. 2005—2006学年秋、春两个学期样本学校生均经费收入

表16显示，"新机制"实施前学校经费主要来源于向学生收取的杂费，大多数学校公用经费无法到位，县级政府仅仅能够负担部分中学的公用经费。8个样本县中仅有峨边彝族自治县的生均公用经费多于25元，高于"新机制"公用经费补助标准，这是由于该县为少数民族自治县，享受民族政策待遇，因而教育公用经费较高。靖远县、犍为县属于非贫困县，县级财政状况较好，政府对教育公用经费实际拨付额度较高，接近"新机制"标准。其他5个样本县公用经费实际拨付额度极低，有的接近0元。样本县里只有靖远县、峨边县的政府负担率高于20％。可以看出，在"新机制"实施前，由于政府财政投入比例过低，农村中小学运行经费主要来自向学生收取的杂费，而且不同地区、不同学校之间极不均衡。

表16 2005—2006学年样本学校生均经费收入   单位：元；％

学期	项目	甘肃				四川			
		靖远	清水	张家川	舟曲	巴州	平昌	峨边	犍为
2005年秋季学期	生均杂费	44.3	61	48.9	85.7	37.3	—	90.1	123.8
	生均公用经费	13.4	0	4.6	0.6	0	7.8	27.3	11.1
	生均总收入	57.7	61	53.5	86.3	37.3	—	117.4	134.9
	政府公用经费占生均总收入比例	23.2	0	8.6	0.7	0	—	23.3	8.2

续表

学期	项目	甘肃				四川			
		靖远	清水	张家川	舟曲	巴州	平昌	峨边	犍为
2006年春季学期	生均总收入	101.6	108.1	123.2	126.2	105.5	149.1	108.0	121.9
	政府公用经费占生均总收入比例	100	100	100	100	100	100	100	100

注：1. 表中为县级政府的公用经费负担比例。

2. 四川省巴州区7所样本学校有5所未提供2005年秋季公用经费数据，2所学校公用经费为0，平昌县2所样本学校未提供2005年秋季学期公用经费数据。甘肃省靖远县2所样本学校、张家川县和清水县各1所学校未提供2005年秋季公用经费数据。

3. "—"为缺失值。

"新机制"实施后，四川省和甘肃省免杂费补助标准均高于实施前的杂费收入水平。甘肃省公用经费每学期补助标准小学为12元/每生、初中16元/每生；免除杂费每学期补助标准农村小学75元/每生、农村初中100元/每生；四川省公用经费每学期补助标准小学10元/每生、初中20元/每生；免除杂费每学期补助标准农村小学85元/每生、农村初中120元/每生。学校经费全部来自政府，政府公用经费负担比例达到100%，样本学校实际拨付额度差别不大，经费到位率高。

调查中了解到，与"新机制"实施前相比，学校生均下发标准高于原来杂费收取数额，学校可支配的公用经费增加。但是由于农村学校公用经费定额标准和杂费补助标准仍然较低，样本学校校长普遍反映，目前的保障水平，只能维持学校教学和办公最低基本运转，远不能满足学校"保发展"的需要。特别是部分学校地处高寒边远地区，其办学成本相对较高，目前的公用经费标准远远不足以满足其发展需要。以甘肃省舟曲县峰迭乡好坪藏族小学为例，该校有5个年级，总共5个教学班。2006年春季学期"新机制"实施后，学校该学期财政收入共计9887元。这笔经费除去支付取暖费、水电费、电话费、购买办公用品等之外，再无法购置学校教学需要的器材、教学用具、教师教学参考书籍等维持教学活动必需的用品。

另外，2006年春季学期甘肃、四川两省样本学校收入水平差异较大，根据调研所得到的信息分析，可能存在以下原因：一是2006年春季学期开学实施"新机制"，各学校公用经费、免杂费补助金额的学生人数统计基数依据2005年秋季在校生人数，故实际人数与经费存在一定差异；二是各样本县教育资助项目数量不等,在一定程度上对学校收入产生影响;三是课题组在调研过程中发现,在经费下拨过程中,部分学区或中心学校存在按比例留成经费现象,能够足额得到教育财政下发公用经费的学校主要是初中(独立、九年一贯制)和中心小学,部分村小和教学点经费不能按学生数足额下拨。

(二)实施"新机制"前后学校经费支出比较

1. 学校教育支出分类

目前,农村义务教育阶段学校教育支出的主要明细项目如图9所示,包括人员支出、公用支出、专项公用支出、项目支出以及对个人和家庭的补助支出五部分。由于学校的公用经费与杂费补助资金一般不用于人员支出、项目支出及对个人和家庭的补助支出,因此,以下仅研究公用经费支出及专项公用经费支出。

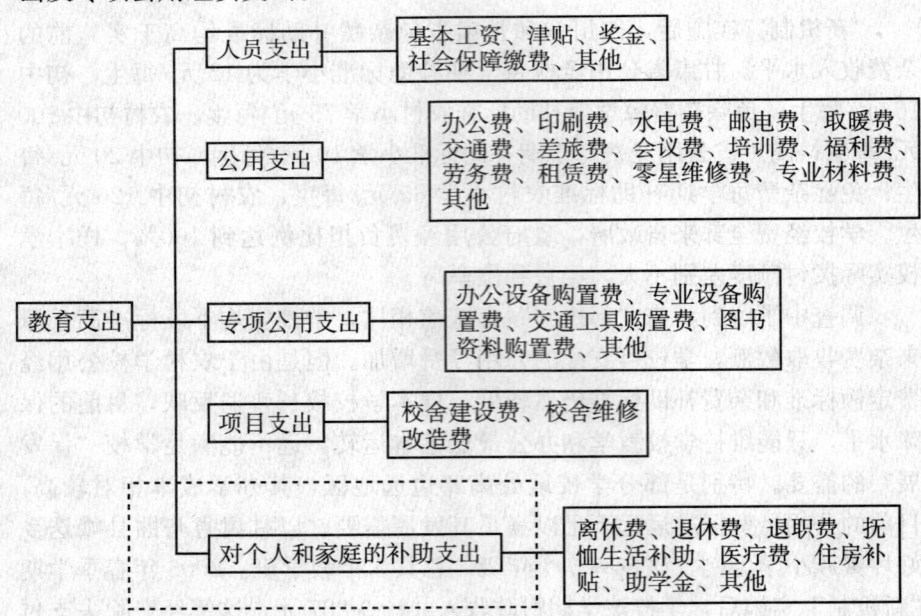

图9　学校教育支出分类结构

2. 生均公用经费支出

通过表17和图10可以看出,各样本县学校生均公用经费支出在2006年春季学期和上一学期相比均呈现不同程度增长走势,其中增幅最大的是甘肃省张家川县,其增长额度为36.88元,只有四川省平昌县在实施"新机制"后生均公用支出略有减少。

表17 2005—2006学年生均公用经费支出   单位：元

	甘肃				四川			
	靖远县	清水县	张家川县	舟曲县	巴州区	平昌县	峨边县	犍为县
第一学期	47.65	42.49	41.33	39.98	42.90	46.62	44.34	117.98
第二学期	71.21	78.94	84.45	59.63	66.39	43.58	45.62	129.92

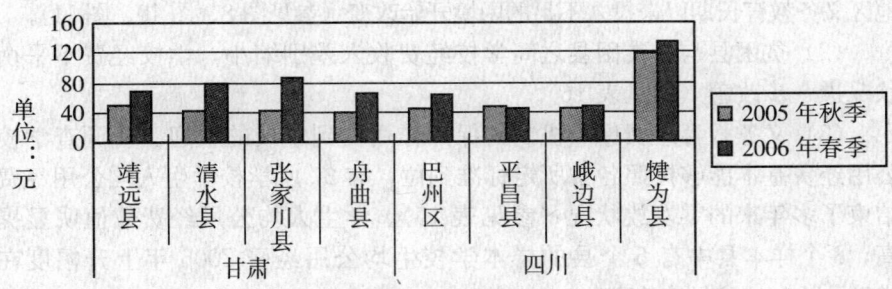

图10 生均公用经费支出比较

3. 生均专项公用经费支出

表18和图11显示，"新机制"实施后，8个样本县中，有6个县的样本学校生均专项公用经费支出有所增加，只有四川省平昌县和犍为县的样本学校有一定程度的下降。

表18 2005—2006年生均专项公用经费支出   单位：元

	甘肃				四川			
	靖远县	清水县	张家川县	舟曲县	巴州区	平昌县	峨边县	犍为县
第一学期	8.74	15.73	9.52	11.59	9.79	36.68	32.45	50.14
第二学期	24.09	20.39	31.35	15.46	53.28	30.35	64.57	20.47

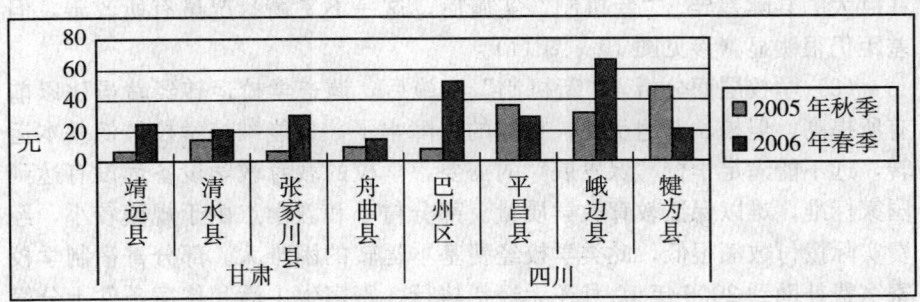

图11 生均专项公用经费支出比较

小结

1. "新机制"实施对学校产生的影响

对调查结果的分析表明,义务教育经费保障机制改革实施后,样本县义务教育经费运行有了明显变化,具体表现如下:

(1) 义务教育经费保障机制改革对两省样本县义务教育改革和发展产生了重大而深远的影响,国家加大了对不发达地区的财政转移支付力度,贫困农村地区义务教育长期以来投入不足的困境开始改变(参见图8、图10、图11)。

(2) 贫困县与非贫困县之间学校经费收入差别缩小,学校经费不平衡状况进一步改善(参见表16)。

(3) 义务教育经费保障机制的保障作用受到学校的欢迎。所调查学校公用经费基本能够按照各省所定标准到位,有27所学校学生人均公用经费结束了多年来的零发放状况(参见表15)。学生人均公用经费数值明显提高,8个样本县中有6个县的样本学校生均公用经费2006年上升幅度在100元以上(参见表16)。

(4) 义务教育经费保障机制实施后,学校教育教学条件开始初步改善,所调查农村学校校长反映,学校能够给教师购置必要的教学用品、图书资料等,也有一部分经费可以用以支付教师继续教育。

(5) "新机制"实施后,农村教学点和村小的受益十分明显,此类学校虽然规模小,经费总额不大,但过去公用经费零下拨的状况彻底改变。

2. 存在的问题

(1) 省级层面比较,中西部地区由于经济发展水平较低,四省财政支出能力较弱,生均教育支出低于全国平均水平。虽然国家加大了对贫困地区的转移支付力度,但与东部发达地区相比,差距仍然很大,目前的教育经费状况不能充分满足农村义务教育事业发展的需要(参见表7、图6)。

(2) 县级层面比较,各县教育经费支出差距很大,甚至同一省内也存在巨大的县际差异。"新机制"实施后,这一不平衡状况虽有所改善,但差距仍很明显(参见图10、图11)。

(3) 学校层面分析,"新机制"实施后,调查学校运转经费虽比以前有所提高,但校长普遍反映,目前的保障水平,只能维持学校最低基本运转,远不能满足学校"保发展"的需要,学校的教育教学设备远没有达到国家标准,难以保证教育教学质量。部分村小和教学点由于规模较小,经费实际拨付数额很低,此类学校经费基本运转的困难大。部分寄宿制学校寄宿费补助到2006年10月还无经费执行,寄宿生生活和住宿条件十分简陋,学生营养条件差。

第五章　教育成本和家庭教育负担

通过本书第四章的分析，我们从地方政府和学校两个层面初步掌握了中西部农村义务教育经费运行的基本情况。但研究贫困学生就学资助问题，仅从这两个层面还得不到有效的信息。为了实际掌握农村家庭儿童完成义务教育支出成本以及由此产生的家庭经济负担，为课题研究结论与建议提供支持，本章主要对样本家庭教育成本、教育负担等进行定量与定性分析，以进一步从微观层面进行深层次探讨，更深入地把握学生教育成本和家庭教育负担率的准确信息。具体的思路是，首先分析儿童就学所需支付的教育成本，其次对家庭的教育负担率进行分析，同时，还分析了由于儿童承担家庭劳动引起的教育机会成本。在此基础上得出客观结论，为本书所提出的建议提供依据。

第一节　样本儿童教育成本分析①

义务教育成本由直接成本与间接成本两部分构成。根据研究的需要，报告主要对与个人就学有关的直接成本与机会成本作出分析（见图12）。

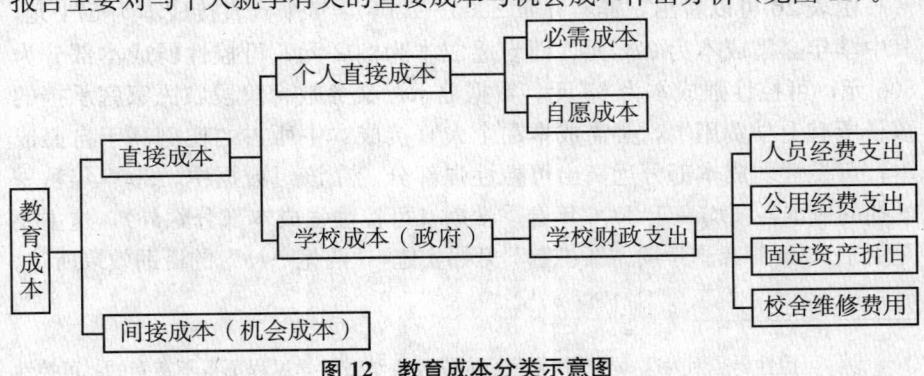

图12　教育成本分类示意图

---

① 本节分析数据均为 2005—2006 学年调查数据。

个人直接成本是指学生家庭和学生个人直接支付的各种教育费用。本章个人直接成本的分析主要是对家庭支付的各项费用进行了分类和统计分析（见表19）。根据家庭对子女就学花费支出的意愿，在成本分类中，课题组将家庭支付的个人直接成本分为必需成本和自愿成本，并根据家庭对成本的控制程度又将个人直接教育成本分为可控性弱和可控性强两类。[1]

表19 家庭支付的学生个人直接成本分类

	必需成本（基本教育支出）		自愿成本（扩展教育支出）	
	可控性弱	可控性强	可控性弱	可控性强
家庭支付的学生个人直接成本费用	学杂费、书本费、上机费、取暖费、住宿费、伙食费、交通费	书包、铅笔盒、作业本、铅笔、圆珠笔、钢笔、毛笔、墨水、圆规、半圆尺、三角尺、直尺、橡皮、美术彩笔、画纸、其他费用	班费、试卷费、防疫费、体检费、保险费、补习费、学习辅导材料费、零花钱	校服、学生课外阅读资料、透明胶带、计算器、数理化手册、汉语字典、英语字典、其他费用

注：书本费中含教科书和学校为学生代购的作业本费，故未称教科书费。

在教育支出中列入了零花钱（平均每学期生均88元左右，详见附录9）项目，在调研中了解到，农村中小学生的零花钱大都用于上学期间支付早餐或午餐费用，正是由于上学才使儿童需要支付这部分零花钱，并且加重了家庭的经济负担。因此，它应当被列入到保证学生就学的成本支出中。

一、个人直接教育成本总体情况

由表20可以看出，样本儿童2005—2006学年个人直接成本为574元，其中学年必需成本为372元，而自愿成本为202元，可控性弱成本部分为506元，可控性强成本为68元。数据显示，义务教育阶段农民家庭承担的孩子所有上学费用中，必需成本在个人直接成本中所占的比例高于自愿成本，可控性弱成本部分远高出可控性强部分。在该组数据中，2005年秋季学期的成本各项均高于2006年春季学期（可控性强成本部分除外），这主要是由于2006年春季学期"新机制"开始实施，"两免一补"的资助效果所致。

---

[1] 可控性弱是因为这一类费用是家庭向学校缴纳或就学过程不得不花费的；可控性强是指家庭可以根据自己的经济水平，决定为孩子购买的该类项目中的各种物品的数量和质量。

表20 个人直接教育成本各项统计   单位：元

	2005年秋季学期	2006年春季学期	2005—2006学年
必需成本	192	180	372
自愿成本	104	98	202
可控性弱	262	244	506
可控性强	34	34	68
个人直接教育成本	296	278	574

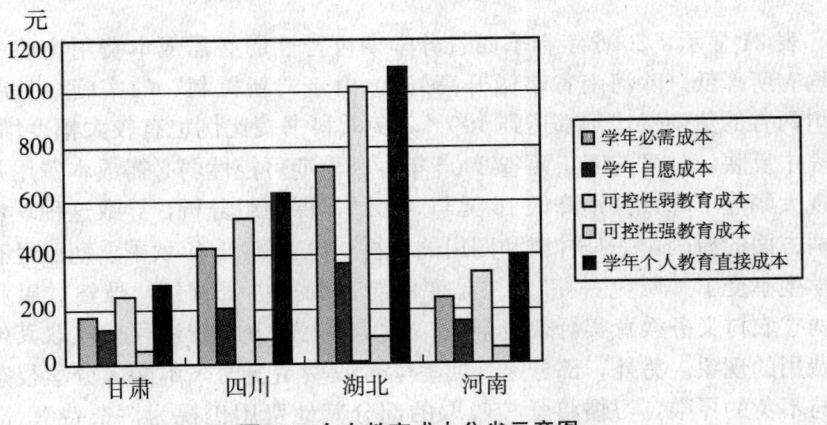

图13 个人教育成本分省示意图

由表20及图13可以看出，四省样本学生的直接成本存在较大差异，湖北各项成本最高，其次为四川、河南与甘肃。河南处于经济发展水平相对较高的中部地区，但必需成本均值仅高于西部地区甘肃。原因是河南可控性弱必需成本费用相对较低。表20中免杂费比例与免教科书的调查数据分析，一方面，河南在2005年秋季学期的两免资助幅度（61.3%与59.8%）均高于其他省，在实施"新机制"的春季学期，河南的免教科书比例仍远高于其他省，而杂费与教科书正是必需成本中所占比重最大的两块费用，因此学生成本支出偏低；另一方面，各省所选取的样本县中，四川仅选取一个贫困县（平昌），河南则选取两个贫困县（汝阳、淅川），且资助（两免）比例很高，在2005年秋季学期就达96%以上，由此所导致了河南省学生必需支付费用绝对值低的现象。

表21　四省2005—2006学年分学期必需支付费用统计

	2005年秋季学期			2006年春季学期		
	可控性弱必需成本费用（元）	免杂费比例（%）	免教科书比例（%）	可控性弱必需成本费用（元）	免杂费比例（%）	免教科书比例（%）
甘肃	74	42.0	24.4	58	100	34.6
四川	205	35.7	29.2	171	100	38.0
湖北	347	18.3	18.0	336	27.9	25.2
河南	103	61.3	59.8	106	62.4	61.3

表21显示，2006年春季四省分学期可控性弱必需成本费用比前一学期均有所降低（除河南省略微升高外）。由于"新机制"的实施，甘肃与四川两省的免杂费比例都达到100%，免教科书费比例也有较大幅度增高。但表中反映，甘肃与四川两省2006年春季学期可控性弱必需成本费用并未出现大幅度下降（分别降低16元与34元）。课题组分析，导致这种现象存在两方面的原因，一是甘肃和四川的农村地区在2005年秋季学期已经有部分学生享受了"两免一补"；二是课题组在调查中了解到，虽然甘肃和四川两省农村义务教育实行杂费全免，但实际上部分学校还存在收取其他各种费用的现象。另外，部分家长回答学校收费情况时，不能区分学校杂费免与不免的界限，习惯将学校收取的部分其他费用仍视为"杂费"，造成了2006年春季学期调查数据中仍然存在较高的可控性弱必需成本费用。

二、中部与西部个人直接教育成本（项目省与非项目省①）

表22　分地区比较个人教育直接成本

		中部		西部	
		均值（元）	样本数	均值（元）	样本数
小学阶段	必需成本	266	524	263	671
	自愿成本	204		144	
	可控性弱	410		342	
	可控性强	60		65	
	个人教育直接成本	470		407	

① 指"西部地区基础教育发展项目"省，见附录8。

续表

		中部		西部	
		均值（元）	样本数	均值（元）	样本数
初中阶段	必需成本	966	168	541	193
	自愿成本	315		279	
	可控性弱	1195		717	
	可控性强	86		103	
	个人教育直接成本	1281		820	

注：表中均值数据是根据各地区的个人教育成本和学生数计算所得的平均值，非各地区个人教育成本的简单平均。

在小学阶段和初中阶段，除了可控性强成本略低于西部地区外，中部地区个人教育直接成本各项均高于西部地区，这表明了中部农村家庭对儿童的教育投入水平和投资能力要高于西部。

课题组分析，西部地区可控性强成本略高的原因是，由于两免一补降低了家庭可控性弱成本支出，使家庭可控性强成本的支付能力有所提高。

三、贫困县与非贫困县个人直接教育成本

表23 贫困县与非贫困县成本比较

		贫困县		非贫困县	
		均值（元）	样本数	均值（元）	样本数
小学阶段	必需成本	171	609	287	586
	自愿成本	181		176	
	可控性弱	288		401	
	可控性强	64		62	
	个人教育直接成本	352		463	
初中阶段	必需成本	581	202	822	159
	自愿成本	281		303	
	可控性弱	756		1034	
	可控性强	105		91	
	个人教育直接成本	861		1125	

注：表中均值数据是根据各县的教育成本总量和学生数计算所得的平均值，非各县教育成本的简单平均。

由表 23 看出，不论小学还是初中，非贫困县的必需成本与可控性弱成本部分总体要高于贫困县。原因是"两免一补"的资助内容主要体现在可控性弱和必需成本中，国家在贫困县的资助范围和力度均大于非贫困县。因此，由于资助的影响，贫困县学生的这两项成本支出低于非贫困县。

四、个人直接教育成本的性别差异

由表 24 看出，无论小学阶段或初中阶段，样本学生的个人教育直接成本总体上均没有太大的性别差异。但是，代表家庭支付意愿的自愿性成本和可控性强成本，男生均高于女生，这一现象在初中阶段更明显。这表明在农村地区，家庭对男生的教育投入意愿要高于女生。

表 24　个人教育直接成本分性别比较

		男		女	
		均值（元）	样本数	均值（元）	样本数
小学阶段	必需成本	254	650	279	545
	自愿成本	181		172	
	可控性弱	372		389	
	可控性强	63		62	
	个人教育直接成本	435		451	
初中阶段	必需成本	776	186	762	175
	自愿成本	318		277	
	可控性弱	996		949	
	可控性强	97		91	
	个人教育直接成本	1094		1040	

五、个人直接教育成本的年级差异

从图 14 可以看出，必需成本与自愿成本随着学生年级增高基本呈递增的趋势。随着年级的增高，培养学生所需费用与学生对学习花费的需求也随之增加。

根据对小学与初中之间个人直接教育成本的比较发现，初中各项成本都要高于小学阶段（见表 25），同时，由图 14 可以看出，儿童从入学到初中毕业成本的增加呈上升趋势，在三年级至六年级阶段变化比较明显，在升入初中后，学生教育成本显著增加。但是，在各项成本中，代表家庭支付意愿的可控性强和自愿成本的增加不是十分明显。这说明，随着年级上升，学生需要缴纳给学校或其他需要支付的各项必需成本和可控性弱成本越来越多，带给家庭的负担也越来越重。

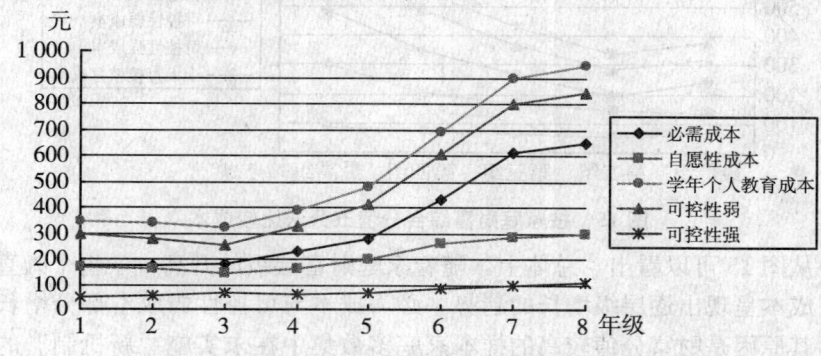

图14　个人直接成本随年级趋势图

表25　小学与初中个人直接成本比较　　　　　　单位：元

	均　值	
	小学	初中
必需成本	265	769
自愿成本	177	298
可控性弱	380	973
可控性强	62	94
个人直接成本	442	1067

六、不同财富层次家庭学生直接教育成本差异

为了了解不同家庭经济水平下儿童直接教育成本的特征，本章根据家庭财富分值将样本儿童分为五组。财富分值是根据样本家庭与经济水平相关的财产和家庭特征，使用主分量分析法（principal component analysis）估算出来的。因此，财富分组也称为 PCA 财富组。处于最低组的样本儿童家庭经济收入最低，然后依次为第二组、第三组、第四组，处于第五组的儿童家庭经济条件相对最富裕（见本章第二节）。

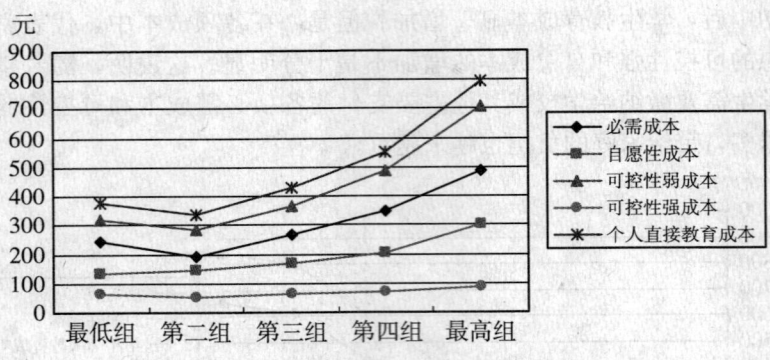

图 15　按家庭财富综合分值五分法比较成本

从图 15 可以看出，总体上，随着家庭财富层级的升高，学生个人直接教育成本呈现出逐层级增长的趋势。必需成本与可控性弱成本部分增长明显，其原因是财富分值较高的样本家庭多数集中在未实施"新机制"的湖北、河南两省，所以这两项成本较高（见表 21 和图 16）。而受"新机制"影响较小的自愿成本和可控性强成本部分增长幅度较小。

第二节　家庭教育负担分析

一、家庭经济与财富的衡量

大量的有关家庭教育支出与教育决策的研究都基于一种分析和假设，即家庭的经济与财富特征对家庭教育支付能力会产生一定影响。根据课题研究需要，课题组对家庭经济与财富能力的衡量采用了以下指标：家庭纯收入与人均纯收入、固定资产及耐用消费品、人均耕地面积、家庭融资能力、家庭负债状况、居住房屋与结构等。

需要说明，课题研究家庭问卷中的家庭收入统计口径与国家统计局的统计口径有所差异，而且在调查方法上也存在不同①，因此，课题组有关家庭收入各项指标与国家统计数据有一定程度的差异，家庭收入等相关数据只供本课题研究资助标准方法界定时使用，而不能与国家公布的贫困家庭收入水平作直接对比，特此说明。

---

①　国家统计局主要采用固定家庭分时间段详细记录的方法来获取收入与支出信息，而调研组则采取一次性、一对一问卷调查的方式获取数据。

表 26 2005 年四省样本家庭纯收入及人均纯收入统计①

	家庭纯收入	人均纯收入
甘肃	6 099.23	1 136.12
四川	8 163.38	1 719.25
湖北	10 578.71	2 397.64
河南	3 648.78	808.97

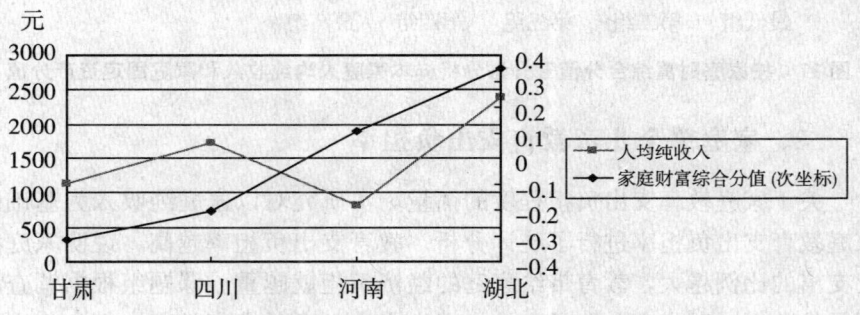

图 16 四省家庭经济水平两种统计指标比较

表 26 是 2005 年各省样本家庭纯收入与人均纯收入数据。河南作为经济发展水平较高的中部省,其家庭收入与人均纯收入却远远低于其他三省。课题组因此对四省家庭收入数据的可靠性进行了检验。比较家庭消费支出和收入数据后发现,河南省的家庭消费支出高于收入。与此同时,分析家庭收入与家庭财产之间的相关性发现,河南省家庭收入与家庭财产的相关系数接近零,而其他各省的相关系数均呈显著正相关。这些检验都证明河南省的家庭收入数据缺乏可靠性。因此,课题组使用主分量分析法(the principal component analysis)采用与家庭收入显著相关的家庭财产和家庭特征数据生成了家庭财富综合分值,并对该分值可靠性进行了多项检验。图 16 中家庭财富综合分值在四省的分布更符合四省农村家庭经济水平实际现状,图 17 是将家庭财富综合分值由低到高排列并分为相等的五组,表明家庭经济水平由低向高五组的人均纯收入均值和家庭固定资产分值(见附录 7)分布也是呈由低向高变化的趋势。以上分析结果都显示出家庭财富综合分值作为衡量家庭经济水平的指标更具可靠性和稳定性。

---

① 在本章数据统计中,对部分变量做了奇异值剔除。

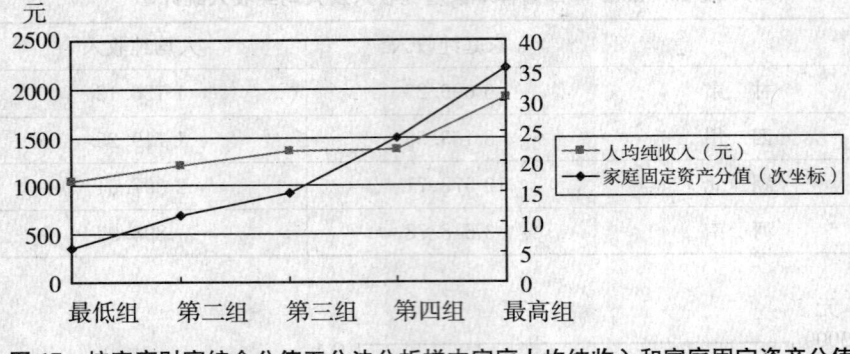

图 17 按家庭财富综合分值五分法分析样本家庭人均纯收入和家庭固定资产分值

二、家庭单个儿童教育支出负担率

关于家庭教育支出负担程度的衡量,本研究对以家庭纯收入为基础的家庭教育支出负担率进行了统计分析。教育支出负担率越高,说明家庭教育支出的比例越大,教育带给家庭的经济负担就越重。课题组根据调查所获得的数据,以家庭单个子女的教育支出为基准对家庭教育支出负担率进行计算。计算公式为:

$$P_I = 1/n \sum_{i=1}^{n}(E_i/I_i)$$

其中,P_I 是根据家庭纯收入计算的家庭教育支出负担率平均,E_i 是第 i 个样本儿童的教育支出数据,I_i 是该儿童所在家庭纯收入数据,n 是总样本数。

由于调查数据中关于河南省家庭纯收入的可信度不高,且家庭教育支出负担率是以家庭纯收入为基础计算,所以课题组只对四川、甘肃、湖北三省数据作家庭支出负担率分析。

(一) 西部与中部地区家庭教育支出负担率(项目省与非项目省)

表 27 分地区家庭教育支出负担率比较

		中部 (非项目省)	西部 (项目省)
小学阶段	可控性弱教育支出负担率(%)	13	9
	可控性强教育支出负担率(%)	1	2
	总教育支出负担率(%)	14	11

续表

		中部 （非项目省）	西部 （项目省）
初中阶段	可控性弱教育支出负担率（%）	26	20
	可控性强教育支出负担率（%）	2	4
	总教育支出负担率（%）	27	23

总体讲，无论小学和初中，总家庭教育支出负担率中部地区都要高于西部地区。西部地区的可控性弱教育支出负担率低于中部地区，这种现象正说明了"两免一补"政策的实施效果。但是，不属于国家资助范围内的可控性强教育支出负担率，西部地区却高于中部地区。

（二）贫困县与非贫困县家庭教育支出负担率

表28 家庭教育支出负担率比较

		贫困县	非贫困县
小学阶段	可控性弱教育支出负担率（%）	12	10
	可控性强教育支出负担率（%）	2	2
	总教育支出负担率（%）	14	11
初中阶段	可控性弱教育支出负担率（%）	28	20
	可控性强教育支出负担率（%）	4	3
	总教育支出负担率（%）	32	23

由表28可以看出，除了小学阶段可控性强教育支出负担率贫困县与非贫困县没有差异外，其他各项教育支出负担率贫困县均高于非贫困县，这种差距在初中阶段表现的更为明显。说明贫困县家庭的教育支出负担要重于非贫困县家庭。

（三）教育支出负担率的性别差异

表29 家庭教育支出负担率分性别比较

	小学		初中	
	男	女	男	女
可控性弱教育支出负担率（%）	11	9	20	24

续表

	小学		初中	
	男	女	男	女
可控性强教育支出负担率（%）	2	1	3	3
总教育支出负担率（%）	13	10	23	27

由表29可以看出，在小学阶段，接受义务教育男孩带给家庭的负担要高于女孩，但到了初中之后，这种差异变为女孩家庭的教育负担较高。

（四）家庭教育支出负担率的年级差异

表30 家庭教育支出负担率分教育阶段比较

	小学阶段	初中阶段
可控性弱教育支出负担率（%）	10	22
可控性强教育支出负担率（%）	2	3
总教育支出负担率（%）	12	25

总体而言，不论可控性强弱教育支出负担率，均表现为初中阶段远远高于小学阶段。也就是说，农村家庭由于送子女接受初中教育所带给家庭的经济负担要远远高于小学阶段（是小学阶段的两倍）。

（五）不同家庭经济水平下教育支出负担率比较

表31 按家庭财富综合分值五分法比较教育支出负担率

	分组	可控性弱（%）	可控性强（%）	总负担率（%）
小学阶段	最低组	17	2	16
	第二组	11	3	12
	第三组	8	1	9
	第四组	9	1	10
	最高组	9	1	9

续表

	分组	可控性弱（%）	可控性强（%）	总负担率（%）
初中阶段	最低组	23	3	27
	第二组	24	4	28
	第三组	13	2	15
	第四组	18	2	21
	最高组	28	4	26

表32　按家庭人均纯收入五分法比较教育支出负担率

	分组	可控性弱（%）	可控性强（%）	总负担率（%）
小学阶段	最低组	25	5	27
	第二组	11	2	12
	第三组	7	1	8
	第四组	7	1	6
	最高组	8	1	9
初中阶段	最低组	49	10	62
	第二组	19	2	22
	第三组	17	2	19
	第四组	18	1	12
	最高组	16	1	17

　　按照家庭经济水平分析各教育阶段的单个儿童家庭教育支出负担率，在这里，我们采用了三个省的数据，同时使用收入五分法和家庭财富分值五分法来比较处于不同经济水平下的家庭教育支出负担水平。可以看出，无论用哪种方法分层，小学和初中阶段处于低收入层和较低收入层的家庭教育支出负担率都要高于其他各层；分可控性强和可控性弱成本来看家庭教育支出负担率，也是低收入层的负担重于其他组，可控性弱教育支出占据了家庭教育投入的绝大部分。

三、义务教育阶段家庭总教育支出负担率

　　为了考察多子女家庭义务教育阶段总教育支出对农村家庭带来的经济

负担,我们对基于家庭义务教育阶段教育支出的负担率作统计分析,计算公式为:

$$P_I = 1/n \sum_{i=1}^{n}(F_i/I_i)$$

其中,P_I是家庭义务教育阶段教育总支出的家庭教育支出负担率平均,F_i是第i个样本家庭所有义务教育阶段就学儿童总教育支出数据,I_i是该样本家庭儿童所在家庭纯收入数据,n是总样本数。

表33 分地区家庭教育支出总负担率比较(%)

	家庭教育总负担率
民族县	39%
非民族县	23%
贫困县	29%
非贫困县	24%

表33数据显示,农村家庭义务教育支出总负担率,民族县高于非民族县,贫困县高于非贫困县。说明民族县和贫困县的农民家庭为子女接受义务教育而承担的经济压力依然很重。

根据家庭经济水平的不同,分析农村家庭义务教育支出总负担率(如图18),可以看出,随着家庭经济水平的增高,家庭总教育支出负担率基本上呈现出递减的趋势。课题组分析,最高组家庭教育支出总负担率较高的原因是,比较第四组和最高组的家庭纯收入和总教育支出,后者的增加幅度要高于前者。

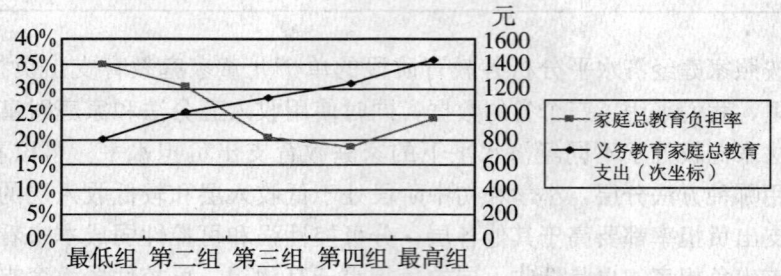

图18 按家庭财富分值五分法分析农村家庭义务教育总负担率

对不同经济水平下农村家庭义务教育总教育负担率的分析结果显示,随着家庭经济水平的提高,家庭的总体教育负担率随之而有所下降。另外,课题组分析,处于财富最高组的家庭,其总教育负担率较高的原因是因为，虽然该组家庭收入和总教育支出都比第四组和其他各组高，但是教育支出的幅度更大于家庭收入的提高幅度。

第三节 样本儿童家庭劳动时间分析

义务教育阶段的儿童还未到法定就业年龄，在以往的研究中对这部分群体的教育机会成本往往不做考虑。但是，我国农村特别是贫困农村地区，家庭对儿童劳动有相当的需求，儿童需要帮助家庭承担一定量的劳动，这些劳动虽然不能直接用市场经济价值衡量，但还是在一定程度上减轻了家庭负担，间接带给家庭经济效应。儿童接受教育去学校学习，上学花费的时间必然会占用帮助家庭劳动的时间。对于家庭来说就会带来损失，这一损失可以理解为家庭送儿童就学的机会成本。

为了了解参加家庭劳动的儿童比例及参加家庭劳动而需付出的时间，以分析其对儿童就学的影响。课题组专门对样本儿童每天在家做农活、做家务活、照顾老人和病人以及辅导弟妹做作业等的劳动时间做了统计和分析。

一、样本儿童家庭劳动时间总体情况

表34 样本学生参加劳动时间及数量统计

	每天花费时间（分钟）	参加劳动学生数占总样本的比例（%）
做农活	95.58	34.90
做家务活	63.32	45.25
照顾老人和病人	47.34	9.77
帮助弟妹做作业	34.55	9.06

表34显示，在样本学生总体中，需要付出一定时间"做家务活"的学生比例最高，而需要"做农活"的样本学生平均每天需要高达95分钟时间进行家庭农业生产。

二、分年级样本儿童家庭劳动时间比较

从图19可以看出，随着年级的增长，需要进行家庭劳动儿童比例以及儿童日均劳动时间基本呈递增趋势，这说明在农村地区，一般农民家庭的儿童都必须参加家庭劳动，并且随着年级的升高，儿童的家庭劳动时间也

随之逐渐增加。

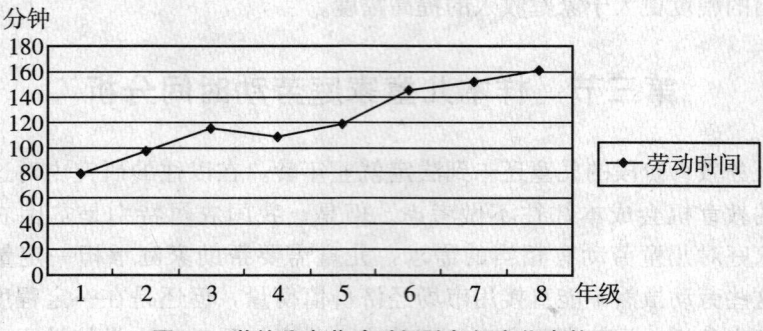

图19 学龄儿童劳动时间随年级变化走势图

三、分地区样本儿童家庭劳动时间比较

总体来看，义务教育阶段儿童需要进行家庭劳动付出时间最高的是河南，其次为甘肃、四川、湖北。分项比较表明，儿童劳动时间所占比例最高的是"做农活"，其次为"做家务"和"照顾老人和病人"，最后为"帮助弟妹做作业"。

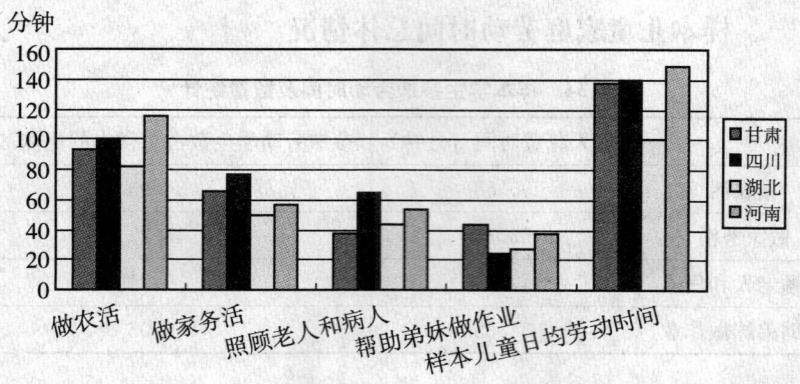

图20 分地区劳动时间比较

四、分性别样本儿童家庭劳动时间比较

对劳动时间分性别考察发现，在小学阶段，女生参加劳动的时间要高于男生，主要表现在做家务与照顾老人和病人等方面，但到了初中阶段，随着年龄的增长和男生自身性别特征所引起的劳动特点的变化，男生参加劳动的时间逐渐增高，最终大于女生，主要表现在做农活和帮助弟妹做作业两方面。

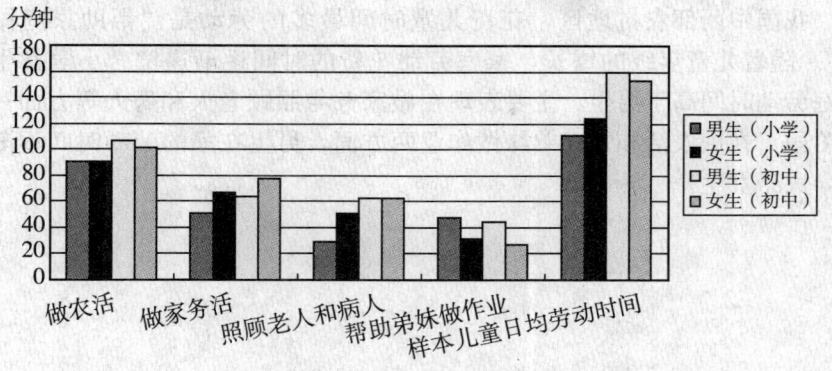

图 21　分性别劳动时间比较

小结

1. 个人直接教育成本分析

课题组将个人直接教育成本分为必需成本和自愿成本。根据家庭对成本的控制程度又将个人直接教育成本分为可控性弱和可控性强两类，并划分不同群体分析了样本儿童的各项个人直接成本：(1) 总体上，必需成本在个人直接成本中所占的比例高于自愿成本，可控性弱成本部分远高出可控性强部分；(2) 分省来看，四省样本学生的个人直接成本存在较大差异，湖北各项成本最高，其次为四川、河南与甘肃；(3) 分地区来看，不论小学或初中阶段，除了可控性强成本略低于西部地区外，中部地区个人教育直接成本各项均高于西部地区；(4) 由于资助的影响，贫困县学生的个人教育成本支出低于非贫困县学生；(5) 分性别来看，农村地区家庭对男生的教育投入意愿要高于女生，代表家庭支付意愿的自愿成本和可控性强成本，男生支出均高于女生；(6) 随着家庭经济水平的提高，学生个人直接教育成本各项呈现出逐层增长的趋势。

2. 教育支出负担率

(1) 单个子女的教育负担率：西部地区的可控性弱教育支出负担率低于中部地区，这说明了"两免一补"政策的实施效果；贫困县家庭的教育支出负担要重于非贫困县家庭，各项教育支出负担率贫困县均高于非贫困县；初中阶段的家庭教育支出负担率要高于小学；随着家庭经济水平的提高，教育负担率呈递减趋势。(2) 义务教育阶段家庭教育支出总负担率：贫困县高于非贫困县，民族县高于非民族县。家庭的总教育支出负担率随着家庭经济水平的改善递减。

3. 样本儿童家庭劳动时间

我国中西部农村地区，花费儿童时间最多的劳动是"帮助家庭做农活"。随着儿童年级的增长，家庭劳动花费的时间逐渐递增。小学女生的家庭劳动时间高于男生，主要表现在做家务与照顾老人和病人等方面；初中阶段，在做农活和帮助弟妹做作业两方面，男生在家的劳动时间逐渐增高，大于女生。

第六章 儿童辍学原因及辍学风险分析

第一节 样本儿童辍学现状描述及影响因素分析

一、辍学率概念界定

目前,我国对辍学率的界定在方法程序和数据统计方面还存在一定的异议。教育事业发展统计过程中并没有对辍学学生的界定程序提出要求,地方教育行政部门虽然根据当地的实际情况制定了辍学的认定程序,但认定程序存在一定的差异。我国教育统计公报采用的年辍学率,其计算公式是:

在校学生辍学率＝学年内辍学学生总数/上学年年初在校学生总数×100%

(学年内是指从上学年年初到本学年年初以内)

本研究的辍学率计算公式是:

样本学生辍学率＝样本家庭适龄儿童①辍学学生总数/(样本家庭适龄儿童辍学学生总数＋样本家庭适龄儿童在学学生总数)×100%

样本学生小学(中学)辍学率＝样本家庭适龄儿童小学(中学)阶段辍学学生总数/(样本家庭适龄儿童小学(中学)阶段辍学学生总数＋样本家庭适龄儿童小学(中学)在学学生总数)×100%

本研究的辍学率可能会比实际情况偏低一些。其原因是:(1)本研究的实地调查时间是9月份在河南省和湖北省,10月份在四川省和甘肃省。

---

① 根据《中华人民共和国义务教育法》第十一条,适龄儿童是指,凡年满6周岁的儿童,其父母或者其他法定监护人应当送其入学接受并完成义务教育;条件不具备的地区的儿童,可以推迟到7周岁。在本研究的调查中我们就发现不同地区孩子的入学年龄不同。因此,本研究在统计中适龄儿童的概念根据当地入学年龄确定为6~15岁和7~16岁两种。

这个时间正是学年年初,而学年年初不论是学校还是当地教育行政部门对学生的入学工作都比较重视,入学率往往较高。调查发现,农村学生辍学还具有季节性特点,部分农村中学住宿条件太差或离家太远而无法满足学生的基本需要,辍学高峰一般发生在冬季。(2)本次调查的抽样方法均是按照与国际咨询专家讨论的原则和要求进行,原先设计调查方法时确定通过户籍,在乡和村抽取有适龄儿童样本家庭,但家庭样本由于通过乡级政府和村抽样困难太大,无法得到有效的协助和所需要的信息,而家庭样本需通过当地户籍部门才能够得到,但调查又不易得到户籍部门帮助,故改为由在学区(乡)在校生中随机抽取样本。因此,关于辍学生和从未入学的儿童的抽样,只能从在校学生的兄弟姐妹中获得。该数据显然低于实际存在的辍学生和从未入学儿童数。在此还需要说明的是,课题组定义的样本学生辍学率中,辍学儿童不仅包括调查当期学年内辍学的学生,还包括在以往年度中辍学的适龄儿童和从未入学的适龄儿童数。(为了统计分析方便,把失学儿童和辍学儿童放在一起分析。因此在课题组统计的辍学儿童中有三个是失学儿童,特此说明。)

样本家庭数据中,共有义务教育阶段适龄儿童1 804人,去除奇异值后,本研究的有效样本有1 769人,其中有69名适龄儿童辍学,辍学率达到3.9%。小学阶段的儿童辍学率较低,为3.3%(因为以当时辍学年级确定不同教育阶段辍学率。其中,有82%的辍学儿童的年龄目前已经超过小学阶段规定年龄),初中阶段的儿童辍学率则达到5.1%。

二、辍学儿童样本分析[①]

课题组根据辍学儿童样本的不同地区特征、个体特征和家庭特征分别统计和比较分析了样本儿童的小学辍学率、初中辍学率和整体辍学率。其中,根据地区特征的不同,比较分析了项目省和非项目省、贫困县和非贫困县样本儿童辍学情况;根据儿童性别,比较分析了男童和女童辍学情况;根据民族,比较分析了少数民族和汉族的样本儿童辍学情况;根据儿童家庭特征,分不同家庭经济条件和父母受教育水平,比较分析了辍学情况(如表35所示)。

---

① 本部分表格所用数据,除特别说明外,均为课题组调查数据。

表35　分不同特征辍学儿童样本分析　　　　　　单位:%

		小学辍学率	初中辍学率	总体辍学率
是否项目省	项目省	3.1	3.3	3.2
	非项目省	3.4	7	4.8
是否贫困县	贫困县	3	4.5	3.6
	非贫困县	3.5	5.7	4.3
性　别	男	1.7	3.6	2.3
	女	5.1	6.5	5.6
是否少数民族	少数民族	5.5	8.8	6.5
	汉族	2.9	4.6	3.5
按家庭收入分组	较低收入组	3.7	5.9	4.5
	较高收入组	2.8	4.5	3.5
按父亲受教育程度分组	文盲或小学	3.9	4.4	3.5
	初中及以上	2.2	5.7	2.4
按母亲受教育程度分组	文盲或小学	3.5	4.5	3.9
	初中及以上	2.4	6.4	3.8

(一) 项目省、非项目省样本儿童辍学情况描述

(1) 非项目省辍学率高于项目省。辍学率分别为3.2%和4.8%,非项目省的辍学率较项目省高出1.6个百分点。

(2) 非项目省无论是初中辍学率还是小学辍学率都高于项目省。调查显示,项目省小学辍学率为3.1%,初中辍学率为3.3%。非项目省小学辍学率为3.4%,初中辍学率为7%。非项目省初中辍学率明显高于项目省初中辍学率(高出3.7个百分点),并且也明显高于非项目省小学辍学率。

课题组分析,项目省辍学率低于非项目省的原因可能与家庭、学校多种因素有关,但近年来项目省由于国家对义务教育阶段学生就学政策的支持措施是辍学率降低的主要原因(以下贫困县的情况亦如是)。

(二) 贫困县、非贫困县样本儿童辍学情况描述

(1) 在课题组调查的样本县中,非贫困县辍学率略高于贫困县。贫困县辍学率为3.6%,非贫困县辍学率为4.3%。

(2) 贫困县小学辍学率为3.0%，初中辍学率为4.5%。非贫困县小学辍学率为3.5%，初中辍学率为5.7%。

数据显示，无论是贫困县还是非贫困县初中辍学率均高于小学，并且差异较显著。小学之间的辍学率差异不是很大，初中之间的辍学率差异较大，非贫困县较贫困县高1.2个百分点。

(三) 不同性别样本儿童辍学情况描述

(1) 样本儿童中，女生辍学率高于男生：男生辍学率为2.3%，女生辍学率为5.6%。数据分析发现，男女生的辍学率差异明显，男生的辍学率显著低于女生辍学率，女生辍学率是男生的2.4倍。

(2) 不同教育阶段：小学男童辍学率为1.7%，小学女童辍学率为5.1%；初中男童辍学率为3.6%，初中女童辍学率6.5%。从辍学率数据来看，女生无论是小学辍学率还是初中辍学率都明显高于男生。还可以看出，初中阶段男女儿童辍学率均明显高于小学。

(四) 不同民族样本儿童辍学情况描述

(1) 少数民族样本儿童辍学率高于汉族：少数民族儿童辍学率为6.5%，汉族儿童辍学率为3.5%。通过数据分析发现少数民族儿童辍学率显著高于汉族儿童辍学率。

(2) 不同教育阶段进行分析：少数民族儿童小学辍学率为5.5%，汉族儿童小学辍学率为2.9%；少数民族儿童初中辍学率为8.8%，汉族儿童初中辍学率为4.6%。通过数据比较分析发现少数民族儿童和汉族儿童初中辍学率都高于小学辍学率，少数民族儿童无论是小学还是初中辍学率均显著高于汉族儿童。

(五) 不同经济条件家庭样本儿童辍学情况描述

为了分析在不同家庭经济状况下儿童辍学的状况，我们将样本家庭根据家庭年人均纯收入分为较低收入组和较高收入组两个组别。两组辍学率统计数据如下：较低收入组儿童辍学率为4.5%，较高收入组儿童辍学率为3.5%。

按不同教育阶段进行分析，较低收入组样本儿童小学辍学率为3.7%，较高收入组小学辍学率为2.8%；较低收入组样本儿童初中辍学率为5.9%，较高收入组初中辍学率为4.5%。

对比两组样本儿童的辍学情况进行可以发现：较高收入组的样本

儿童辍学率，无论从总体水平上来看还是分小学初中来看都低于较低收入组，即家庭经济条件较差的儿童辍学率高于家庭经济条件较好的儿童。

（六）按父母亲受教育程度描述样本儿童辍学现状

（1）按父亲受教育程度分为文盲或小学、初中及以上两个层次来分析样本儿童的辍学现状。父亲是文盲或小学的儿童辍学率为4.0%，父亲的受教育程度是初中及以上的儿童辍学率为3.5%。

（2）分不同教育阶段进行分析。就小学阶段的学生来说，父亲是文盲或小学的儿童辍学率为3.9%，父亲的受教育程度是初中及以上的学生辍学率为2.2%；初中阶段的学生，父亲是文盲或小学程度的儿童辍学率为4.4%，父亲受教育程度在初中以及以上程度的辍学率为5.7%。

（3）将母亲受教育程度也分为文盲或小学、初中及以上两个层次来分析儿童就学现状。母亲是文盲或小学程度的儿童辍学率为3.9%，母亲的受教育程度是初中及以上程度的儿童辍学率为3.8%。

（4）分不同教育阶段进行分析。就小学阶段的学生来说，母亲是文盲或小学的儿童辍学率为3.5%，母亲的受教育程度是初中及以上的儿童辍学率为2.4%；初中阶段的学生，母亲是文盲或小学的儿童辍学率为4.8%，母亲的受教育程度是初中及以上的儿童辍学率为6.4%。

通过对以上数据的分析可以看出，无论从父亲还是从母亲受教育程度分组来看，初中及以上教育程度组的儿童总体辍学率都要低于文盲或小学教育程度组。从样本儿童小学辍学率角度来看，初中及以上教育程度组要明显低于文盲或小学教育程度组。但是，初中辍学率却显示出与小学辍学率和总体辍学率相反的趋势。课题组分析，其原因除了抽样误差外，在很大程度上可能是因为初中作为义务教育阶段儿童辍学发生的多发阶段，造成这一阶段儿童辍学的原因是多种多样，而且是复杂的，更多受制于家庭其他特征因素（将在下文中作详细分析），父母的教育程度对其是否辍学的影响程度并不大。

三、辍学原因分析

课题组调研发现，引起辍学的原因比较复杂，往往不是某一个因素在起作用，而是许多因素共同作用的结果。根据课题组家庭问卷调查分析得出如下结论（见图22）。

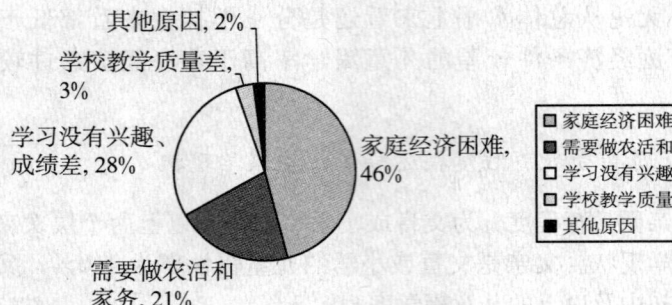

图 22　儿童辍学原因

（一）家庭经济因素仍是制约儿童入学的首要因素

据家庭问卷调查数据分析得出：因家庭经济困难原因而导致辍学的学生比例是 46%，有将近一半的儿童辍学是由经济因素引起的。对辍学儿童家庭与在学学生家庭比较发现：辍学儿童家庭的人均收入和人均支出略低于在学学生家庭，但差异不显著。以能较稳定的表现家庭经济状况的人均固定资产价值来分析，发现辍学儿童家庭的人均固定资产的价值低于在学学生家庭，辍学儿童家庭人均固定资产价值只有 352 元，而在学学生家庭则平均为 559 元，二者有显著性差异。另据统计，辍学儿童家庭适龄儿童数量平均达到 2.28 个，而在学学生家庭的适龄儿童数量只有 2.06 个，二者具有显著差异。这说明在家庭资源有限的情况下，多子女家庭还存在家庭内儿童之间争夺有限教育资源的现象。随着社会经济的发展，家庭经济收入情况有所改善，再加上近年来"两免一补"及其他资助政策的实施，减轻了家庭教育负担，家庭的教育支付能力相对得到了增强，但部分农村家庭经济因素仍是制约孩子接受教育的主要原因。

（二）学习困难也是引起儿童辍学的重要因素

虽然课题组不对儿童辍学的学校原因进行专门研究，但调查过程中也通过家庭问卷调查及数据了解到：有 28% 的儿童辍学是因为对学习没有兴趣和学习成绩差；3% 的儿童辍学是因为学校教学质量差。当然，对学习没有兴趣、学习成绩差、教学质量差这三个因素是有内在联系的，是相互影响和制约的。大多数农村学校教学方法单一，教学手段落后，师资水平低，这些因素都会导致教学质量差、孩子上学没有兴趣、学习成绩差，从而失去继续上学的信心。再加上学校管理不当等其他因素的影响，导致了一部分儿童的辍学。

(三)儿童需要承担更多的家庭劳动负担也是辍学的原因之一

据家庭问卷调查数据分析得出:因为家庭劳动需要而辍学的儿童所占比例为21%,其中,因需要照顾弟弟妹妹而辍学的儿童所占比例是9%,因需要干家务和农活而辍学的比例达到8%,需要挣钱养家而辍学的比例是4%。随着孩子年龄的增长,上学的机会成本也随着增加,再加上农村地区外出务工人员的逐年增加,孩子不得不承担起更多的家庭责任。统计显示,辍学儿童家庭父母外出打工比例达到22.2%,显著高于在学学生家庭的17.1%。说明父母外出打工比例越高,就越需要孩子承担更多的家庭责任。

第二节　家庭劳动负担因素对儿童辍学的影响

如上所述,由于课题抽样和实际调查中遇到的困难,本研究中关于辍学儿童和从未入学儿童的抽样,只能从在校学生的兄弟姐妹中获得。因此,可能有许多辍学儿童和未入学儿童都没有包含在样本中,对辍学原因和辍学儿童家庭特征的分析不是很充分。为此,本节将会从儿童面临的家庭劳动负担这一因素出发(这也是课题调查所得到的引起儿童辍学的第三方面的原因),对正在面临潜在辍学风险的儿童群体的特征进行分析,从而确定哪些儿童群体更需要在新的就学资助体系下受到关注。

调查中我们发现,农村义务教育阶段儿童有相当一部分人在上学的同时还需要帮助家庭完成部分家务,甚至农活(见本书第五章第三节)。当劳动过于繁重时,劳动需要耗费的时间和精力会挤占学习需要的时间和精力,儿童的学业成绩必然会受到影响,从而陷入学业困难、丧失信心,继而会逐渐走向辍学的边缘。同时,对那些劳动负担较重、更多需要孩子分担的家庭来说,孩子去学校接受教育必然会减少帮助家庭劳动的时间,会对家庭造成损失,这一损失可以理解为家庭送儿童就学的机会成本。儿童接受教育的机会成本对其父母的教育决策会产生很大的影响。

教育的机会成本被教育经济学理论认为是学生因接受教育而放弃的收入。教育经济学教授舒尔茨在考察经济贫困地区家庭教育成本过程中发现：儿童的机会成本"在其父母的心目中……不是无足轻重的"。① 课题调查过程中就发现，越是低收入家庭，孩子可能承担的劳动越多，所付出的劳动时间也就越多。例如，在多子女家庭中，很多父母都非常需要大孩子照料弟妹，而一些父母残疾的家庭，孩子很小就开始承担起多种家庭劳动的责任，一些家庭中还有辍学外出打工的孩子（初中阶段）。因此，越需要孩子帮助劳动的家庭所面临的儿童就学机会成本就越高，也就越容易作出让儿童辍学的决定，而较重的家庭劳动负担和家庭劳动需求必然会带给儿童较高的辍学风险。

在农村，现阶段农民家庭存在大量的家庭家务和田间劳动，如果父母照料不过来的话，必须要由孩子来承担。因为孩子要去学校上学，而不能够承担这些劳动（下地耕种、收割、放牧、采集、碾场、捡柴草、饲养家畜、照顾弟妹等），就意味着家庭收入的减少。但如果孩子承担了这些劳动，就意味着家庭收入的增加。这就构成了家庭中的教育机会成本。因此，研究贫困家庭学生辍学问题，也必须将教育机会成本因素考虑进去，事实上，在教育决策时，家庭教育机会成本会对一些贫困家庭的父母产生非常重要的影响。"两免一补"实施后，虽然贫困家庭父母不会再为缴纳不起学杂费、课本费而选择不让孩子上学。但是，对贫困家庭来讲，增加机会成本，当然会增加家庭的经济负担。由此可能会产生以下三种情况：一种情况是父母因为家庭劳动负担过重而漠视孩子上学问题，不重视孩子的教育；另一种情况是由于家庭劳动负担过重而减少对孩子的教育支出；再有一种情况是孩子上学之余的时间里，需要承担大量的劳动，影响其正常的学习和活动。

由于本课题研究缺少样本地区劳动力市场价格的相关数据，无法对样本儿童的机会成本作更多的分析，故这里只对样本儿童的劳动负担和时间，以及家庭父母对孩子参加家庭劳动的态度和需求作出分析，以此引起研究者和社会对此问题的关注。

一、样本儿童家庭劳动负担基本情况分析

从样本家庭对儿童家庭劳动的需求态度角度出发，将样本儿童分为三组：非常需要组、无所谓组、不需要组。非常需要儿童帮助家庭干农活或家务的样本家庭儿童有 567 名，占有效样本总体的 41.5%，家庭劳动时间

---

① ［美］舒尔茨. 教育的经济价值［M］. 长春：吉林人民出版社，1982：50.

平均值为每天163分钟；对儿童帮助家庭干农活或家务呈无所谓态度的样本家庭儿童有333名，占有效样本总体的24.4%，家庭劳动时间平均值为129分钟；不需要儿童帮助家庭干农活或家务的样本家庭儿童有467名（不包括因为年龄较低而不需要干家务或农活的三年级以下的314名样本儿童数据；原始数据库中，小学有603名儿童家庭选择不需要儿童帮助家庭干农活或家务），占有效样本总体的34.2%（见表36）。可以看出，在农村仍然有绝大多数的农村家庭需要儿童承担家庭劳动。无论是小学阶段还是初中阶段，家长选择非常需要的样本儿童比例都高于选择无所谓和不需要的样本儿童的比例；初中学生的平均工作时间都高于小学儿童。

表36 样本儿童家庭劳动负担需求基本情况分析

家里需要孩子干农活或家务吗？	小学		初中		总体	
	百分比	平均劳动时间（分钟）	百分比	平均劳动时间（分钟）	百分比	平均劳动时间（分钟）
非常需要	39.8	143	43.6	186	41.5	163
无所谓	22.7	121	26.5	137	24.4	129
不需要	37.5	0	29.9	0	34.2	0

另外，按样本儿童在家庭的实际劳动时间将样本儿童分为三组：小于40分钟组、40至120分钟组、大于120分钟组。从实际劳动负担的角度分析描述样本儿童的实际情况（如表37所示）。样本儿童家庭劳动时间大于120分钟的比例为28.77%，日均劳动时间将近4小时，几乎占用了儿童在家的全部课余时间。初中学生较小学生需要承担更多的家庭劳动。

表37 样本儿童家庭劳动负担实际情况分析

	小学		初中		总体	
	百分比	平均劳动时间（分钟）	百分比	平均劳动时间（分钟）	百分比	平均劳动时间（分钟）
小于40分钟	39.7	2	32.4	2	36.42	2
40至120分钟	36.2	91	33.4	91	34.81	91
大于120分钟	24.1	210	34.2	252	28.77	232

二、不同性别样本儿童家庭劳动负担基本情况分析

从表 38 可以看出女生家庭中选择非常需要的比例要比男生家庭多 6.4 个百分点，选择不需要的女生家庭的比例比男生家庭少 7.8 个百分点。多数家庭对女生的劳动需求要比男生多，当家庭面临较高的劳动需求时，更容易选择让女生辍学。

表 38 不同性别样本儿童家庭劳动负担基本情况分析

家里需要孩子干农活或家务吗？	性 别			
	男		女	
	样本数	百分比	样本数	百分比
非常需要	280	38.5	290	44.9
无所谓	173	23.8	163	25.2
不需要	274	37.7	193	29.9

分不同教育阶段来分析：如图 23 所示，小学阶段，样本男生中，有 36.7% 的家庭选择了非常需要儿童帮助家庭干家务或农活；样本女生中，有 43.7% 的家庭选择了非常需要儿童帮助家庭干家务或农活。初中阶段，样本男生中，有 41.4% 的家庭选择了非常需要儿童帮助家庭干家务或农活；样本女生中，有 45.8% 的家庭选择了非常需要儿童帮助家庭干家务或农活。初中阶段，家庭对男生的劳动需求较小学阶段有所升高，但仍然少于女生。

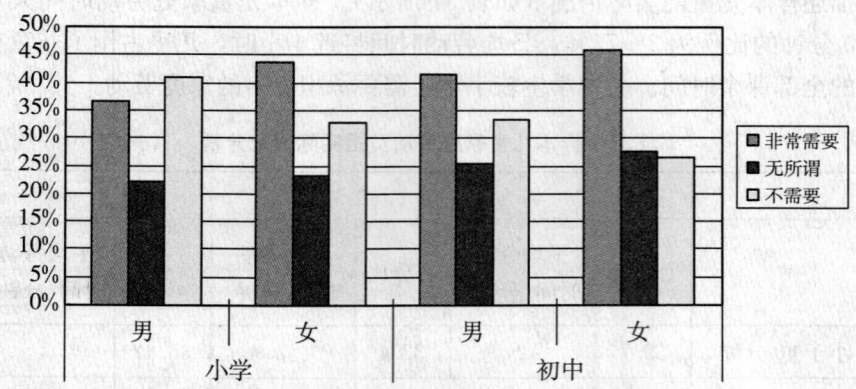

图 23 小学、初中分性别样本儿童家庭劳动负担基本情况分析

三、少数民族样本儿童家庭劳动负担基本情况分析

汉族样本儿童家庭中，有39.9%的家庭选择了非常需要儿童帮助家庭干家务或农活；少数民族样本儿童家庭中，有51.6%的家庭选择了非常需要儿童帮助家庭干家务或农活。少数民族样本儿童家庭中选择非常需要的比例要比汉族多11.7个百分点，选择不需要的汉族家庭的比例比少数民族少5.1个百分点。少数民族样本儿童家庭对儿童的劳动需求要比汉族家庭更多。

表39 分民族样本儿童家庭劳动负担基本情况分析　　单位：%

家里需要孩子干农活或家务吗？	汉族	少数民族
非常需要	39.9	51.6
无所谓	25.4	18.8
不需要	34.7	29.6

分不同教育阶段来分析：如图24所示，小学阶段，汉族样本儿童家庭中，有37.7%的家庭选择了非常需要儿童帮助家庭干家务或农活；少数民族样本儿童家庭中，有52.8%的家庭选择了非常需要儿童帮助家庭干家务或农活。初中阶段，汉族样本儿童家庭中，有42.9%的家庭选择了非常需要儿童帮助家庭干家务或农活；少数民族样本儿童家庭中，有50%的家庭选择了非常需要儿童帮助家庭干家务或农活。因此，在样本家庭中，无论初中阶段还是小学阶段，少数民族家庭均显示出对儿童劳动的较大需求。

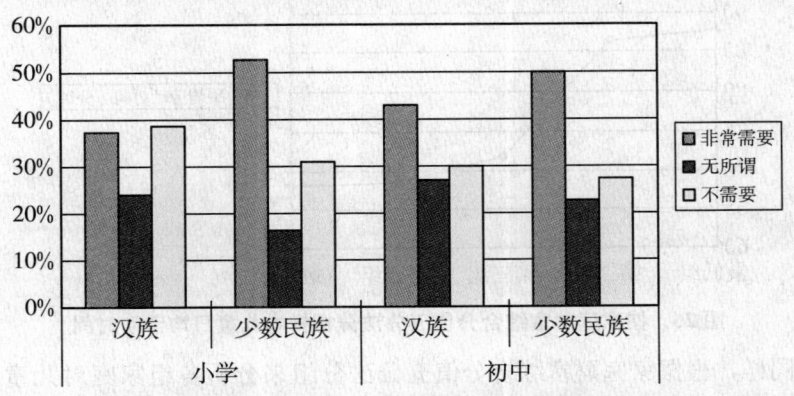

图24 分民族、年级样本儿童家庭劳动负担基本情况分析

同样，根据样本儿童所处地区是少数民族地区还是非少数民族地区划分，考察样本儿童的家庭劳动负担状况。少数民族地区样本儿童面临的家

庭劳动负担无论从样本总体来看还是分不同教育阶段，都明显高于非少数民族地区的样本儿童（如图25）。

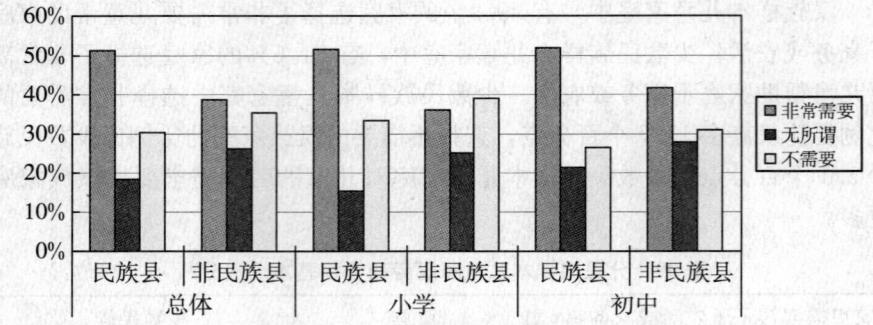

图25 分民族县、年级样本儿童家庭劳动负担基本情况分析

四、不同家庭经济水平样本儿童家庭劳动负担基本情况

根据与家庭收入显著相关的家庭财产和家庭特征，采用主分量分析法（PCA）计算每个样本家庭相应的分值，按照分值从高到低分为五组，代表家庭经济水平由高到低的变化，观察各层样本儿童需要承担的家庭劳动时间。图26表明，随着家庭财富由低到高，儿童需要承担的家庭劳动呈递减趋势。样本儿童的家庭经济条件越贫困，儿童需要承担的劳动就越多，负担越重。

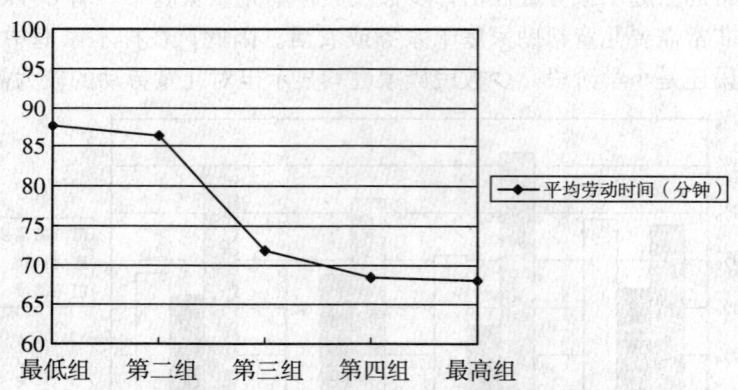

图26 按家庭财富综合分值五分法分析样本儿童日均劳动时间

同样，根据家庭财富综合分值五分法分组来分析各组家庭对儿童的需求态度（如表40）。随着家庭财富组由高到低，家庭对儿童劳动的需求程度呈递增趋势。也就是说，贫困家庭更需要儿童帮助家庭劳动，当需要送儿童上学时，这些家庭会认为他们所面临的损失或称机会成本大于家庭较

富裕的家庭，因而越容易作出让儿童辍学的决定。

表 40　按家庭财富综合分值五分法分组分析样本家庭对儿童的劳动需求

单位：%

家里需要孩子干农活或家务吗？	最低组	第二组	第三组	第四组	最高组
非常需要	39.30	32.12	32.28	28.61	26.35
无所谓	17.51	21.78	19.50	11.80	22.03
不需要	43.19	46.10	48.22	59.60	51.62

课题组同样就"家庭突然出现经济困难会让孩子辍学吗？"这一问题询问了每一个样本家庭，回答会让孩子辍学的比例也随着家庭经济水平的增高而呈现出递减的趋势。这一结果再次证明了处于贫困家庭的儿童会面临更高的辍学风险（如图 27）。

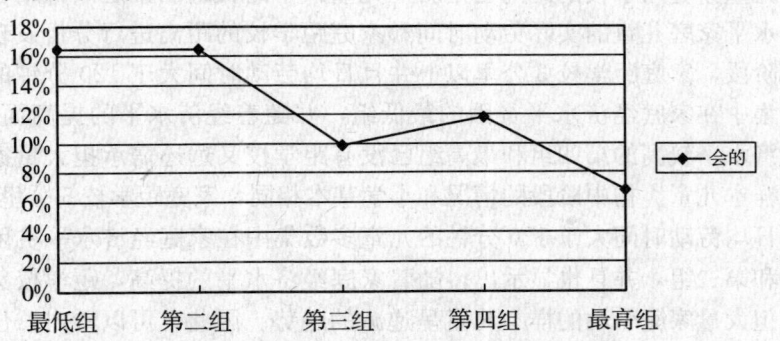

图 27　家庭经济困难引发儿童辍学可能性分析

五、样本儿童家庭教育投入与家庭劳动负担分析

家庭对子女教育的投入状况反映了家庭对儿童教育的重视程度。图 28 是对儿童劳动需求程度不同的家庭对儿童就学费用投入状况的分析结果。数据显示，样本儿童就学所需要的成本（包括可控性强和可控性弱两个部分）都随着家庭经济水平的提高而有所增加，即随着家庭经济条件的改善，家长愿意为子女上学提供较高的投入；根据家庭对儿童劳动需求的不同程度分组，可以看出，无论可控性强成本还是可控性弱成本，同等经济条件下，非常需要组家庭对子女的教育投入都低于无所谓组家庭。由此可以认为，如排除其他因素，那么在同一经济水平下，对儿童劳动需求多的家庭，对子女教育的重视程度则相对较低。

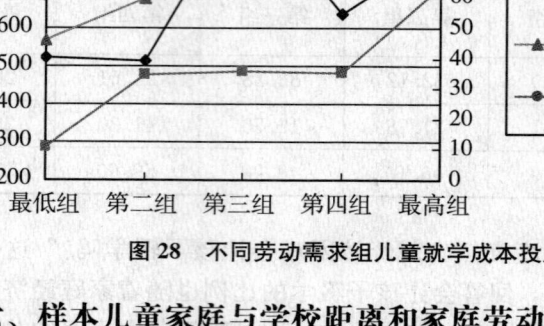

图 28 不同劳动需求组儿童就学成本投入分析

六、样本儿童家庭与学校距离和家庭劳动负担分析

儿童家庭与学校的距离也是影响儿童入学的关键因素之一，结合不同经济水平家庭儿童的实际劳动时间和家庭距学校的距离进行分析发现：在小学阶段，家庭距学校3公里以上并且日均劳动时间大于120分钟的儿童多数集中在家庭经济水平贫困的最低组，并随着经济水平的提高而减少，在经济水平较高的第四组和最高组已没有距学校又远还需承担大量家庭劳动的样本儿童。初中阶段的情况和小学基本相同，家庭距学校5公里以上，并且日均劳动时间大于120分钟的儿童多数集中在家庭经济水平贫困的最低组和第二组，并且也显示出，随着家庭经济水平的提高，距学校又远还需承担大量家庭劳动的样本儿童呈递减的趋势。因此，可以看出，位置较偏远贫困家庭中的儿童不仅需要花费较长时间在上学的路上，而且还要承担较重的家庭劳动负担，从而面临更重的学习和生活压力，更容易辍学。

表 41 样本儿童家庭与学校距离和家庭劳动负担分析   单位：%

	最低组 大于120分钟	第二组 大于120分钟	第三组 大于120分钟	第四组 大于120分钟	最高组 大于120分钟
3公里 以上（小 学阶段）	72.0	19.9	8.1	0	0
5公里 以上（初 中阶段）	26.1	34.2	15.5	15.1	9.1

小结

本章描述了样本辍学儿童的主要特征，分析了引起样本儿童辍学的主要原因。并从儿童面临的家庭劳动负担这一角度出发，分析了处于潜在辍学风险下的儿童个体特征。具有这些特征的儿童群体更需要给予更多的关注和支持。具体结论如下：

（1）样本儿童中，女生辍学率高于男生，初中辍学率明显高于小学，少数民族儿童辍学率显著高于汉族儿童辍学率。较高收入组的样本儿童辍学率，无论从总体水平上来看还是分小学初中来看都低于较低收入组。

（2）家庭经济因素仍是儿童辍学的首要原因，占46%；另有28%的辍学原因是因为对学习没有兴趣和学习成绩差；位于第三位的辍学原因是儿童需要承担更多的家庭劳动责任。

（3）家庭劳动需要耗费的时间和精力会影响儿童的学业成绩，会使儿童丧失学习兴趣（第二大辍学原因）而辍学；同时，儿童去学校接受教育必然会减少帮助家庭劳动的时间、会对家庭造成损失（机会成本），因此，需要儿童劳动的家庭会面临较大的儿童就学机会成本，也就越容易作出让儿童辍学的决定。

（4）绝大多数的农村家庭需要儿童承担家庭劳动。样本儿童家庭劳动时间大于120分钟的比例为28.77%，日均劳动时间将近4小时，几乎占用了儿童在家的全部课余时间。初中学生较小学生需要承担更多的家庭劳动。

（5）多数家庭对女生的劳动需求要比男生多，当家庭面临较高的劳动需求时，更容易选择让女生辍学；初中阶段，家庭对男生的劳动需求较小学阶段有所升高，但仍然少于女生。

（6）无论初中阶段还是小学阶段，少数民族家庭均显示出了比汉族家庭对儿童劳动的较大需求；少数民族地区样本儿童面临的家庭劳动负担无论从样本总体来看还是分不同教育阶段，都明显高于非少数民族地区的样本儿童。

（7）随着家庭财富储量的由低到高，儿童需要承担的家庭劳动也随之呈递减趋势。样本儿童的家庭经济条件越贫困，儿童需要承担的劳动就越多，负担也越重。并且，贫困家庭更需要儿童帮助家庭劳动，当需要送儿童上学时，这些家庭会认为他们所面临的损失（机会成本）大于家庭较富裕的家庭，因而越容易作出让儿童辍学的决定。

（8）在同一经济水平下，对儿童劳动需求多的家庭，对子女教育的重视程度则相对较低。

（9）位置较偏远贫困家庭中的儿童不仅需要花费较长时间在上学的路上，还要承担较重的家庭劳动负担，从而面临更重的学习和生活压力，更容易辍学。

第七章　甘肃、四川、湖北、河南四省义务教育阶段就学资助现状及效果评价[①]

上述各章的分析都表明，在中国农村，特别是西部农村地区和少数民族地区，在一个较长的时期之内，还会存在一个处于贫困状态之中的农民群体，由于经济、地域、历史和社会资源分配不均衡，以至天灾人祸等原因造成他们处于困境之中。这是一个在教育资源配置方面缺乏条件和机会而处于不利地位的弱势群体。但是，他们并没有因为处于经济地位的底层而失去受教育的基本权利。特别是那些出生在农村贫困家庭的儿童，虽然他们在教育资源不均衡配置方面处于不利地位，但他们并没有失去国家和社会对他们的关注。在同一片土地上，同一所学校里，他们的受教育权利开始真正得到实现，虽然对他们的就学资助力度还很有限，但资助已经成为改变他们在受教育过程中不利地位的重要保障。

当前，我国现有的各类贫困学生就学资助，如"两免一补"和各种社会就学资助活动，在很大程度上降低了贫困家庭儿童的辍学风险，提高了义务教育阶段学生的入学率，改善了贫困学生学习条件，帮助他们完成了学业。贫困学生就学资助已经被纳入国家和社会日益重视的农村社会性保障体系，为了更有效地发挥贫困学生就学资助的作用，建立稳定、持续的贫困学生就学资助体系，对"两免一补"以及其他资助的实施现状和效果进行分析，对于完善农村贫困学生就学资助制度是很有必要的。

---

① 本部分表格所用数据，除特别说明来源外，均为课题组调查数据。

第一节 四省"两免一补"的实施现状及效果评价

一、四省"两免一补"实施状况

(一) 2005年秋季学期以来四省"两免"实施状况

1. 西部省享受"两免"的比例高于中部省

表42统计了样本省2005年秋季至2006年秋季免费教科书和免杂费的平均比例。

表42 样本学校三学期来享受"两免"的平均比例　　单位:%

		2005年秋季学期	2006年春季学期	2006年秋季学期
免费教科书比例	调查四省	44.07	53.08	54.19
	西部省	46.12	53.60	56.57
	中部省	42.25	52.61	51.95
免杂费比例	调查四省	36.05	73.52	75.09
	西部省	29.12	99.54	100.10
	中部省	42.33	49.95	51.95

注:1. 享受"两免"的平均比例包括免费教科书比例和免杂费比例,前者为满足既定条件的各学校享受免费教科书的比例的平均值,后者指满足既定条件的各学校享受免杂费的比例的平均值。

2. 表中出现的100.10%,是由于免杂费的名额是按照上学期的学生数上报,而本学期个别学生辍学而导致的。

从整体上看,各学校免费教科书和免杂费的平均比例逐学期增大,其中最显著的变化是2006年春季免杂费的比例比2005年秋季有了大的提高,这是由于2006年春季起实施的"新机制"免除了西部地区所有农村中小学生的杂费,从而提高了整个调查地区学校享受免杂费的平均比例。2005年秋季中部省学校享受免杂费的平均比例比西部省学校的平均比例高出约13个百分点,这说明实施"新机制"之前,中部省学校免杂费的平均比例高于西部省学校。引发这一差异的原因是中部省的财政实力强于西部省,可以筹集到较多的资金用于实施更高比例的免杂费政策。实施"新机制"后,西部省所有学校享受免杂费的比例均为100%,比中部省学校免杂费的平均比例高出近50%。从免费教科书的比例可以看出,2005年秋至2006年秋西部省学校享受免费教科书的平均比例只是略高于中部省，二者之间并没有显著的差异。

2. 贫困县学校享受"两免"的比例高于非贫困县学校

表43分别对西部省、中部省的贫困县和非贫困县学校在2005年秋季至2006年秋季免费教科书和免杂费的享受比例进行了比较。

表43　贫困县与非贫困县学校"两免"享受比例　　单位：%

		2005年秋季学期		2006年春季学期		2006年秋季学期	
		贫困县	非贫困县	贫困县	非贫困县	贫困县	非贫困县
免费教科书比例	调查四省	56.56	32.06	69.38	36.79	69.69	38.38
	西部省	49.38	43.48	59.79	48.13	63.57	50.38
	中部省	61.95	20.19	77.25	25.00	74.71	25.38
免杂费比例	调查四省	55.90	16.59	84.72	62.54	84.34	62.41
	西部省	47.46	13.60	100	100	100	100
	中部省	62.53	19.70	72.22	25.00	74.71	25.38

注：1. 免费教科书比例是指各学校享受免费教科书的人数除以该学校所有学生人数，免杂费比例是指各学校享受免杂费的人数除以该学校所有学生人数。

2. 项目省自2006年春起对所有学生免除了杂费，因此不再分析项目省学校免杂费的比例。

从调查四省的整体情况来看，2005年秋至2006年秋免杂费与免费教科书的享受比例在贫困县与非贫困县学校存在显著的差异，这种差异在2005年秋免杂费的享受比例上最为突出。实施"新机制"后，2006年春季与秋季免杂费的比例在贫困县与非贫困县间呈现出显著差异，其原因在于湖北和河南在贫困县实施了远高于非贫困县的免杂费比例。西部省的贫困县与非贫困县学校在享受免费教科书的比例上没有显著差异，教科书在四省整体上的显著差异来自中部省的贫困县与非贫困县学校的差异。

3. 西部省民族地区享受"两免"的比例略高于非民族地区

表44　民族地区与非民族地区学校享受"两免"的平均比例　单位：%

		2005年秋季学期	2006年春季学期	2006年秋季学期
免费教科书比例	民族县	55.55	64.7	63.29
	非民族县	41.7	47.7	53
免杂费比例	民族县	34.5	100	100
	非民族县	26.44	100	100

表44对甘肃省和四川省的民族县与非民族县学校、民族乡与非民族乡学校2005年秋季至2006年秋季免杂费平均享受比例和免费教科书的平均享受比例进行了比较。由此可知，民族县除了在2006年春季免费教科书的享受比例上比非民族县高出17个百分点，与非民族县有较为显著的差异外，其他学期的免杂费与免费教科书的比例与非民族县并没有显著差异。但比较少数民族聚居乡和汉族乡2005年秋季以来享受"两免"的平均比例可以发现，民族乡学校享受免费教科书的平均比例显著高于非民族乡学校，但是这种差异随着时间的推进逐渐减小。发生这种变化的原因是2005年秋季以来，民族乡实施免费教科书的比例一直维持在一个较高的水平没有发生大的变化，而非民族乡享受免费教科书的比例在逐学期增大，这表明在免费教科书数量较为有限的情况下，政府首先照顾民族乡学生，随着"两免一补"政策的推广，政府对非民族地区免费教科书的投入也逐渐增大，由此两者之间的差异逐渐缩小。

（二）四省寄宿生生活费补助的实施状况

由于通过学校问卷获得的关于寄宿生生活费补助的数据有限，也比较零散，分析较困难，所以下面将用家庭问卷调查数据来反映寄宿生生活费补助的实施状况。

1. 2005年秋季以来样本省享受寄宿生生活费补助的基本状况

表45 样本学生三学期享受寄宿生生活费补助的平均比例 单位：%

		2005年秋季学期	2006年春季学期	2006年秋季学期
寄宿生生活费补助比例	四川省	9.5	13.2	14.9
	河南省	5.9	5.8	9.2

调查数据显示（表45），甘肃和湖北两省三学期补助寄宿生生活费的比例均为零，甘肃为零的主要原因是寄宿生生活费补助经费由县级财政负担，由于调查学校的县级财政困难，根本无力拨付寄宿生生活补助经费。湖北省是由于调查学校未实施寄宿生生活补助。从表45来看，虽然四川省和河南省补助寄宿生生活费的平均比例逐学期呈上升趋势，但补助比例还很低。四川省各学期补助寄宿生生活费平均比例均高于河南省，主要原因是因为四川峨边彝族自治县受资助范围很大，2006年秋季学期就有80％的寄宿生享受了生活费补助。

2. 贫困县和非贫困县学校享受寄宿生生活费补助比例差异

从四川和河南两省调查的整体情况来看,2005年秋季学期至2006年秋季学期非贫困县学校寄宿生生活费享受比例远高于贫困县,这种差异在2006年秋季学期最为突出。非贫困县学校寄宿生生活费享受比例有较大幅度的提高,而贫困县的享受比例却有所下降,尤其是西部省贫困县学校寄宿生生活费享受比例由2006年春季学期的9.6%,下降到3.9%。出现下降情况的原因,可能是因为贫困县的财政能力困难所致(见表46)。

表46 贫困县与非贫困县学校享受寄宿生生活费补助比例 单位:%

		2005年秋季学期		2006年春季学期		2006年秋季学期	
		贫困县	非贫困县	贫困县	非贫困县	贫困县	非贫困县
寄宿生生活费补助比例	四川省	4.5	14.3	9.6	16.7	3.9	24.2
	河南省	5.1	6.8	4.8	6.9	6.3	12.0

3. 民族地区和非民族地区享受寄宿生生活费补助比例差异

表47 民族地区与非民族地区学校享受寄宿生生活费补助的平均比例

单位:%

		2005年秋季学期	2006年春季学期	2006年秋季学期
寄宿生生活费补助比例	民族县	18.8	18.9	37.2
	非民族县	6.2	8.1	8.4

由表47可知,民族县和非民族县学校享受寄宿生生活费的平均比例逐学期均呈增长趋势。民族县各学期享受比例均明显高于非民族县。特别是2006年秋季学期,民族地区学校享受寄宿生生活费的平均比例较2006年春季学期高出近一倍。这是由于民族县四川省峨边彝族自治县得到政府很大的资助,反映出政府在同等情况下,政策上对民族地区、民族学生的倾斜和照顾。

二、不同财富分值组家庭的样本学生享受"两免一补"的状况

(一)2005年秋季以来样本小学生享受"两免一补"基本状况

我们将抽样儿童根据其家庭财富分值分成五组。图29显示的是2005年秋季学期、2006年春季学期和2006年秋季学期不同组享受免杂费的样本小学生比例。可以看出,各个组免除杂费的样本小学生比例呈逐学期增长趋势,2006年春季学期比前一学期增长趋势更明显,主要是因为在西部

两个样本省实行了"新机制"。免除杂费的样本小学生比例随着财富分值增高在逐步减小，最低组这一比例最高。但是，2006年秋季学期最低组有10.5%的小学生还没有免除杂费。

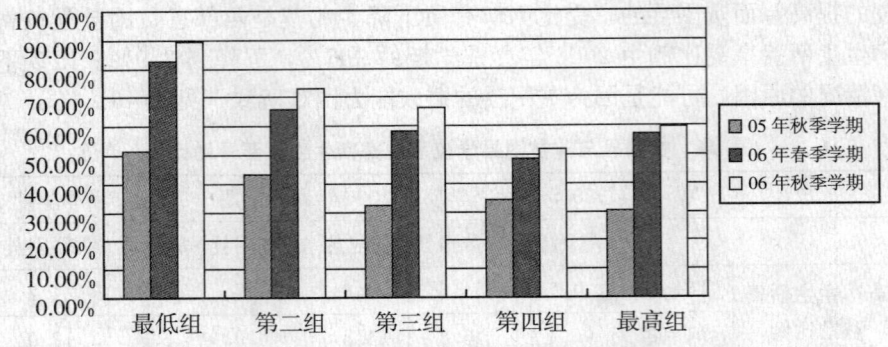

图29 按财富分值五分法分组观察小学生免杂费享受情况

如图30所示，小学免书本费的学生比例和免杂费的学生比例呈现出共同的两个特点：(1) 各个组免除书本费的样本小学生比例呈逐期增长趋势；(2) 免除书本费的样本小学生比例随着财富分值增高在逐步减小，最低组这一比例最高。2006年秋季学期最低组还有46.5%的小学生没有免除书本费。

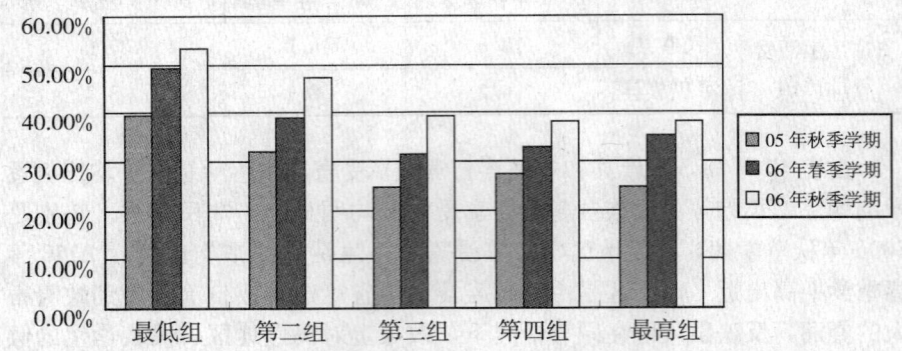

图30 按财富分值五分法分组观察小学生免书本费享受情况

整体来看，"两免"政策实施中很明显倾向于经济困难家庭的孩子，但资助力度还不够，还有一部分经济困难家庭的孩子被遗漏。

多年来，我国农村小学布局采取"就近入学"政策，一般行政村或自然村会设置村小学或教学点，学生不需要住宿。近几年，国家为了推进农村义务教育发展，开始实施农村义务教育学校布局调整。调整后，部分小学生开始去距离家较远的学校上学，需要在校住宿。但本次课题调查实施期间，布局调整在各省的实施还处于进展初期，故在甘肃、河南、湖北三省未得到寄宿制小学信息。只是在四川省遇到少量的寄宿小学，且住校学生数量很少。由于样本量太小，分组后各组样本量更小，无法比较，故此处将所有小学生"两免一补"情况放在一起分析，不专门对小学寄宿生进行分析。

（二）2005年秋季以来样本初中生享受"两免一补"基本状况

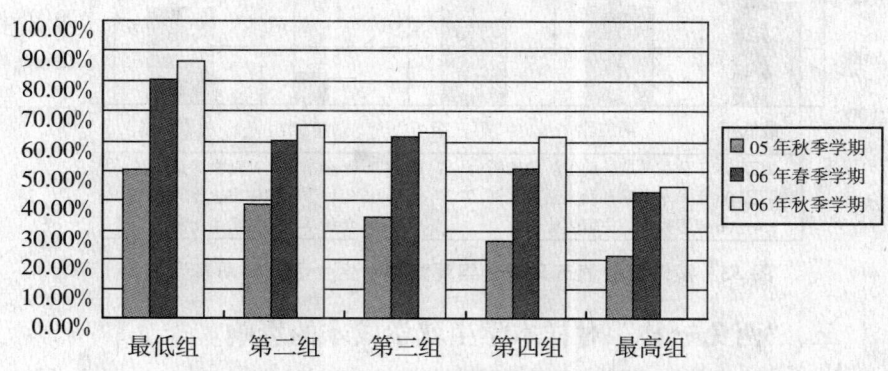

图31　按财富分值五分法分组观察初中生免杂费享受情况比例

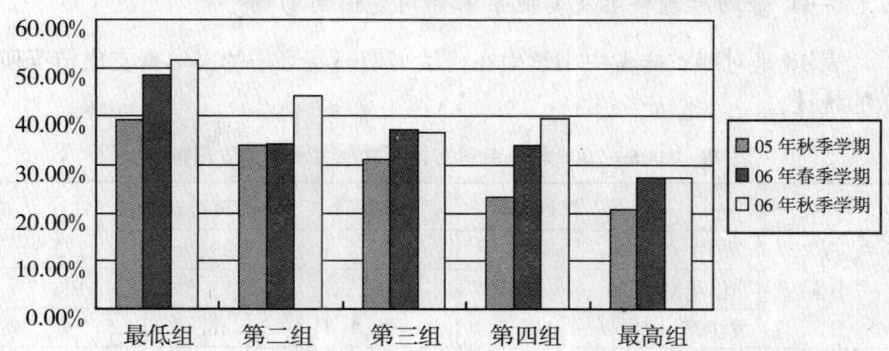

图32　按财富分值五分法分组观察初中生免书本费享受情况

从图31和图32来看，初中生免杂费和书本费的比例同小学很相似，基本上也呈逐级增长趋势（个别组例外），最低组这一比例也较高，但所不同的是初中免除杂费和书本费的样本学生比例没有同分值组呈现明显的规律性变化。2006年秋季学期最低组还有13.6%的初中生没有免除杂费，有48.4%的初中生没有免除书本费。

从各组享受生活费补助的初中生比例情况来看（图33），各组中享受补助生活费的比例都很低，但在2006年秋季学期，由于"新机制"开始实施，最低组这一比例开始明显高于其他组，达23.5%。这一结果显示，在资助分配过程中，贫困家庭得到了较大程度的重视。但是寄宿生生活费补助的总体覆盖范围较小，还需重视和加强。

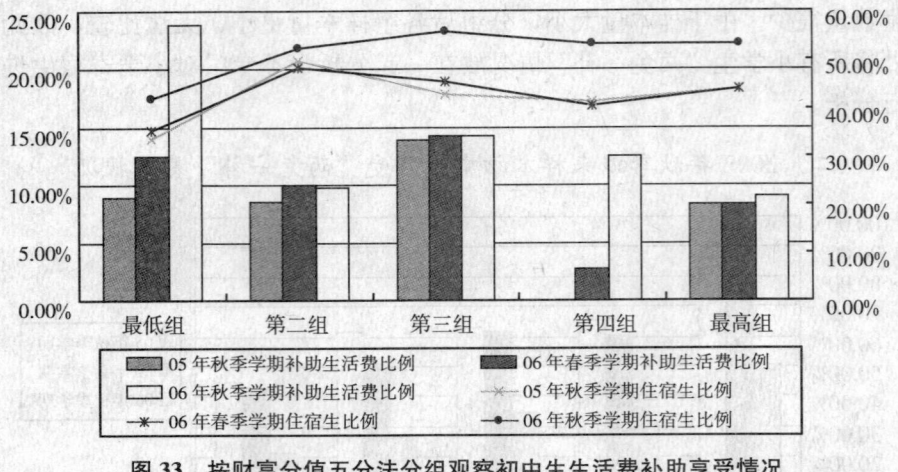

图 33 按财富分值五分法分组观察初中生生活费补助享受情况

三、"两免一补"对样本学生就学成本的影响

（一）资助对教科书及其他书本费用支出的影响

表 48 是对四省样本中小学生在校读书期间所必需的书本费支出情况所做的统计。

表 48　2005—2006 学年教科书以及其他书本费用支出情况

		教科书费	作业本费	辅导材料费	合计
小学	费用（元）	107	27	39	173
	比例（%）	61.9	15.6	22.5	100
	发生率（%）	100	42.4	46.4	—
初中	费用（元）	218	36	87	341
	比例（%）	63.9	10.6	25.5	100
	发生率（%）	100	51.0	64.2	—

注：1. 比例是指该项费用占表中三项费用的百分比。

2. 发生率是指样本儿童中产生这项费用儿童的比例。

3. 教科书包括国家教科书和地方教科书。

课题组调查数据表明，义务教育阶段中小学生在校读书必须使用的各种书本不仅包括免费的国家教科书和练习本，还包括必需的地方教科书、各种辅导材料和其他必需的作业本。通过问卷调查和访谈，我们了解到农村很多中小学为了提高教学质量都在使用除了国家和地方教科书以外的其他辅导材料（如课堂同步练习、寒暑假作业、地方校本教材等），学生如果要正常完成学校学业就必须购买,无论是通过自购还是学校代购的形式。通过表48可以看出,样本儿童中,有46.4%的小学生支付了辅导材料费,平均成本为39元/学年;有64.2%的初中生支付了辅导材料费,平均成本为87元/学年;而且课题组了解到,国家免费提供的练习本在数量上也远不够学生学习的实际需要。其他必需的作业本费,小学发生率高达42.4%,平均成本为27元/学年;初中为51%,平均成本为36元/学年。如果将三项费用(国家和地方教科书费、辅导材料费和其他必需作业本费)加总,得出样本儿童小学学年必需总书本费为173元/学年,初中为341元/学年,远远高出了2005年"新机制"规定的教科书免费标准(小学70元,中学140元),多出免费标准的成本,分别占小学和初中样本儿童总书本费的59.5%和58.9%,对农村儿童家庭构成了相当的经济负担。

到2007年底,为了进一步减轻农村家庭教育成本负担,国家将"两免一补"中免费教科书标准提高至小学90元、中学180元,并规定地方教科书也实施免费,由地方财政承担①,但学生学习必需的辅导材料费和作业本费仍然由家庭负担。

(二) 资助对寄宿生生活费用支出的影响

1. 寄宿生生活费支出

为了了解寄宿生生活费补助是否足够支持学生顺利就学,课题组计算了住宿但没有免除住宿费和没有接受寄宿生生活费补助的小学和初中学生平均花费,按一学期125天计算,统计数据见表49。

表49 没有接受寄宿生生活费补助的住宿生平均花费　　单位:元

		住宿费	伙食费	用于生活费的零花钱	总生活费	平均每天生活费
小学	2005年秋季学期	57	262	15	334	2.7
	2006年春季学期	56	256	15	327	2.6
	学年合计	113	518	30	661	2.6
初中	2005年秋季学期	48	393	41	482	3.9
	2006年春季学期	49	375	36	460	3.7
	学年合计	97	768	77	942	3.8

注:用于生活费的零花钱是住宿生零花钱减去没有住宿学生零花钱的差值。

---

① 教育部有关负责人就免费提供教科书答记者问 [N]. 中国教育报,2008-1-7.

2. 资助对寄宿生生活费用支出的影响

课题组调查数据显示，样本学生中，小学住宿生的2005—2006学年生活费为661元，按每学年250天在校，平均每天为2.6元；初中住宿生的住宿生活费为942元，按每学年250天在校，平均每天为3.8元；如果按照调查期间国家"两免一补"寄宿生生活费补助标准每生每天1元的标准来看，补助费占实际发生的寄宿生生活费的比例小学仅为38.5%，初中仅为26.3%，远远不足以解决寄宿生的生活问题。针对这一情况，国家已经于2007年8月修改了"一补"标准，并于2008年春季学期开始实施，每生每天提高至小学2元、初中3元，资助费占实际发生的寄宿生生活费的比例小学为55%，初中为71%，较之以前的补助力度已大大提高，并考虑到了不同年龄儿童的生活费差异。但需要指出的是，课题组调查得到的样本儿童寄宿生生活费数值可能偏小，因为统计困难，调查基本不包括儿童从家庭自带的粮食或其他食物（这种情况在农村地区较为普遍），未将其折算到寄宿生生活费用中；另外，课题组调查的生活费只是维持学生在学校生活的最基本费用，远不能满足儿童健康发展的均衡营养需要。课题组在调查中还发现，因为各地区物价水平差异的影响，同样支出费用下的生活水平却存在一定差异。

3. 家庭距离学校远的学生生活费支出

家庭离学校比较远的学生是需要住宿的主要群体，也是面临较大辍学风险的群体，对他们需要特别的关注。

表50 不同距离学生的住宿生比例、财产分值、家庭总教育负担率以及每天劳动时间对比

		住宿生比例（%）	财产分值	家庭总教育负担率（%）	劳动时间（分钟）
小学	1公里以内	4.3	-0.249 5	26.38	54.12
	1~2公里	8.8	-0.178 1	29.04	70.41
	2~3公里	12.2	-0.293 0	18.62	69.88
	3公里以上	13.3	-0.531 8	48.63	89.33
初中	2公里以内	22.0	-0.176 9	29.79	83.71
	2~5公里	47.2	-0.075 5	37.31	139.15
	5公里以上	70.5	-0.201 0	57.84	126.13

从表 50 可以看出，不论小学或初中，家庭到学校距离越远，住宿生比例越高，家庭总教育负担率越重，劳动时间也越长。同时，小学学生的家庭到学校之间距离在 3 公里以上的家庭，其财产分值在各距离段内最低，为 －0.531 8；而初中学生家庭到学校之间距离在 5 公里以上的家庭，其财产分值在各距离段内最低，为 －0.201 0。这说明，距离学校较远的这部分家庭较为贫困，家庭总教育负担率较高，而且也更需要住宿。正是因为住宿，增加了家庭的教育支出，增大了这部分学生辍学的风险。

2006 年秋季学期，在抽样小学生中，3 公里以外的学生有 34 人，仅有 7 人住宿，且都没有享受生活补助；在抽样初中生中，5 公里以外的学生有 108 人，有 88 人住宿，仅有 9 人享受生活费补助。因此对家庭离学校远的学生，在资助时应给予更多的考虑。

（三）资助对学生个人直接教育成本的影响

"两免一补"政策实施后，已经基本解决了农村义务教育阶段儿童的入学问题，真正实现了适龄儿童免费入学。但是课题组了解到，儿童入学后，家庭还需要支付其他各种教育费用以便于儿童顺利完成学业，这些费用是接受了"两免一补"后构成学生个人直接教育成本的主要内容（详见第四章第一节）。因此，"两免一补"到底能够在多大程度上减轻家庭教育成本负担？课题组结合"两免一补"政策的实施标准①和课题组调查获得的样本学生个人直接教育成本数据，以单个家庭为单位，估算了资助对学生个人直接教育成本的影响程度。

通过表 51 可以看出，2005 年"新机制"开始实施时，国家提供的免费（两免）和补助（一补）经费分别占样本学生中非住宿生和住宿生个人直接教育成本的比例为：小学，36% 和 34%，初中，34% 和 31%。也就是说，"两免一补"资助政策的实施使农村家庭支付的个人直接教育成本负担实际降低了 1/3。2007 年底，国家为了进一步减轻农村家庭送儿童上学的经济负担，提高了"两免一补"中各项资助的标准（2008 年开始实施），课题组沿用 2006 年调查获得的学生个人直接教育成本数据对资助对学生个人直接教育成本的减轻程度进行了估算。结果显示，无论是对住宿生还是非住宿生，资助对家庭教育负担的减负幅度均达到 60% 以上。

---

① "两免一补"政策标准在全国范围内因各地区和省的具体情况不同而有所差异，此处所使用标准均为国家规定的标准。

表 51 "两免一补"占学生个人直接教育成本的比例

	补助标准（元）			"两免"占非住宿生个人直接教育成本比例	"两免一补"占住宿生个人直接教育成本比例	样本儿童个人直接教育成本均值（元）	
	杂费	课本费	补助生活费			非住宿生	住宿生
2006年标准 小学	75	70	250	36%	34%	400	1 172
2006年标准 初中	100	140	250	34%	31%	714	1 590
2008年标准 小学	150	90	500	60%	63%	—	—
2008年标准 初中	250	180	750	60%	74%	—	—

四、家长对"两免一补"的实施效果评价

表 52 "两免一补"对家庭教育负担的影响

	减轻多了		影响不大		比以前更重		说不上	
	样本量	比例	样本量	比例	样本量	比例	样本量	比例
小学	748	82.6%	147	16.2%	3	0.3%	8	0.9%
初中	223	84.2%	37	14.0%	0	0	5	1.9%

从表 52 来看，无论是小学还是初中，80%以上的家长认为"两免一补"在很大程度上减轻了家庭的教育负担。这说明，"两免一补"的实施对绝大多数农村家庭来说，无疑是卓有成效的。当然，还有一小部分家长并没有感觉到"两免一补"所带来的影响，这部分家庭中，收入相对较高的家庭所占比例较大。

五、"两免一补"实施中出现的主要问题

综合以上分析可见，"两免一补"在实施中基本上针对了家庭经济困难学生，确实在很大程度上减轻了许多家庭的教育负担。但是，调查也同时发现，"两免一补"政策在实施过程中还存在不足，其中最为突出的问题是寄宿生生活费补助比例整体偏低，补助资金不能落实，寄宿生的生活困难未得到解决，这一问题亟须引起政府和社会的关注。同时，尽管"两

免一补"重视向贫困家庭倾斜，但仍然有少部分较为贫困的学生未能享受到"两免一补"资助。调查中，样本学校的校长们还反映了一个比较突出，也是非常难以解决的问题，就是如何确定享受免费教科书的资助对象。在部分学校出现了轮流享受或平均发放的问题。为此，学校在公平确定"两免一补"资助对象时，必须严格执行国家政策，也需要上级部门为学校提供科学、合理的界定标准，以作为执行依据。

第二节 四省"两免一补"以外其他就学资助形式的实施现状及效果评价

从 20 世纪 90 年代国家实施分税制财政体制开始，农村义务教育阶段学生杂费标准不断上涨，学校各种收费项目和标准也不断增加，加之物价上涨影响，中小学生的书本费用和其他学习费用成本也大幅度提高。因此，义务教育阶段农村贫困学生因家庭教育支出负担过重而导致的失学和辍学现象引起社会广泛关注。为了帮助农村贫困学生上学，社会各界采用多种途径和形式对农村义务教育学校实施资金和设施等方面的资助，以缓解农村义务教育阶段学校办学经费的短缺，同时实施多种专门针对贫困学生个人的资助项目，帮助他们完成学业，如希望工程、春蕾计划、安康计划、扶残助学等。实施资助的组织有各级政府、各种社会民间半民间组织、港澳台慈善组织、公民个体等，其他还有国际政府与非政府组织。他们开展的资助项目虽然多数重点放在学校办学层面，但其中也有较大比例用于资助农村贫困学生。

为了了解这些就学资助在调查地区实施的情况和效应，课题组对此进行了专门调查和分析。

一、四省"两免一补"以外其他就学资助形式的实施状况

(一)调查省样本学校"两免一补"以外其他就学资助实施状况

表 53 是三个学期调查样本学校所有学生获得资助的折现金额，通过资助学生总数以及受助学生比例等指标的分析，可以显示出调查地区学生享受资助的基本状况。

表 53　2005 年秋季至 2006 年秋季样本学校学生接受资助的情况

		甘肃省	四川省	湖北省	河南省
2005.09—2007.01	所有学生获得资助的折现金额（元）	64 589.20	534 537.00	73 901.00	7 001.40
	享受资助的学生总数（人次）	1 035	5 806	1 425	214
	受助学生比例（%）	2.99	14.36	2.09	0.74
2005.09—2006.01	所有学生获得资助的折现金额（元）	30 046.50	193 068.0	30 452.00	3 251.40
	享受资助的学生总数（人次）	422	2 412	766	84
	受助学生比例（%）	3.66	18.65	3.24	0.85
2006.02—2006.07	所有学生获得资助的折现金额（元）	18 545.70	166 700.0	27 125.00	2 650.00
	享受资助的学生总数（人次）	339	1 811	447	79
	受助学生比例（%）	2.96	13.83	2.04	0.82
2006.09—2007.01	所有学生获得资助的折现金额（元）	15 997.00	174 769.0	16 324.00	1 100.00
	享受资助的学生总数（人次）	274	1 583	212	51
	受助学生比例（%）	2.36	10.99	0.94	0.55

调查结果显示，四省中四川资助的投入总金额、惠及的学生人次与受助学生比例均处于第一位；湖北省资助投入总金额与资助学生总人次略高于甘肃省，但湖北省受助学生比例略低于甘肃省；河南省资助的投入总金额、资助学生的人次与受助学生比例均明显少于其他三省，位于最后。四川省的资助额度之所以远高出别的省份最主要的原因是调查涉及了峨边彝族自治县的黑竹沟乡，该乡是彝族聚居区，学生享受了就学全免的高额度资助，这些资金主要来自中央、省和县三级政府，由此显示了国家对少数民族聚居地区民族义务教育发展所给予的特殊照顾；湖北省位于中部地区，农村经济发展水平较高，困难家庭比例较低，因此学校学生享受"两免一补"的比例比西部省学校要少。但调查了解到，湖北省因为经济情况较好，学校的财政力量较其他三省雄厚，学校及教师个人对困难学生提供的各种资助相对较多；甘肃省处于西部地区，经济状况在全国位于下等水平，并且是一个多民族聚居的省份，因此接受社会的各项资助比较多，生

均受助标准也相对较高。此外，甘肃省的部分民族县也实施了较高比例的学生资助，但本次调查没有抽取到这些县，因此调查显示的甘肃省学生接受资助的整体水平可能低于实际水平。

从三个学期的受资助状况来看，除四川省的资助基本稳定外，其他三省的资助投入总金额、资助学生总人次以及受助学生比例逐学期都呈现出显著下降趋势。课题组分析，出现三省资助在2006年秋季少于2006年春季的现象，原因可能是本次调查在学期初开展，而一些社会团体和个人提供的资助到期中或期末才能到位，三学期内资助额度呈现出较大幅度下降的一个更重要原因是随着"两免一补"资助面的扩大和"新机制"的实施，社会非政府组织、个人以及学生就学的学校对贫困学生的资助也随之减少。课题组认为，各项来自社会等方面的资助体现出逐渐减少的趋势，加之社会资助投入的不稳定性与非持续性，决定了资助贫困学生这一重任必须要由政府为主体予以保障和实施。

之所以这样认为，是因为受教育权作为公民的基本权利，当然对应于国家相应的义务和责任的履行。我国农村贫困家庭数量目前还比较庞大，贫困学生数量众多，如果完全依靠社会资助，无疑是杯水车薪，难以满足贫困学生学习基本需要。近年来，虽然我国社会各种形式非政府组织在资助农村贫困学生方面发挥了积极作用，但由于其并不直接掌握所有的社会资源，因而其实施的贫困学生就学资助对教育公平的促进作用是有限度的，其对贫困学生群体的帮助也是有限的。其作用只能限于部分地区和学校，对贫困学生的资助也只是部分或个体。但是，国家作为一种掌握全社会公共教育资源的组织，所具有的权力以及可以掌握的庞大教育资源，可以为其提供资助贫困学生的财力和物力基础，对贫困学生就学救助具有最有力的优势。从现代教育的功能理论来分析，教育是改变贫困的最基本手段。贫困地区的经济和社会发展，贫困农民的脱贫致富，最根本依赖于其是否接受教育，以及受教育的程度。贫困学生接受教育，也是履行自己对国家的义务，也是为了贫困地区的发展。从这一意义讲，国家也应该履行其对贫困学生资助的相应义务。

由此，课题组认为，社会非政府组织对贫困学生的就学资助，只能居于辅助地位，绝对不可能取代国家义务而成为主体，对贫困学生的就学资助义务和责任也不能依靠于社会去解决。

（二）调查地区各项就学资助形式的运行状况分析

在调查地区，除"两免一补"政策资助之外，来自各级政府、社会非政府组织及个人的资助,投入金额最多、资助面积最大的形式是现金资助。进行现金资助对执行者而言简单易行,对受助学生来说灵活实用,因此成为多数出资者选择的方式。但是,调查中部分学校班主任反映,现金资助在资助过程中存在流失现象,主要是部分学生接受的现金资助,家庭并未将其支付用于学生的学习,而是用于其他家庭支出。

国家实施的"两免一补"使大多数贫困学生从中受惠,但由于免费比例的限制,在一些学校特别是中部省份的学校中,2006年仍然有少部分贫困学生需要缴纳杂费和教科书费,经济负担较重。因此,在调查地区,很多学校自己对未能享受"两免一补"的困难学生实施了免交杂费与教科书免费或补助的资助措施。作业本与文具是学生上学的必需用品,学校向贫困学生提供免费作业本与文具是大家比较认同的资助形式。

此外,在调查地区学校了解到,还有住宿免费或补助、免费用餐、课外书籍及教辅资料资助、生活用品资助、免费体检与保险以及免费校服等多种资助形式。但这些资助除了四川省为少数民族地区提供的免费用餐外,其他资助均表现得投入不足、分布零散,因而效果微弱。调查地区现有资助的投入金额和资助学生比例的状况进一步说明了资助贫困学生这一重任必须依靠政府,只有政府才有可能并有能力通过健全的政策法规和完善的管理制度统筹全国范围的学生资助工作。

二、四省"两免一补"以外其他就学资助形式的效果评价

在投入了大量的资金和人力后,出资者最为关注的问题是资助实施的效果如何,是否真正减轻了贫困家庭的经济负担,是否满足了孩子的学习需要。调查发现,在现实中各种资助,大至"两免一补"小到免费校服,混合存在于农村中小学中,由于受财力、时间所限,课题组无法对各项资助进行跟踪调查,因此也就很难对每一种资助形式进行独立评价。所以本研究采用通过访谈学生家长与学生就读学校领导的方法,了解他们对各项资助实施效果的判断看法,以对各种资助形式进行评价。

(一) 学校领导对资助形式的评价

学校领导对本校实施的各项资助的运行程序最为了解,而且他们能从全体学生的角度出发,对资助实施的效果作出判断,因此了解学校领导的意见非常重要。

在已经实施的资助中,学校领导认为免费教科书与免杂费是最能减轻家庭负担的前两项资助,寄宿生生活费补助是第三项资助。除此之外,其

他资助中免费医疗位于第四,免费保险排在第五,其他还有住宿补贴、免费文具和免费午餐(如图34)。

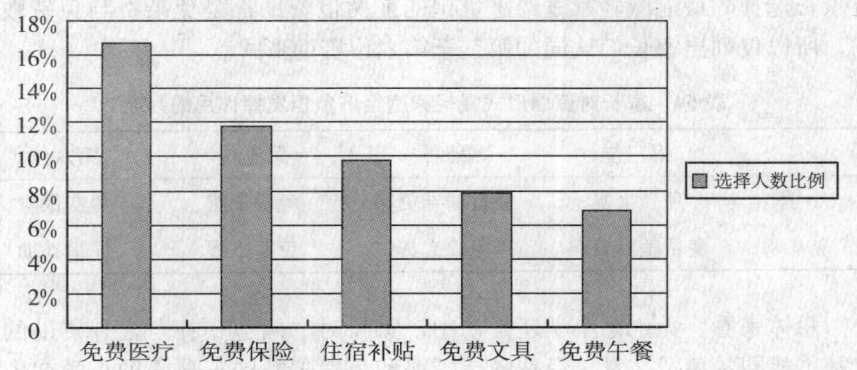

图 34 能减轻家庭负担的"两免一补"之外的资助

对除"两免一补"外,学校希望政府资助家庭困难学生的资助形式的调查显示,免费医疗、免费课外读物、免费保险、住宿补贴和技能培训助学是选择人数最多的前五项资助,其中免费医疗是选择人数最多的资助,其他依次为免费课外读物、免费保险、住宿补贴和技能培训助学(如图35)。

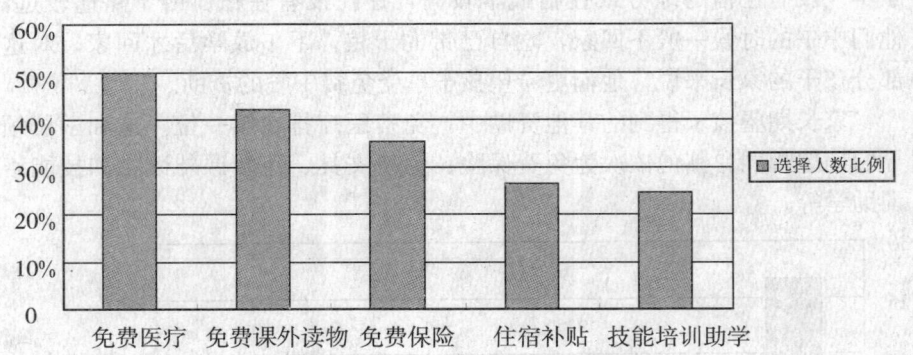

图 35 学校期望"两免一补"之外的资助

(二)学生家长对各种资助形式的评价

学生家长是资助的直接受益者,也是对各种资助的效果最有发言权的群体。本次调查了解了抽样儿童家长对各种资助减轻家庭经济负担作用的看法。在调查中,几乎所有的学生家长都认为免杂费与免费教科书是最能减轻家庭经济负担的资助形式,此外寄宿生生活费补助、免费辅导资料、文具资助和免费用餐也是得到较多认同的资助形式。

表54比较了小学和初中学生家长对各种资助形式作出的判断。因为所有家长选择的最能减轻家庭经济负担的前两位资助都是免杂费与免费教科书,所以仅列出家长们认同的第三至第六位资助形式。

表54 家长对资助形式减轻家庭经济负担发挥作用的判断

	第三位	第四位	第五位	第六位
小学	免费文具	免费辅导资料	免费午餐	免费保险
初中	免费辅导资料	免费文具	免费午餐	住宿补助

总体来看,无论是小学还是初中,家长对"两免一补"之外资助的需求基本相同,免费文具、免费辅导资料和免费午餐这三项资助小学初中都基本相同,说明这三项费用的压力较大,家长对这三项资助的需求程度较高。但小学排在第六位的资助是免费保险,初中则是住宿补助,免费保险排在第七位。产生这种差异是因为初中的住校生多于小学,住校生的家长更希望自己的孩子得到住宿补助。免费午餐小学、初中都排在第五位,是值得我们关注的。调查中发现,在农村地区有一部分离家较远的学生,由于学校没有住宿的地方或住宿成本较高,往往没有住宿。由于路途较远,他们中午的时候一般不回家,吃自己带的干粮,下午放学后才回家,对这部分孩子的家长来说,他们更希望孩子享受免费午餐的资助。

家长期望孩子得到的其他资助中,免费医疗排在第一位,这和学校领导的期望相同。其他依次为免费保险、免费文具、免费课外读物和技能培训助学等。

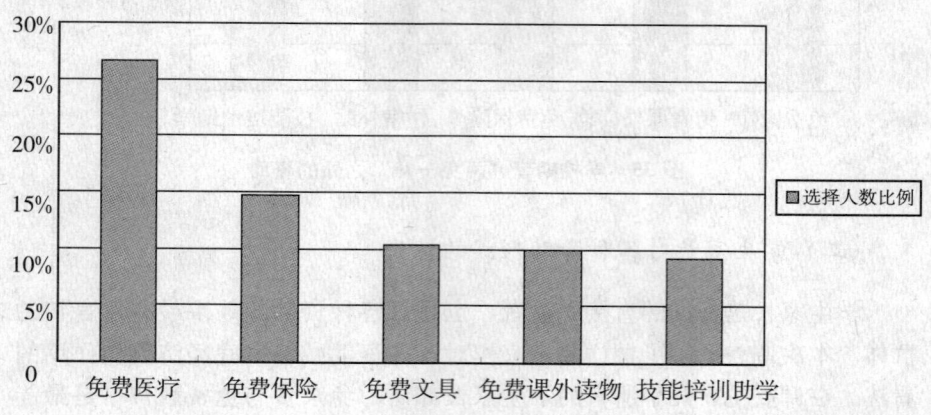

图36 小学和初中家长期望孩子得到"两免一补"之外的资助

三、其他就学资助项目的实施途径和办法

除去"两免一补"资助标准国家统一规定外，来自社会各种途径的贫困学生资助的管理形式不一，尤其是贫困生标准及相应资助标准的确定各异。因此，如何合理选择贫困生确定依据和公平界定资助标准是校长反映较强烈的问题，而且这也是课题组实施学生家庭调查过程中家长们特别在乎的问题。因为贫困家庭致贫的原因不同，家庭经济基础不同，特别是我国中西部贫困农村农民家庭抗自然灾害风险的抵御能力很弱，所以，部分家庭脱贫又返贫，或经济收入更加贫困现象发生的可能性较高。由此，对贫困家庭及贫困学生的合理界定，以及随家庭收入变化予以及时调整非常重要。

课题组发现，一些地方和学校制定的资助生标准存在缺乏合理性的问题，如将学习成绩优秀作为得到资助的必需条件（见附录12），或军属子弟也纳入可获取资助的条件。显然，按这样的标准确定，并不符合贫困生界定的本来要求，也不符合教育公平的原则。因为并非学习成绩优秀的学生就是贫困学生，而学习成绩不优秀的学生中可能有许多贫困学生。这样界定，会使一部分贫困学生被排除在接受资助的范围之外。

近几年，国家不断加大对贫困农村和贫困农民的救助力度，大量农民家庭经济收入水平提高明显，人均收入开始高出国家贫困线或低收入线标准。但是从农村贫困线或低收入线标准来看，我国目前规定的贫困线水平太低，所以在贫困农村，许多农民家庭即便是达到了脱贫标准，也只是维持温饱而已，依靠家庭经济收入给孩子提供必需的学习条件则显得非常困难。而在两户家庭之间，如果因为一户仅比另一户人均年收入多几十元，经评选没有成为就学资助对象，则这户未得到资助的农民家庭就会产生怨言。课题组调查中了解到，得到就学资助的农民家庭对资助的满意程度很高，而一些未能享受到学校就学资助的贫困学生家长在访谈中常与其他家庭攀比，对就学资助的抱怨和需求也比较明显。课题组发现，这种情况很显然影响到部分贫困家庭对子女就学的态度和选择。因此，科学、合理、公正地确定贫困学生标准和界定就学资助标准并动态地实施管理，就显得非常必要。

课题组在调研的过程中了解到，有部分国际教育资助项目的经验值得借鉴。例如，在甘肃省临夏回族自治州四个贫困县实施的中英甘肃基础教育项目。它的贫困学生助学金计划在具体实施中对资助对象和资助标准都做了规定，学校成立学校发展计划（SDP）委员会，用以对助学金获得者

进行第一轮挑选。征求社区意见后把名单交给学区，学区检查后提交给县项目管理办公室，由项目管理办公室最后审批。其中，由下至上层层审核把关，并采用公示征求社区成员意见最终执行的实施办法，值得借鉴。

另外，课题组在调查中还了解到，四川省巴中市巴州区政府设立了专门的贫困学生资助管理办公室，机构设置在教育局。其主要职责是统一管理全区需要资助的贫困学生和所有的贫困学生资助项目及各个来源渠道的资助经费，确定资助标准和对象，审批各校上报的资助学生，并对每个贫困学生建立资助档案。这种设立专门资助管理机构的办法，可以有效统筹分配资助资源，规范资助标准、途径和办法，做到统一管理，责任落实到学校，提高了贫困学生资助实施的效率（参见附录11）。

小结

通过本部分分析可得到以下结论。

1."两免一补"资助

（1）寄宿生生活费补助比例整体偏低，补助资金地方政府财政不能落实，寄宿制学校学生的生活费和住宿费是贫困家庭的较重负担。现行补助标准偏低，无法保证寄宿生特别是贫困生健康成长。

（2）尽管"两免一补"在一定程度上向贫困家庭进行了倾斜，但仍然有少部分贫困学生未能享受到"两免一补"。①

（3）免费教科书覆盖学生范围小，包含的内容少。除国家免费提供的教科书外，一些省级教材、地方教材，以及部分与上课相关的教辅材料（如语文与数学的配套练习等）都还需要学生交纳一定费用。

（4）离学校远的学生住宿比例高，需支出交通费用，住宿和交通费加重了这些家庭的经济负担；这部分家庭更贫困，学生劳动时间更长。

（5）由于部分学校还存在程度不一的收费行为，学生需支付的其他学习费用负担也没有降低，因此，"两免一补"实际对学生教育成本负担的降低幅度没有设想的大。

2."两免一补"以外的资助

各种社会性就学资助形式多，来源广，对贫困学生就学起到了重要的支持作用。但社会性就学资助主体太多，资助标准各异，缺乏稳定性。资

---

① 这种情况主要集中在2006学年课题组调查的尚未实施"两免一补"的中部地区，问题（3）中免费教科书范围小也发生在这一时期的同类地区。

助的范围窄且分布不一，数量和力度大小不均。资助有时过于集中，有时又不能及时提供。由于缺乏统一管理，也易产生重复资助或资助对象不符合要求等问题。由此造成社会资助资源分散，增加了资助管理成本，降低了资助效果。

多数地方政府没有设置专门的职能机构管理各种社会资助，缺乏统一管理。贫困地区县级政府应当建立一个专门管理机构实施管理。

3. 资助标准与需求

政府有关部门需要尽快制定相对统一、符合贫困农村地区实际、易于学校和农村基层政府操作的就学资助相关规定，以科学、合理、公正地界定贫困学生标准和就学资助标准。对贫困生标准及资助标准，以及受资助贫困学生实施动态管理。

加大政府对家庭困难学生的就学资助，包括辅导资料、免费医疗、课外读物、免费保险、住宿与生活补贴等。

第八章 完善农村义务教育阶段学生就学资助制度的思考与建议

通过前述各章的研究分析,课题组基本掌握了农村家庭经济收入及家庭教育支付能力状况,并对就学资助的基本情况、效果及存在的问题进行了分析。依据以上研究结果,同时借鉴国内外就学资助实践经验,本章将从两大方面就完善我国农村义务教育阶段学生就学资助制度提出建议。

第一节 建立农村贫困学生就学资助制度的必要性

在我国,由于经济发展的不均衡,农村贫困家庭和低收入家庭现象今后还会在较长时期内持续存在,农村贫困资助将是我国持续实施的一项国家基本政策。课题组认为,在农村义务教育领域内,经济支付能力目前仍然还是贫困农民家庭教育决策的基础。以农村不同地区经济发展差距和农民群体不同收入水平进行分析,贫困家庭和低收入家庭学生的家庭教育支出负担率要远远高于其他学生,这是造成义务教育不公平现象和义务教育资源配置不均衡问题的重要原因。这部分家庭学生与其他学生之间教育资源配置的差距和不公平,对他们接受教育的质量影响也显而易见。如果贫困学生就学的其他教育支出负担对其家庭基本生存的压力过重,就会直接影响父母对孩子就学支持的选择和态度,也会影响这部分学生的学习条件和质量。因此,从义务教育公平的基本要求出发,只要教育资源配置存在不公平现象,对贫困学生的就学资助就非常重要。因此,同农村贫困资助一样,资助义务教育阶段农村贫困学生就学,以减轻贫困农民家庭经济支出负担,保证其子女公平享有教育资源条件并顺利完成学业,应是国家重视和坚持的一项长期基本政策,并应由政策转为义务教育基本制度的一个必需组成部分,以直接影响和保障农村义务教育的普及和质量。

从20世纪末开始,国家和地方政府在相关法规和文件中就义务教育阶段贫困学生就学资助政策及实施作出了规定,农村贫困学生得到了多方面的救助,特别是"两免一补"发挥了很大的作用,农村贫困学生不再存在跨入学校的门槛问题。但是，目前的就学资助无论从力度还是从数量上看，都同中西部贫困农村义务教育事业发展和构建社会主义和谐社会的要求存在差距，还需要作出更多的努力。在2006年前，"两免一补"针对西部贫困农村和民族地区实施，受资助学生主要是农村贫困学生，主要解决他们上不起学，买不起课本，付不起寄宿生活费的问题。但2006年后，随着国家农村义务教育经费保障新机制的实施，农村义务教育阶段所有学生普遍开始接受"两免一补"，该政策已经不再是一项专门针对农村贫困学生的就学资助政策。从现有的政策和课题组的调查来看，目前农村义务教育政策缺少一个专门、系统、统一的贫困学生就学资助政策和体系。政策和制度的缺失，一方面使得到"两免一补"后还需要进一步解决学习条件困难的学生得不到相应的资助；另一方面，也使当前各种针对农村贫困家庭学生的就学资助处于管理不规范、资助无力度的状态。因此，为了应对"两免一补"后农村贫困学生就学资助面临的新的变化需要，亟待在普遍实施"两免一补"政策的基础上，创建一个专门针对农村贫困学生的新的，科学、公平和合理的教育资助保障体系，使之成为规范、稳定和持续的义务教育就学资助制度，以充分保障对农村义务教育阶段贫困学生的就学资助。

课题组认为，建立农村贫困学生就学资助制度既是贯彻实施我国教育政策法规精神和规定的要求，也是推进农村义务教育公平理念实现、促进农村义务教育质量提高的需要。

一、体现教育法规政策的精神和要求

我国政府从20世纪50年代就开始关注学校贫困学生资助问题，到近几年，为了推进农村义务教育发展，更是制定了一系列的针对贫困学生的就学资助法律规范和政策。这些法规政策是国家教育意志的表现（见本书第一章第三节），体现了国家对家庭经济贫困学生的关怀。

就学资助的法律规范和政策理念体现是国家与社会关注贫困学生就学资助的基本价值取向与定位问题，它的确立经历了一个变化的进程。从慈善义举到社会责任，再到贫困学生受教育权利保障与国家承担法律义务保障的演进，昭示了教育公平的进步与就学资助法律理念的更新。因此，贫困学生就学资助应该充分体现受教育权保障的理念。公平接受教育作为公民的一项基本权利，是现代社会被普遍接受和得到各国普遍认可的。在世界大多数国家，教育权保障已上升为一种宪法性权利。教育公平既是法律精神的基本体现，也是保障公民生存和发展权益的一项重要内容，毋庸置疑，义务教育作为一种社会公共产品，更应该坚持奉行每个学生受教育权保障的理念，以法律为保障，充分提供给贫困学生的受教育的基本条件，使得贫困学生在不管因任何原因而处于教育贫困处境时，都可以从国家得到及时的救助，以保障其不因缴纳不起费用而失学，也不因缺少基本的学习条件而不能顺利完成学业。义务教育的特征以及法律的规定当然可以使每位贫困学生在处于贫困不利的处境、无法支付受教育基本费用时接受国家就学资助的权利。而国家既然是发展义务教育的主体，当然负有在贫困学生教育陷入困境时施与资助的义务和责任。现代教育的公平理念已经为国家履行这种责任提供了充分的理论支持。因此，贫困学生就学资助应当从慈善行为回归到学生受教育权保障的基本理念上来。

课题组认为，今后，要继续认真贯彻《中华人民共和国义务教育法》有关"保障家庭经济困难的和残疾的适龄儿童、少年接受义务教育"的规定和精神。特别是要切实执行2003年《国务院关于进一步加强农村教育工作的决定》的要求："我国农村家庭经济困难的适龄少年儿童接受义务教育迫切需要得到关心和资助。要在已有助学办法的基础上，建立和健全扶持农村家庭经济困难学生接受义务教育的助学制度。""鼓励希望工程、春蕾计划等继续做好资助家庭经济困难学生就学工作。"

过去，对农村义务教育阶段贫困家庭学生实施资助的目标是帮助他们进入学校，有书可念。今天，我们必须从公民基本权利的实现和国家对农村贫困学生承担绝对义务的角度去看待这一问题，对农村贫困家庭学生实施资助的目标不仅是帮助他们进入学校，而且应当提供给他们公平的教育条件，保证他们基本素质的良好发展。2007年"两会"期间，温家宝总理指出："今年要在全国农村全部免除义务教育阶段的学杂费，使农村1.5亿中小学生家庭普遍减轻经济负担；继续对农村贫困家庭学生免费提供教科书并补助寄宿生生活费"，"让所有的孩子都能上得起学，都能上好学，我们一定能够实现这个目标"。①

资助农村贫困学生就学的教育政策法规，是建立农村义务教育贫困学生就学资助制度的基础，也是中央和各级政府设计资助制度的依据。应当尽快制定针对贫困学生就学资助的法规，建立以国家和各级政府责任为主、政府与社会共同资助农村贫困学生的就学资助保障体系。保证所有农村义务教育阶段贫困学生得到其最基本需要、长期稳定的就学资助。

---

① 《教育的春天（下集）——2007年"两会"新闻纪实》，人民网，2007年3月16日。

二、推进农村义务教育的公平发展

今天,义务教育在农村儿童和整个农村发展中的重要意义是不言而喻的。义务教育是个体发展的基础。一个没有接受过基础教育或良好基础教育的农村儿童,不可能在未来人生中有幸福的发展。因此,国家有义务通过建立义务教育制度,确保每一个儿童不因其地域、家庭、民族、性别以及健康状况等原因而受到不公正的对待。换句话说,国家应该创造条件,平等地满足不同地区、家庭、民族和性别的每一个适龄儿童的"基本学习需求"(包括学习的年限、内容、质量、经费、条件等),从而使每一个儿童能够达到国家规定的基本质量标准。为此,国家应在平等原则的基础上给不同的儿童以不同对待。具体地说,在义务教育领域中,国家要给予农村贫困家庭的儿童以额外的教育补偿或关怀。

长期以来,由于社会、经济、历史和地理等复杂原因导致了部分农村地区经济、文化和教育等社会发展的不平衡,由此还产生了一部分贫困家庭和低收入家庭。不同地区、不同收入水平农民家庭的教育负担能力存在着不小的差别。有的地方的家庭教育支付能力已经接近城市水平,而有的地方的家庭教育支付能力还比较低下,子女享有的教育资源条件差异明显。尽管"两免一补"减轻了贫困农民家庭的教育成本负担,但学习条件和水平上的差别从社会和个体发展角度讲是不平等和不公正的。这种不平等和不公正,客观上影响到了农村义务教育的总体质量和农民群体的总体素质,从而影响到农村的未来发展。

对于农村贫困家庭子女的教育公平来说,仅仅强调平等对待远远不够。实现教育公平,必须对贫困学生平等对待并进行就学方面的资助。美国当代著名的学者约翰·罗尔斯对于弱势群体进行教育补偿的依据进行了系统的分析。1971年,罗尔斯在其所著《正义论》一书中提出了两个正义原则:"第一个原则,每一个人都有平等的权利去拥有可以与别人的类似自由权并存的最广泛的基本自由权。第二个原则,对社会和经济不平等的安排应能使这种不平等不但可以合理地指望符合每一个人的利益,而且与向所有人开放的地位和职务联系在一起。"① 第一个原则被称为平等自由权原则,第二个原则被称为差别原则。

国家对农村贫困学生实施就学资助,从根本上讲,也是一个保护弱势

---

① 约翰·罗尔斯. 正义论 [M]. 谢延光译. 上海:上海译文出版社,1991:66.

群体、实现社会公平和正义的政策问题。在现阶段,从我国社会阶层经济发展不均衡及收入差异来看,农民阶层整体上还处于社会的经济收入最底层水平,实行免费的义务教育当然应首先考虑这一群体。而从处于绝对贫困人口和低收入人口数量来看,其绝大部分还是集中于农村,不能忽视他们的基本教育权益。从教育资源的配置来看,无论是弥补长期的农村教育经费欠账,还是解决分配机制的不公平问题,都应当首先关注农村义务教育。因此,推进教育公平,首先应当解决农村义务教育发展问题。按照罗尔斯的正义理论,虽然财富与收入的分配可以不平等,但必须对所有人有利,尤其是对地位不利的人有利。对于义务教育阶段贫困学生免费进入学校,以及接受教育过程中学习条件提供和获得公平教育的结果来说,不能只是强调平等对待、机会均等。因为这并不能从根本上消除他们在教育资源占有方面的不均衡,以及由此对受教育质量的不利影响。对此,罗尔斯提出的差别原则值得思考和借鉴。他认为:"为了平等地对待所有的人,提供真正的同等的机会,社会必须更多地注意那些天赋较低和处于较不利社会地位的人们。这个观念就是要按平等的方向补偿由偶然因素造成的倾斜。教育的价值不应当仅仅根据经济效率和社会福利来评价。教育的一个作用是使一个人欣赏他所处的社会的文化,介入社会的事务,从而以这种方式提供给每一个人以一种对自我价值的确信。教育的这一作用即使不比其他作用更重要,至少也是同等重要的。"① 为此,罗尔斯还提出了一个关于弱势补偿的重要原则,即对弱势群体子女在分配教育资源时,应实行对弱势群体"优先扶持",用对待强势群体和弱势群体的不平等的手段达到真正的教育平等的目的。罗尔斯观点的积极意义及对我们的启发在于,国家和社会必须在制定义务教育政策的决策与实施的过程中,优先保证对农村贫困学生接受教育给以需要的资助。

  教育公平的基本理念告诉我们,对贫困学生实施的就学资助是一种积极的补偿和救助,目的是使那些社会经济条件低下家庭的学生能够通过教育资助获得学习条件的支持,以公平参与学习过程,保证其完成基本学业。为此,必须通过教育制度和政策的设计与制定保证义务教育公平目标的实现。因为公平意义上的制度和政策是消除义务教育过程中贫困学生资源配置不公平的条件和保障,需要依靠它来帮助贫困学生享受到基本公平的教育机会和相应的学习条件。只有严格遵循教育公平的原则,设计出保

---

  ① 约翰·罗尔斯. 正义论 [M]. 谢延光译. 上海:上海译文出版社,1991:112.

证教育公平的制度，建立起教育资助的体系，才能在就学过程中实施积极的就学资助，从而保证贫困学生既能进入学校，又能享有学习过程中的公平和质量。

对农村贫困家庭学生就学的补偿和支持应是国家和各级政府的一种责任，并应当是一种制度化、规范化，持续完善和加强的任务。其目标非常明确，一方面，通过必要的制度建设，不断加大对农村义务教育发展的投入，尽可能使义务教育资源的分配更加向贫困地区、民族地区倾斜，使这些地区的中小学校学生能够享有更公平的教育资源；另一方面，建立义务教育就学资助体系和制度，专门针对贫困家庭学生实施就学资助，保障他们在接受教育的起点、过程和结果方面拥有平等的受教育权利，享有最基本的、完成学业需要的教育资源和教育条件，能够获得公平的发展与成长。

三、保障农村义务教育的质量

近年来，加快农村义务教育发展日益为全社会所关注，尤其是中西部贫困农村和民族地区的义务教育事业发展。但是，家庭经济贫困而造成学生辍学、失学现象，以及因教育资源不均衡而影响义务教育质量保障的问题，制约了上述地区义务教育目标的实现。因此，帮助贫困家庭学生获得资助，以顺利完成学业，成为农村义务教育向前发展的又一个重要目标。保障学生学习过程质量并顺利完成学业需要满足师资、资金和设施等多方面的条件，但通过资助帮助贫困学生解决教育教学过程中必要资源条件非常关键，如学习用具费用，阅读书籍和学习资料费用，上学交通费用，检查身体和免疫费用，人身伤害保险费用，等等。这些费用或物质方面的条件都是支持学生到校学习和生活必不可少的，所有这些支出如由贫困家庭全部承担，无疑是沉重的经济压力，但如果家庭不能给予支付，肯定会对学生学习过程产生影响。目前，国内部分研究观点认为，随着农村"两免一补"政策的全面实施，农村义务教育的发展目标应转向第二阶段，即由解决教育资源短缺转向提高义务教育质量。显然，这一观点是符合我国义务教育阶段性发展规律要求的。但课题组认为，在农村义务教育由保证入学转向重视提高义务教育质量过程中，解决农村贫困学生的就学资助需求不仅不能削弱，且仍然是国家和各级政府，以及社会必须重视和继续需要着力解决好的问题。进一步看，继续对农村贫困学生实施积极的就学资助，也是提高农村义务教育质量必须重视并予以解决的一个重要问题。

在现阶段，为了保证西部贫困农村和民族地区学生享受到基本公平的教育机会和相应的学习条件，国家和各级政府应制定出全国义务教育阶段学生生均经费基本标准和符合各地区学校办学条件的基本要求，保证所有儿童入学。在对全体学生实施义务教育免费政策的同时，国家有义务通过制度安排和措施实施，创造条件，努力满足贫困家庭学生的基本学习需求（包括学习用具、交通费、体检费、保险费等），给予他们额外的教育补偿和支持，从而确保每一个学生在接受教育过程中不因其家庭贫困原因而受到不公正的对待。这就需要科学合理地确定贫困家庭学生标准和就学资助标准，采取各种措施对家庭贫困学生给以多种就学资助，重点是改善他们在校期间的学习和生活条件，努力使他们与所有学生共同进步。

从长远看，我国农村义务教育的质量要求会随着整个教育事业的发展而不断提高，农村经济与社会的发展及提高农民素质的需要也会要求农村义务教育质量向更高水平发展。不断发展的农村义务教育，会要求其办学条件的相应提高，为此，对农村贫困学生的就学资助的力度、范围、标准、形式也需要相应提高和调整。只要农村经济发展差异存在，贫困家庭与低收入家庭现象没有消除，义务教育办学资源配置在地区和个人之间存在差距，那么，农村贫困学生的就学资助就有理由长期存在。建立长期、稳定、制度化的农村贫困学生就学资助体系绝不能是一个短期的任务，而应是政府和非政府组织的一个长期任务。

第二节　义务教育均衡发展与贫困学生就学资助的关联思考

推进义务教育均衡发展是落实"三个代表"重要思想和科学发展观的具体体现，是密切党和政府与人民群众血肉联系的重要纽带，是全面建设小康社会和推进社会主义和谐社会建设的基础性工作。2005年，教育部印发的《关于进一步推进义务教育均衡发展的若干意见》，要求各地以区域推进为重点，优先解决好县域内义务教育均衡发展问题，并在此基础上力争在更大范围内逐步推进。要把工作重心进一步落实到办好每一所学校和关注每一个孩子健康成长上来，把提高农村学校教育质量和改造城镇薄弱学校放在更加重要的位置，有效遏制城乡之间、地区之间和校际之间教育差距扩大的势头，逐步实现义务教育的均衡发展。

《关于进一步推进义务教育均衡发展的若干意见》提出了以下几个方面的措施：一是要求各地尽快制定本地区义务教育学校的"最低保障线"，凡是低于标准的学校都纳入限期改造计划，保证辖区内薄弱学校逐年减少，逐步使当地所有学校都达到基本要求。二是加强县级政府对区域内教师资源的统筹，通过建立区域内骨干教师巡回授课、紧缺学科教师流动教学、城镇教师到乡村学校任教服务期等项制度，加大城乡教育对口支援力度，强化对农村教师的培训。三是逐步建立规范化、科学化、制度化的义务教育教学质量监测评估体系和教学指导体系，保证所有学校按照义务教育课程方案要求开齐课程，并达到教学基本要求。四是落实各项政策，对弱势群体学生给予特别的关注。

《关于进一步推进义务教育均衡发展的若干意见》的文件精神非常明确，推进义务教育均衡发展，不仅包括区域之间、校际之间教育资源的均衡，还必须包括学生之间享有教育资源的均衡。为此，有必要将义务教育均衡发展与贫困学生资助问题结合在一起进行分析，以进一步认识实施贫困学生就学资助的重要意义。

一、义务教育均衡发展问题的提出

由于历史及国情原因，长期以来我国地区发展、城乡发展很不平衡。改革开放以后，虽然我国的经济建设突飞猛进，但在快速发展的背后，城市与农村，东部、中部与西部的发展差距却日益扩大。差距扩大不仅表现在经济发展水平、收入差距、贫富差距等方面，也直接表现在教育发展的速度和水平上。人力资本理论的研究认为，经济发展及贫富差距的根本原因是教育的差距，其中基础教育发展程度直接关系着国民的基本素质，是影响经济发展的最基础因素。因此，普及和加快基础教育发展应当是国家发展经济的支柱，是我国教育发展的重中之重。但近年来我国教育理论界的大量研究表明，我国的基础教育，特别是农村义务教育持续呈现出严重的非均衡发展态势。造成这种状况虽有自然和历史的原因，但更直接的原因是多年来国家对贫困地区农村义务教育投入和支持不足。义务教育非均衡发展的态势必然造成教育资源的不均衡配置和教育发展不公平现象，并且这种教育的严重不均衡和不公平产生的"马太效应"又会逐渐拉大不同地区间经济社会发展的不和谐，进而扩大学校之间办学水平的差距和学生之间受教育条件的差距。

教育均衡的本质是实现教育公平。《中华人民共和国教育法》明确规定："中华人民共和国公民……依法享有平等的受教育机会。"从法律规定理解，实现平等的受教育机会，最基本的要求是义务教育均衡发展。这里既指义务教育规模和数量方面的整体均衡，也指区域之间、校际之间教育设施、教育教学质量的基本均衡，同时也指不同家庭背景下学生之间享有教育资源和学习条件的基本均衡。由于受长期以来义务教育非均衡发展态势的影响，我国义务教育阶段学生"依法享有平等的受教育机会"的基本权利差异极大。从全国范围看，义务教育发展不均衡现象既严重存在于地区之间、城乡之间，而且也令人担忧地存在于学校之间及学生群体之间。不均衡现象不仅造成地区之间、学校之间办学资源和水平的巨大差别，也直接影响到义务教育阶段学生群体之间受教育的条件和质量。

"义务教育均衡发展"，缩小差距，应当是国家教育资源合理、公平配置的一个基本理念和战略选择。它对于加快西部教育事业发展和改革，全面提高义务教育质量，满足西部地区贫困学生就学基本学习需求，促进教育公平乃至社会公平在义务教育领域内的充分实现，都具有十分重要的意义。因此，从教育理论研究和实践发展的需要分析，采取积极对策，推动义务教育走向均衡发展，应当是当前教育理论与实践发展研究的重大课题。当前，关于教育均衡发展已成为学术界关注的热点，研究者从不同角度和背景对义务教育均衡发展问题作出理解和分析，对义务教育均衡理论构建和推进义务教育均衡发展产生了重要作用。但是我们也看到，由于义务教育均衡发展是一个内涵比较丰富的概念，促进义务教育均衡发展自然也是一个比较复杂的教育和社会系统工程，既涉及义务教育内部的各个环节、要素和过程，也涉及影响义务教育发展的各种外部环境与条件。因此，对义务教育均衡发展内涵的界定，研究者的着眼点不同，各自的看法也不一致，对义务教育均衡发展的价值及其对推进义务教育公平目标、责任主体的认识在观点上也不一致，特别是关于西部贫困地区推进义务教育均衡发展的途径、目标等政策措施方面，还存在认识上的分歧。因此，促进基础教育均衡发展的实现过程仍然是值得深入探讨的重要课题，进一步从理论上对义务教育均衡发展的多方面问题深入研究，以形成对贫困地区义务教育均衡发展及如何推进的正确思路和认识，就显得十分必要。

二、义务教育均衡发展含义的思考

影响教育结构各种因素合理构成和教育过程协调有序的状态和理想是教育的均衡发展，但是在具体教育情景中理解上会出现一些误区。比如义务教育均衡发展就是追求绝对公平；教育均衡发展就是实行各地区、各学校平均分配教育资源；教育均衡发展就是要保持相同的发展水平；均衡发展仅仅是追求平等，而忽视效率，等等。为此，应当从理论上澄清教育均衡发展的深刻内涵。

在哲学社会科学研究中，"均衡"是对事物发展状态的一种描述，它主要是影响事物发展的诸要素之间的一种稳定、协调、有序的关系,"均衡发展"也是一种发展状态,即事物总是以一种稳定、协调、有序的状态在发展。这种发展一般表现为两种形式:一是要求事物在空间上的均衡发展,二是要求事物在时间上的均衡发展。哲学社会科学观点的均衡发展内涵为我们正确理解教育均衡发展提供了方法和理论基础。教育均衡应指教育系统的各部分、各要素之间建立稳定、协调、有序的关系,教育系统的这种均衡发展相应的也表现为两个层次。从空间结构上理解,教育均衡发展主要是指我国区域之间、城乡之间、同一地区校际之间的发展均衡;从受教育时间结构上理解,教育均衡发展主要是指不同背景条件下学生在接受教育的起点、过程和结果方面拥有的平等受教育权利,可以得到基本均等的、完成学业基本需要的教育资源和教育条件,并能够获得基本的发展与成长。因此,义务教育均衡发展不仅是一种有待建立的稳定、协调、有序发展的状态,也是为了体现教育公平、实现教育权利平等而需要努力达到的目标。

在西方经济发展模式研究中,许多经济学家在对凯恩斯理论批判和吸收的基础上,系统阐述了非均衡理论,强调经济非均衡发展的意义。他们的研究从不同方面提出,经济的非均衡发展对于消除国家经济贫困,促进整体经济发展有着积极的意义。但是,研究也认为,非均衡发展也会产生经济社会的"马太效应"。同样,教育的非均衡发展从客观角度讲是教育发展的常态,但教育的均衡发展更应是教育发展当前及永恒的价值追求。长期以来,义务教育发展的不均衡和不公正,已经直接影响到国家基础教育的总体质量和国民的总体素质,影响到国家的未来发展和我国竞争力的增强。因此,一切旨在遏制或降低这种不平衡和不公正的努力在理论研究和教育实践方面上都是值得鼓励和肯定的,在社会公共政策和制度建设方面也是可取的。今天,国内学者关注义务教育均衡发展的研究,并积极地探索新世纪我国义务教育的均衡发展模式,其原因在于,推进义务教育均衡发展已成为实现教育公平的追求目标,更是提升国民素质的根本需要。

教育均衡、教育公平和教育效率这三个概念并不是一个范畴的概念,只是属于相关概念。教育公平指受教育者在教育活动中地位平等和公平地占有教育资源,是社会公平价值在教育领域的延伸和体现,也是教育的一种基本价值观念与准则。教育公平与一定的教育制度相联,是教育制度规定的受教育者具体的教育基本权利和义务。义务教育均衡发展主要强调的是区域、校际以及学生群体之间的协调、有序的状态,在这个过程中必然强调义务教育的公平性,并且教育均衡是保证教育公平的基石,均衡发展的教育一定是公平的教育。因此教育均衡发展就是为消除教育不公平而提出的一种教育发展的理想态势。在当代社会,教育公平已是世界各国发展义务教育目标的重要标志,从本质上看,义务教育要求自身的发展从内涵到形式都应该是均衡的、公平的,因此教育公平和教育均衡发展二者具有一致性。教育效率是一个经济学概念,指的是教育产出与教育投入之间的关系,市场经济的取向在于讲究效率。同样,现代教育也需要追求效率,特别是在教育资源供给不足的情况下,更要提高资源的利用效率。在一定时期,教育发展的结构、规模、速度调整需要对教育的某个领域在资源上予以倾斜,但不能因为基础教育投入产出的见效周期长,就认为基础教育效率低或无效率,将其长期置于不均衡发展状态之下。实际上,当今世界各国都普遍认为,基础教育是最有价值、最能产生持续效益的教育事业。进一步理解,教育公平也不是不要效率,实现教育均衡主要是要达到影响教育的因素和过程的协调有序的状态,不论从国家的整体教育投资还是从公平的角度讲,都要求义务教育发展过程中宏观、中观及微观的教育投入与教育产出的比例协调,而比例协调也是实现教育公平的目标。总之,教育效率虽然是教育均衡发展的一个基本要求,但是在教育资源短缺、配置严重不合理的状态下,追求教育均衡发展更是调节教育公平与教育效率关系的最好模式,而推进义务教育均衡发展是我国实现教育公平的理想途径,是实现教育公平的基石。因此,在义务教育发展过程中,当效率与均衡发生冲突时,效率应让位于均衡的需要。

三、义务教育均衡发展目标的现实思考

实现教育公平的现实合理性之间的矛盾,是义务教育均衡发展的基本矛盾。不可否认,从某种意义上来说,义务教育发展的差异性不可能永远消除,不均衡发展是绝对的,实现义务教育的完全均衡发展可能只是一个永恒的理想和永恒的追求。经济与社会发展的不均衡规律及其对现状认识的差异所导致的教育发展水平差距也许是一个常态,教育的发展可能会长期处于"不均衡—均衡—不均衡—均衡"的反复过程中,均衡只能是在动态的过程中使义务教育呈现一种相对的发展状态。但是,承认这种差距并不意味着我们在缩小义务教育差距方面就无所作为。在各国教育都在追求民主、权利和公平的今天,促进义务教育均衡发展,缩小学校差距已是世界教育发展的首选目标,也应当是我国教育发展的首选目标。

为此,在最大范围内缩小差距,尽可能地消除我国义务教育不公平现象,以教育均衡发展来保证所有义务教育阶段受教育者的权利公平应是我

国教育发展的价值取向和目标追求。虽然"教育公平的政策目标的价值序列可以是有所不同的,任何教育公平的政策选择也都是有限的,都是根据一定社会经济发展的时代特点所做出的抉择。但是,教育公平的追求是无限的"①。从理论上讲,教育均衡发展既是一种教育发展的终极理想追求,又是一个不断去达成的阶段性目标。在目前以至今后一段时间,义务教育均衡发展在目标取向上,不同区域和学生的发展,可以根据具体情况有不同的均衡发展目标选择。如经济发展水平较高地区的义务教育均衡发展目标是提供更优质的教育,经济发展水平中等地区的义务教育均衡发展目标是努力消除校际差异,经济发展水平滞后的贫困农村义务教育均衡发展目标是保证每个学生都能进入学校,并能够得到最基本的学习条件。因此,教育的均衡发展应该是有层次并且分目标去实现的,而不是平均的发展。

义务教育的均衡发展应该根据国家经济水平的可能及教育的现实发展水平而分为由低到高的四个层次和目标:为更多的人提供更多的受教育机会;为受教育者提供相对公平的教育资源;为尽可能多的在校学生提供尽可能多的好的教育条件;为全体学生提供公平优质的教育质量。在这里,这四个目标是义务教育均衡发展的一个阶段性的过程,更是一个逐步由低层次目标向高层次目标努力实现的过程。在我国,政治、经济和文化发展极不均衡,自然条件的优劣大不相同,又是一个多民族国家,强调全国城乡之间、地区之间义务教育的发展达到同一水平,所有学校的办学条件、师资水平一个样,甚至所有学生享有的教育资源和条件也一个样,这肯定是不现实,也是不科学的。但是,在经济发展相对滞后的西部农村地区,至少在低层次目标上,国家和各级政府有责任保证让那些上不起学的孩子能够进入学校,让那些进入学校的贫困学生享有相对公平的学习资源,并能够顺利完成学业。

关于教育均衡发展意义和含义的分析表明,义务教育均衡发展的理想是追求教育的公平,使不同地区、学校、家庭的受教育者能够最大程度地实现最基本的受教育权利,而实现这一基本目标的途径是保证有限的教育资源相对公平地予以配置。进一步讲,不论是作为一种教育的理想还是作为一种阶段性的奋斗目标,教育公平就是要坚持教育均衡发展,坚持以人为本,以学生为本,从根本上为所有受教育者提供获得公平受教育的条件。正如有学者指出,让每一个区域的教育都成为有质量保证的教育,让

---

① 谢维和. 教育公平与教育差别 [J]. 人民教育,2006,(6).

每一所学校都变成受教育者的乐园,让每一个学生都能够在为其提供最基本教育条件的学校取得其最好的成绩,这应是现阶段我国义务教育均衡发展的首要目标。

四、义务教育资源配置不均衡现象突出

近年来,我国教育理论界对于教育均衡发展和教育公平问题的理论探讨,为全社会正确认识这一问题的重要性,以及为政府决策转变提供了有力的依据和指导。正是基于认识的转变和提高,党和国家在加快农村义务教育发展,加大农村及西部教育投入方面制定和实施了一系列的重大措施,也使农村义务教育事业发展有了今天的巨大成就。2003年开始,我国西部农村首先推行"两免一补"政策,到2007年,"两免一补"在全国农村开始实行,这意味着从1986年开始实施的九年义务教育开始真正走向免费,它对保证农村义务教育普及目标完全实现和提高义务教育质量具有根本性作用。但是,长期以来形成的农村义务教育发展不均衡,以及由此导致的发展不公平现象并不可能随之立即消除。学生入学难问题基本解决后,教育资源不均衡配置和义务教育办学差距、贫困家庭学生与非贫困家庭学生之间学习资源不公平,已经上升为制约农村义务教育整体质量提高的最突出问题。

例如,从国家统计局发布的数据中看到,2006年,我国民族扶贫重点县人均收入1 831元,人均生活消费支出中,食品支出构成为848.9元,即恩格尔系数为52.6%,而文化教育支出仅为92.5元,占全部生活消费支出的5.7%。当年,民族扶贫重点县平均每个学生教育费用支出1 115.8元,其中学杂费和书本费为518.8元。数据显示,贫困地区家庭的教育负担非常沉重,如免学杂费、免课本费后学生平均还需支出597元,那么,2006年民族扶贫重点县人均收入1 831元,按三口人家计算,就会占到农牧民家庭全部纯收入的10.86%,无疑,这个负担就一般农牧民家庭来说也是比较沉重的。①

教育均衡化的本质是追求教育公平,义务教育公平应当体现在两个方面:一是受教育机会公平,二是教育资源均衡配置。就二者关系讲,资源均衡配置是受教育机会公平的基础。也就是说,义务教育公平不仅是学生入学机会平等,更重要的是学生在学校要能够享有完成学业的基本学习条

---

① 国家统计局农村社会经济调查司. 中国农村贫困监测报告2007 [R]. 北京:中国统计出版社,2008.

件。虽然从2006年开始，我国农村开始实行"两免一补"的学生就学资助政策，但这只是免收学杂费、课本费，补助寄宿生生活费，而非学生在学校学习的所有费用，对贫困学生而言，"两免一补"之外的教育所需费用在其家庭支出负担中压力也十分沉重；并且，"两免一补"已经成为全体义务教育阶段学生共享的一项国家免费政策，带有很强的平均主义特点，未能显示出农村学生的差异。对处于西部贫困农村贫困家庭和低收入家庭学生而言，其家庭教育支出负担率要远远高于其他学生，这势必会产生学生群体之间新的教育资源配置不均衡问题，这部分家庭学生与其他学生之间教育资源配置差距的不断扩大，对其接受教育的质量影响也显而易见。因此，从义务教育公平的基本要求出发，只要教育资源配置存在不公平现象，对贫困学生的就学资助就显得至关重要。

五、强化国家推进义务教育均衡发展的责任

以上情况反映，义务教育阶段贫困学生接受教育资源条件不公平现象仍然十分突出，全社会都应充分认识给予和保障贫困学生公平受教育权利的重要性和迫切性。事实上，随着对消除贫困落后的不断努力和对进入小康生活的想往追求，广大农民对保证孩子入学的认识已经发生根本改变，他们更期望孩子能够公平地接受如其他儿童一样的良好教育。因此，从提高义务教育的质量水平和提供给农民孩子良好教育的需要出发，国家都有义务和责任更努力地促进贫困地区义务教育向均衡目标发展。由此，通过教育资助来降低学习过程中的费用负担，仍是义务教育资源均衡配置亟待解决的问题。国家应由过去的非均衡发展教育策略转移到均衡发展策略上来，基础教育办学的主体是国家和各级政府，要切实承担起基础教育均衡发展的责任，应从政策上、制度上采取措施，努力促进教育公平。

义务教育均衡发展的理想就是追求教育的公平，实现人的全面发展目标，让每一个区域、每一所学校、每一个学生都能够在体现教育公平的学校里取得优异的成绩。而社会主义的本质要求就是消灭贫穷、消除两极分化、实现共同富裕。发展义务教育正是社会主义本质要求的体现，坚持以人为本，实现教育公平，促进义务教育均衡发展，才能消除义务教育的区域、校际、群体差距。因此，发展西部教育事业就必须实现义务教育的均衡发展。我们党提出的"科学发展观"理论为义务教育均衡发展提供了战略目标和策略选择，是义务教育均衡发展的指导思想。科学发展要求实现五个"统筹"，即"统筹城乡发展、统筹区域发展、统筹经济社会发展、统筹人与自然和谐发展、统筹国内发展和对外开放"。科学发展观强调经

济社会全面、均衡、协调发展和可持续发展，它也是义务教育发展的本质要求。

义务教育均衡发展的价值取向是其性质决定的。义务教育作为一种强迫和免费教育，从根本上来讲，就是机会均等、资源均衡的教育。从责任来讲，国家有义务设置办学条件相对均衡的学校，在硬件投入、校舍、设施、办学经费等方面，实现投入的相对均衡，并在此基础上实现办学条件的标准化、均衡化，在区域之间、校际之间，基本实现学生之间义务教育权利的平等，实现学生受教育权利起点的公平、受教育过程的公平。因此，义务教育资源配置的最优效率只能是均衡配置，因为只有这样，才能保证在投入一定的前提下，让全体学生尽可能得到公平的学习条件，否则，就不可避免一个人多得而导致另一个人少得的结果。也只有这样，才能体现义务教育的根本属性。这种配置至少应该体现三个原则：一是标准性，即配置的标准与社会经济发展、生活水平相适应，以满足教育教学基本需求为目的。二是普适性，义务教育资源配置是为全体学生的全面素质发展提供条件，而非倾斜少部分人或个别人的爱好，因此它是非贵族化、非精英化、非个别化的。三是公益性，教育是最大的公共资源，资源配置作为政府行为，不能厚此薄彼，人为拉大差距，而是要统筹兼顾，整体提高。

社会公共产品理论的研究观点认为，义务教育应当是由国家予以投入保障的一种社会公共产品。义务教育要成为完全意义上的公共产品，必须要满足两个前提条件：一是国家及各级政府要承担义务教育的投入责任，保证满足不同家庭背景下的所有适龄儿童能够进入学校，并提供学生在校学习的基本学习条件，如不收学杂费，免课本费，补助寄宿生生活费，提供必要的学习用具和上学的交通费，免除学校的各种收费；二是国家及各级政府应提供充裕的义务教育资源，并保证基本均衡，如教师、教学设备、图书资料、活动场地等方面资源配置的基本均衡。但从目前贫困地区现状分析，由于历史、地域、经济和文化等方面原因的制约，西部地区还不能依靠自己力量解决以上所有义务教育的投入保障问题。从国家作为义务教育的法律责任主体来讲，发挥国家均衡义务教育资源配置的宏观调控作用，支持贫困农村义务教育加快发展就显得十分必要。

从根本上讲，教育均衡化的实质就是资源配置的均衡化，而做到义务教育资源配置均衡，对于国家来说，最根本、最直接、最有效的手段就是努力缩小资源配置的差距。国家要实现这一责任，就应从制度和政策上持续地扩大对义务教育资源不足地区的经费投入。为此，必须通过教育制度和政策的设计与制定落实义务教育资源均衡目标的实现。因为公平意义上的制度和政策是保证降低和消除教育资源配置不公平的条件和保障，需要依靠它来缩小区域、校际之间的差距，特别是帮助贫困地区学生享受基本公平的教育机会和相应的学习条件。只有严格遵循教育公平的原则，设计出保证教育公平的制度，建立起教育资助的体系，才能在就学过程中实施积极的就学资助，从而保证贫困学生既能进入学校，又能保证学生享有学习过程中的公平和质量。

进入21世纪以来，为了加快农村教育，特别是西部农村义务教育的发展，党和国家制定了一系列重大决策和措施，为义务教育均衡发展提供了保障，也使贫困地区农民群众真正感受到了义务教育均衡发展所带来的变化。我国农村义务教育在进入21世纪的最初几年的巨大变化，其根本原因是国家采取的积极措施对缩小教育差距、促进教育均衡发展起了根本性的支持作用。因此，只要国家及各级政府真正发挥起义务教育发展的主体责任，义务教育的均衡发展目标一定能够加快实现。

第三节 推进"两免一补"成为持续、稳定的学生就学资助制度

教育经费的保障是发展我国农村义务教育事业的关键，义务教育事业作为一种社会公共产品，国家必须予以足额的经费投入。农村义务教育经费保障新机制的建立，表明农村义务教育全面纳入公共财政保障范围，我国义务教育开始走向免费。"两免一补"成为农村义务教育阶段资助范围最广、力度最大的就学资助形式，保证了所有农村适龄儿童能够进入学校接受义务教育。本课题的研究结果也表明，"两免一补"已成为建立农村义务教育阶段贫困学生就学资助制度的重要基础。但是，由于国家还未就农村贫困学生就学资助建立专门法规，虽然近几年国家各种专项投入不断加大，还是难免使人对其的长期稳定产生不能保证的印象。为此，课题组建议国家继续实施和完善"两免一补"资助政策，进一步扩大资助范围和加大资助力度，制定专门法规，使"两免一补"成为持续、稳定的农村义务教育免费制度。

一、建立持续、稳定的"两免一补"资助制度

据国家有关部门统计数据表明，实施"新机制"后，到2007年，全国近1.5亿名农村中小学生免交了学杂费，3 800万名家庭经济困难学生得

到了免费教科书,780万名家庭经济困难的寄宿生得到了生活费补助,切实减轻了农民负担;农村中小学经费保障水平有了较明显的提高,40多万所农村中小学运转正常。①

课题组对2006年四川和甘肃样本学校的调查也证明,实施"新机制"后,学校公用经费零支付的状况完全改变(见本书第四章第二节),教育教学的基本运行有了保证。

以上情况表明,"两免一补"已经成为义务教育阶段学生就学以及学校经费运行的有效保证。为此,课题组认为,依据《义务教育法》义务教育实行免费的规定,国务院应以法规方式,将"两免一补"资助政策转变为持续、稳定的免费就学制度,成为我国农村义务教育发展的一个永久保障机制。

二、提高农村义务教育阶段学生就学必需费用②资助标准

从追求教育公平理念的当代社会发展趋势,以及义务教育普及性、强迫性、免费性特征的要求出发,当今世界多数国家无不在自己的教育制度政策方面体现出对义务教育阶段学生就学给以补偿性的特点,即国家制定的教育制度政策尽可能地对学生给以各种形式、不同标准的就学资助,以保证他们顺利完成义务教育阶段学业,成长为合格的社会公民。为此,确定合理的义务教育免费就学标准,并随着义务教育发展水平的提高,以及学生学习需求的增加,逐步提高免费水平,不断扩大免费内容等,是政府的责任,应当成为国家不断努力的方向。

课题组的研究发现,现有"两免一补"资助标准低。其中,现行学杂费补助标准不足以保障学校改善办学条件,促进学校发展。同时,免收教科书费和寄宿生生活补助费资助范围窄、资助标准低,不能满足学生提高学习质量和基本学习与生活条件的要求(样本学生的教育负担率见本书第五章第二节)。为此,课题组建议,扩大农村义务教育阶段学生资助范围,提高就学必需费用资助标准,并根据不同时期教育实际需求和物价水平适时调整资助标准。

(一)免学杂费

虽然国家已经在农村初中、小学实行学杂费全免,但课题组研究发

---

① 该数据来自教育部网站2007年统计数据。
② 第四章个人教育成本分类中的可控性弱的那一部分必需费用。

现，目前农村学校公用经费仍然不足，办学条件落后，仅能维持教育教学在最低水平上运行。

建议国家尽快制订中小学生均公用经费基准定额标准，满足学校对运行经费的基本运行需求，解决农村中小学学校公用经费不足的困难。

(二) 免费教科书

教科书是学生学习的主要工具，课题组的调查显示，这笔费用是构成学生就学必需成本的主要部分，实行免费可以在很大程度上减轻农民家庭经济负担，保证他们送子女到学校就学（目前国家对所有农村学生教科书费已经全免）。

但是，调查显示，2005年免费教科书主要是在国家课程教科书范围实行，而部分地方课程教科书费还需学生缴纳，学生学习过程中必需的作业本和辅导资料费用也是农民家庭教育支出的较大负担。学习辅导资料（主要包括寒暑假作业册、与课堂练习及复习巩固关系密切的课后练习配套资料）几乎每所学校基本都要求学生购买，这笔费用都需要家庭负担，尽管国家不允许学校代购，但实际上一直是屡禁不止。因此，由教育主管部门规定数量，国家统一免费提供，可以较好地解决此方面问题（见本书第七章）。

课题组提出以下建议：

由地方教育行政部门组织、审查学生学习必需使用的辅导材料，按照需要确定作业本需求量，将必需的辅导材料和各科作业本纳入免费教科书范围。按实际确定扩大后的教科书、辅导材料和作业本费用标准，对三项费用实行全免。辅导材料使用的较好形式是，在教育行政部门管理和审定下，教科书出版部门编制和发行与教科书配套的辅导材料，统一配发，既可以限制辅导材料的滥发，也可以限制内容和数量，减轻学生学习负担。

在免除国家课程教科书费的同时，将地方课程教科书费也列入农村学生就学资助范围，从而在更大范围和力度上保证学生学习质量，减轻家庭教育负担。

国家课程教科书的费用由中央财政负担，地方课程教科书、作业本和辅导资料的费用由地方财政分级负担，不同地区各级分担比例视地方财政状况决定。

根据义务教育阶段学校课程改革的实际变化和需要，适时提高国家教科书及地方课程教科书、作业本和辅导资料的资助标准。

(三) 寄宿生生活补助

目前，寄宿制学校学生的"一补"费用标准实行国家统一规定，课题组认为，这种资助方式表面看可以实现公正和公平，但实际执行中也存在许多问题。新的生活费补助不能维持寄宿生在学校生活的最基本花费（2005—2006学年中小学国家补助标准规定为1元），很难保障儿童在校正常生活，更谈不上保证儿童营养需要和身体健康。课题组在调查中还发现，寄宿学生年龄和性别不同，地区之间消费水平也存在差异，学生家庭离学校距离不同，以及部分学生自己从家庭带米面等，因此平均每天发生的食宿花费也不相同，而带给学生家庭的负担也不相同。

据不完全统计，中西部地区农村义务教育阶段寄宿生已经接近2 800万人。由于财力困难等原因，一些地区补助范围偏窄，补助标准偏低，资金落实存在一定困难。2006年补助寄宿生生活费仅覆盖780万名农村中小学生（含县镇），仅覆盖中西部地区农村中小学在校生数的5.5%。[1] 课题组调查也显示，由寄宿发生的生活费用加重了农民家庭的经济负担。如本书第六章数据所显示，在2005—2006学年，寄宿生平均每天最低生活费支出，小学生为2.6元，初中生为3.8元。以2006年秋季学期为例，每学期寄宿生生活费用所占家庭儿童教育支出的比例是：小学生36.6%，初中生36.7%。

寄宿生补助资金不到位问题也非常突出，课题组调查了解到，在2006秋季学期，实际得到"一补"资助的学生只有43人，其比例仅占寄宿生总数的11.8%。2005—2006年，由于地方财政困难，课题组调查的甘肃省所有初中学校的寄宿生都未得到过生活费补助。

课题组提出以下建议：

(1) 考虑到学生在校生活的伙食费、住宿费占学生家庭教育支付费用的比例很高，对家庭经济负担的压力最大（见本书第五章第一节、第七章第一节），建议不同地区分别制订本地区寄宿生每天在校食宿花费标准，然后再根据实际发生的费用对寄宿生实施资助。

(2) 贫困县财力不足，无法独立承担寄宿生生活补助费，建议参照"杂费"资助分担方式，中西部地区各省"寄宿生生活补助费"由中央和地方共同承担，贫困县主要由中央和省级政府承担，以保证所有寄宿生生活补助费按时、足额发放。

---

[1] 该数据来自教育部网站2007年统计数据。

(3) 按目前国家新规定的寄宿生生活费资助标准，小学 2 元，初中生 3 元的水平来看，寄宿生的生活补助标准还应逐步提高，使寄宿费用占家庭儿童教育支出的负担率降低到较低的比例。其次，资助生活费的范围也应逐步扩大，使更多寄宿生得到资助。

(4) 在具体制定资助标准时，要考虑到地区的货币购买力差异和一定时期物价水平的差异。

第四节 建立农村义务教育阶段贫困学生就学资助制度

实施对农村贫困学生的就学资助，需要构建一个完善的制度体系。它应当包括法规体系，资助经费的分担和来源，资助的组织运行机制和管理等内容。

在建议完善义务教育阶段学生"两免一补"政策的同时，课题组依据研究目标，从目前农村贫困群体客观现状出发，根据调查和分析结论，就构建针对农村义务教育阶段贫困学生就学资助制度提出了相关建议。

课题组的调研结论认为，我国今后一段时期还会有相当数量的农民贫困家庭的存在，他们的经济收入水平很低，教育支付能力很弱，其子女在就学过程中家庭所能提供的就学资源非常匮乏，学习文具短缺，交通费、生活费支付能力低是最为普遍的问题，直接影响到他们完成义务教育的质量。因此，对这一特殊群体实施"两免一补"之外的就学资助是非常必要的，建议国家在农村建立专门资助教育支付能力不足家庭的"贫困农民家庭学生就学资助制度"，构建一个支持农村义务教育贫困学生资助的"长效的机制"。

课题组在本部分研究中，充分考虑了样本地区学校实施贫困学生就学资助的方式和经验，借鉴了中英甘肃基础教育项目等国际教育项目的资助农村贫困学生的方法，同时也参考了国际经验，就"农村贫困学生就学资助制度"构建提出建议，主要包括以下方面：确定贫困学生资助对象；确定贫困学生接受资助的标准；贫困学生就学资助形式，以及资助的相关制度建设等问题。

一、资助的法规体系

对于处于不利地位的农村贫困家庭及其子女，其弱势群体的特征是非常明显的，由于其改变自身弱势地位的能力十分有限，因而必须通过强有力的法律制度来保证他们的权益。为此，需要由国家来设计和制定保护农村贫困学生接受教育的制度，不仅需要通过法规来确保制度的合法性，更需要制定一个具体的、可操作的法律执行机制，确保贫困学生就学资助的实施。

我国《义务教育法》对义务教育阶段贫困学生就学资助作了专门规定，这是建立农村就学资助制度的法律依据。但是，从目前农村贫困学生资助实施情况看，除去"两免一补"按照国家政策严格规范地实施外，国家还应当针对"两免一补"政策实施后的农村贫困学生新的特征变化，制订一个专门贯彻新《义务教育法》精神，具体针对农村贫困学生就学资助的实施细则，否则，就难以建立起一个统一规范的农村贫困学生资助的制度体系。2003年，国务院办公厅转发了教育部等部门《关于开展经常性助学活动意见的通知》（参见附录6），提出了实施贫困学生资助的指导性意见，特别强调了对农村贫困学生的资助问题。文件对建立农村贫困学生就学资助制度具有重要的指导意义。但据了解，目前各地政府还未建立起相应的资助制度或实施资助的具体办法。并且，该通知发布于2003年，主要涉及的资助项目是学杂费、课本费等，部分内容已经不适应"两免一补"后农村贫困学生新的资助需求。通知对各级政府的责任规定也缺乏操作性，特别是对资助资金的分担责任、管理及实施办法等也未作出规定。为此，当前亟须制定国家和地方法规及实施细则，建立从国家到地方统一的农村贫困学生就学资助制度体系，明确规定国家和各级政府的责任。特别是对资助资金分担、资助对象、资助标准、资助形式和途径等问题作出明确规定。还应就资助的组织运行体系、管理制度、资金监督、效益评价等作出规定。

二、资助的原则

一是必须以农村贫困家庭学生为资助对象，建立与义务教育法精神相配套的农村贫困学生就学资助制度，构建资助体系。

二是公平合理确定资助对象和资助标准，科学选择资助途径和形式。实行资助标准公开，受资助对象公开，接受社会监督。

三是资助标准要尽力满足贫困学生学习必需条件。不同贫困程度家庭，资助标准和程度应有所区别。保证每一位农村贫困学生在校学习期间享有公平的学习资源和条件。

四是资助形式多样化。学习条件资助与生活条件资助相结合，针对学生在校期间不同的学习条件和生活需要，采用不同的资助形式。

五是受资助农村贫困学生必须是在校学生,保证完成义务教育阶段学业。

三、贫困学生资助对象

这里所要确定的贫困学生资助对象,除了处于农村贫困线和低收入线以下的农民家庭外,还包括农村那些由于各种原因在受教育过程之中家庭教育支付能力低,而贫困状况不易直接确定的学生,需要考察和确定其接受就学资助的需求和高低程度问题。

目前我国农村贫困线标准偏低,涵盖面窄,这一判断应该说是客观和准确的。而现行的"两免一补"政策又是一个面向农村全体义务教育阶段学生的资助政策,资助内容呈现出较为单一的特点。这一政策未能体现贫困家庭学生和非贫困家庭学生的差异,没能专门考虑和设计针对农村贫困家庭学生教育资助的保障和支持,例如,孤儿、单亲离异经济困难家庭儿童、父母残疾丧失劳动能力家庭儿童、多子女家庭经济困难儿童、民族地区少数民族家庭儿童、贫困地区女童、身体残疾儿童等。如果贫困学生就学资助不能科学合理地准确界定贫困学生对象,以及他们对就学资助的实际需要,就会导致就学资助操作过程中许多实际问题难以解决。

贫困学生资助对象的界定可以直接反映出国家对保障贫困学生受教育公平和权力干预的强度大小,即贫困学生资助对象确定得越合理,资助的标准越高,则国家干预的强度越大(当然资助标准也不能脱离经济允许的程度和教育发展的实际),教育的公平程度也就越高。因此贫困学生资助对象的科学合理确定对贫困学生就学资助制度的设计和持续良性运作具有十分重要的意义。

课题组调查了解到,样本地区教育行政部门和学校在实施义务教育阶段学生就学资助过程中,都对资助对象标准的确定有所规定(见图37及本部分对资助对象的分析),以便于进行有效的资助。课题组根据对调查地区和学校实施的学生就学资助的实际情况及效果的分析,认为这种确定就学资助对象的分类方式简便、合理,也是可行、可操作的。建议在建立农村贫困学生就学资助制度过程中,可以对其参考和完善,以此确定资助对象的标准。

为了确定哪些群体应当成为资助的受益者,课题组对样本学校确定资助对象的合理性进行了评价,并综合课题研究结论,提出了课题组确定贫困生资助对象的建议。

(一)资助对象确定标准的评价

实施学生就学资助的一个很重要问题是,如何保证将有限的资源发放给最需要帮助的学生,因此选择受助对象的标准就成为资助实施的一项不可缺少的重要工作。

对于救助对象的确定,我们所应依据的必须是非常客观的标准,而不应该是一个主观随意的评价,更不应是一种价值判断。事实上,没有一个学生愿意因贫困而放弃学业或不要求学习的进步。当然,如因为学业成绩长期不良,或因教育不当失去学习兴趣等原因而放弃学习目标的学生则另当别论。对于贫困学生标准的判断,资助主体或是具体实施资助的学校,都不能给所制定的资助标准带上自己的主观判断色彩。就学资助作为一种社会物质财富再分配的救济制度,所体现的是社会的公平和正义,因而,它的对象的确定应该具有一个社会公众(农村社区的成员)和受资助者(贫困群体)可以接受的相对合理、明确的客观标准。这种客观的资助对象标准既可以为一种可量化的标准,如农村绝对贫困线和低收入线;也可以是一种社会和公众都认可的客观标准,如孤儿、天灾人祸造成的贫困家庭学生、父母丧失劳动能力的贫困家庭学生、残疾学生等。总之,只有依据一定的客观标准,才会让人们接受和认同,惟其如此,贫困学生就学资助制度才会成为一个稳定、长期的制度,也才能实现就学资助制度设计的初衷和绩效。如果资助对象不是因贫困而被纳入资助范围,而只是因制度设计者的主观判断被选择,那这种资助制度就不具有公信力和说服力。如调查发现,一些样本学校将学习成绩优秀的学生也纳入到资助的范围,这无疑就使贫困学生就学资助失去了它的社会意义和设计初衷。

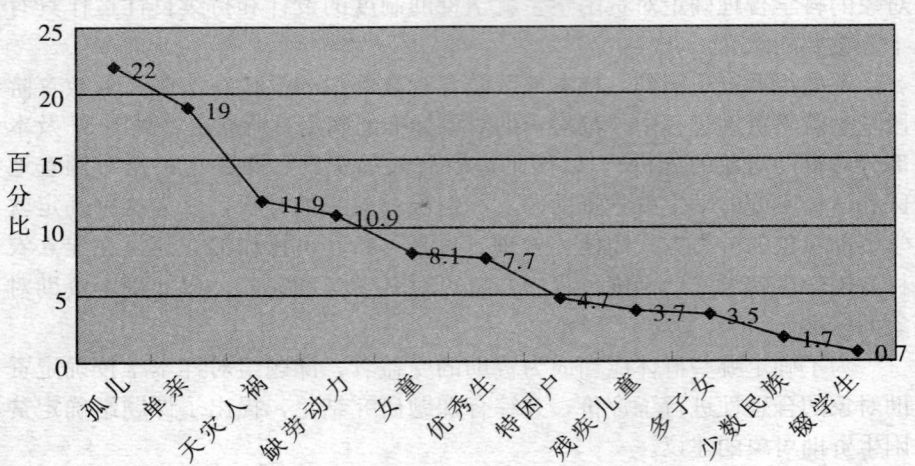

图37 确定资助对象的综合依据

注:其中有6.1%的选项选择其他,这里不做统计。

课题组了解到,样本学校确定的资助对象主要包括了图 37 中各个选项。但调查发现,不同学校确定优先考虑的资助对象有所不同,统计结果依次为:孤儿、单亲家庭、天灾人祸造成的贫困家庭、父母丧失劳动能力的贫困家庭、女童、优秀学生、特困户、残疾儿童、多子女家庭、少数民族学生、面临辍学的儿童。在所有的资助中,77.1%学校优先确定孤儿、单亲家庭、天灾人祸三类贫困家庭为资助的主要对象。课题组分析认为,样本学校确定资助对象的标准较为公平合理,但也存在一定缺陷。

为此,课题组通过家庭财产、人均收入、学生在家参加家庭劳动时间、教育成本四项指标,对样本学校确定的各类资助对象与不属于资助的对象进行比较,评价确定资助对象标准的合理性(见表 55)。

表 55 学校选择资助对象标准的评价

序号	资助对象	比较		PCA 分值	家庭教育总支出负担率	工作时间合计(分钟)	可控性弱的成本(元)	可控性强的成本(元)
1	单亲、孤儿	有双亲儿童		0.021 0	0.245 6	77	459	62
		单亲、孤儿		−0.760 4	0.463 0	62	391	41
2	女童	小学	男	0.015 0	—	64	372	63
			女	−0.061 7	—	79	389	62
		初中	男	0.025 8	—	140	996	97
			女	0.175 1	—	127	949	91
3	优秀生	优秀生		0.022 4	0.285 6	69	432	70
		其他		−0.005 8	0.243 3	78	464	60
4	贫困户	低组		−1.258 3	0.360 1	88	336	54
		较低组		−0.583 2	0.235 2	86	410	53
		中等组		−0.124 0	0.187 9	72	512	58
		较高组		0.430 8	0.175 9	68	437	58
		高组		1.538 4	0.242 2	68	594	81
5	残疾儿童	残疾		−0.103 4	—	—	—	—
		健康		0.003 9	—	—	—	—
6	多子女家庭	子女数≤2		0.029 2	0.281 0	76	506	65
		子女数≥3		−0.119 0	0.322 7	78	259	48
7	少数民族	汉族		0.026 9	0.248 0	78	473	63
		少数民族		−0.324 1	0.295 2	56	275	50

注:收入组以家庭财富 PCA 分值划分。

（二）确定资助对象

表55显示，与双亲家庭相比，单亲、孤儿家庭的家庭财富更少、教育负担率更高，可控性弱部分的支出负担很重，可控性强的支出水平更低，对他们进行资助是比较合理的。处于低收入组和较低收入组的贫困户家庭财产分值和收入水平均低，教育支出负担率高，子女劳动时间多，应当是主要资助对象。

一般情况下，多子女家庭由于子女多，人均财富分值和家庭收入水平都会很低。表55的数据也显示其可控性弱和可控性强的支出水平均低于2个以下儿童的家庭。产生这种情况的原因一方面是教育支付能力很低，另一方面也说明资助的影响发生了作用。课题组认为，考虑到教育公平的要求，他们应被考虑为资助对象。

少数民族家庭财产经济指标较汉族家庭低，家庭教育成本负担率高，可控性弱和可控性强成本的支出也在最低水平，因此应作为主要资助对象。

表55未对遭受天灾人祸和父母因病残丧失劳动能力而导致贫困的家庭儿童作出评价，主要是样本量较低，无法进行数据分析。但从调查中了解到，多数校长都主张应当将这两类儿童作为资助对象。课题组也认为，相对城市居民经济发展水平，农民在我国还是弱势群体，家庭经济实力单薄，一旦突发灾难，会给家庭带来巨大经济压力，因而应对此类家庭子女实施资助。由于农村主要依靠体力劳动谋生，如果父母因病残丧失劳动能力，其家庭经济必然处于贫困境地，因此，此类家庭子女一般应作为优先资助的对象。

表55仅对残疾儿童家庭的经济水平进行了评价，由于样本量较小，未对其他指标作出评价。课题组认为，残疾儿童家庭经济水平低的原因是儿童残疾会给家庭带来经济负担，由此也会降低教育的支付能力。因此，家庭贫困的残疾儿童需要给予资助。

目前，在义务教育阶段，由于农村普及程度日益提高，学生都能接受到"两免一补"，家庭对子女教育投入的性别差异正在逐步缩小。从课题组对样本家庭的调查来看（见表55），小学和初中男女学生性别的教育成本指标中，代表家庭教育支付意愿的可控性强成本部分，小学和初中男生均高于女生。虽然干农活时间男生多于女生，但在农民家庭，如果需要子女参加劳动，女生面临的劳动内容和需求可能会高于男生。课题组分析，产生以上现象的主要原因还是家庭的教育观念在影响对女生的教育投入，而并非培养女生教育成本就高。因此，性别差异不应作为确定就学资助的依据。解决女生教育受歧视问题，应依靠加强教育宣传和教育法制。

是否将辍学生作为资助的对象，课题组分析认为，如果是面临辍学风险的学生需要资助，可以从其他资助标准选项中考虑是否符合资助的条件确定。适龄儿童如果不在校就学，就不列为资助对象。

实施优秀生就学资助无合理性，因为资助主要针对贫困家庭学生，优秀学生并非都属贫困家庭，故不应将其确定为资助对象标准。

依据以上分析，课题组建议，农村义务教育阶段贫困学生就学资助制度的资助对象主要包括以下群体：五保户家庭儿童、孤儿、单亲离异经济困难家庭儿童、遭受天灾人祸导致贫困家庭儿童、父母残疾丧失劳动能力家庭儿童、贫困和低收入家庭儿童（特别是此类家庭的残疾儿童、面临辍学风险儿童）、因多子女家庭经济困难儿童、民族地区少数民族家庭儿童（初中民族女童应为资助重点）、身体残疾儿童。这种认定办法便于学校和乡（村）直接参照，方法简便，易于操作。

课题组认为，虽然单纯的性别问题不应作为资助的直接依据，但是在实施资助过程中，如果其他各种条件相等，女生应当优先考虑。

由于义务教育阶段家庭总教育支出负担率都是贫困县高于非贫困县、民族县高于非民族县，因此，课题组建议贫困学生就学资助应特别关注和支持贫困县和民族县，重点应倾斜于这些地区。

课题组认为，农村贫困学生界定不应完全以国家制定的农村贫困线和低收入线作为划分标准。一方面是因为目前国家关于贫困线和低收入线的标准太低，制定依据跟不上当前农村形势变化；另一方面，还应考虑学生在校学习和生活的基本需要，包括健康所需的饮食营养和与学习有关的必需支出。对低于贫困线和低收入线家庭的儿童应当直接纳入资助对象范围。对高于贫困线和低收入线家庭的儿童，但属于上面课题组建议所考虑和提出的资助对象，因他们的家庭教育支付能力一般都很低，应考虑纳入资助对象范围。

合理、准确的界定标准是设计就学资助体系的基础，也是贫困学生受教育权和保障他们接受平等教育条件的一道防线。以上各类贫困学生范围的界定基本框定了就学资助对象范围，对保证他们能够接受就学资助具有重要作用。使处于贫困状况的学生能够得到最基本学习条件，和其他学生一样，参加学校的各种活动，尽可能地实现自己的发展。

四、贫困学生接受资助的标准

本书研究的结论表明，"两免一补"资助目前主要解决的是学生就学必需成本中可控性弱部分的杂费、教科书费和生活费补助，这部分资助基本解决了学生入学费用问题。但是，由于学生在学习过程中，需家庭支付的可控性强和可控性弱部分的比例很高，以低收入组家庭教育支出比例为例，可控性强和可控性弱两部分分别要占到27％和73％。

因此，对列为资助对象的前述各类家庭而言，这部分费用的负担依然沉重。这些家庭会因教育负担沉重，无力为孩子购置必要的学习用品，以及支付其他部分费用。这种现象一方面仍然可能是产生辍学的原因，另一方面也会因学习资源不均，继续产生教育过程的不平等，影响这部分家庭儿童的学习质量。

课题组建议，在"两免一补"的基础上，对农村家庭贫困的学生还应实施其他就学资助，主要针对必需成本中可控性强部分和自愿成本中的部分教育支出进行资助，目的是解决这些学生受教育过程中教育资源享有不平等问题，保证他们接受义务教育的质量，帮助每一位贫困学生都能顺利完成学业。

贫困学生就学资助所需经费应以国家和地方投入为主，鼓励社会积极投入。

需要资助的内容包括：必需成本可控性强部分，主要是学习用具；自愿成本中学习必需的工具书、计算器，以及校服、保险费、体检费、防疫费等。

资助的具体种类、数量和标准可以参考各年级学生学习实际需要和当地物价指数计算确定。

地方政府和教育行政部门应进行细致的调查测算，特别是学习用具、当地交通费用标准、保险、生活物价指数、体检等方面的费用或价格。在掌握不同年级不同贫困程度学生的资助需求基础上实施分类、分标准资助。

五、资助的实施形式及途径

实施贫困学生就学资助，资助形式及途径的选择十分重要。就学资助实施形式及途径的选择，就是以什么样的手段或者措施来科学和合理地进行资助，它具体关系到资助者对受助对象资助需求的了解，以及在此基础上的各种资助活动设计，也关系到受资助者接受的资助是否能够解决他们的需求，以及就学资助的效用等问题。

从资助形式的效用来讲，我们可以将资助形式的选择区分为两种，即满足最起码学习需要的资助和促进贫困学生积极发展的资助。满足最起码学习需要的资助形式是一种较为被动的资助，体现为一种较低层次的最基本学习和生活条件需求的满足。促进贫困学生积极发展的资助方式则是一种主动的资助，体现为一种较高层次的资助需求满足，着眼于就学资助对贫困学生未来的长远发展，保证他们能够和其他同学一样，公平地参与所有的教育活动，更重要的是享有未来良好发展所需要的学习和生活条件。就学资助形式由被动向积极救助方式转变，实质上体现的是对贫困学生教育权和发展权更深层次的关注和更积极的解决态度。但是，从当前农村实际而言，由于国家和社会所能提供的教育资源有限，能够提供给贫困学生的就学资助，在目前情况下，只能是满足贫困学生最起码学习需要的资助。课题组的调查也了解到，目前，现金资助、免费资助和实物资助是我国各地政府、社会和学校对贫困学生较为普遍的三种救助形式，也是最为基本、最易操作的资助方式。

现金资助形式是被许多资助者认可和选择的贫困学生资助手段，易于资助者管理和操作。由于贫困学生个人的需求不同，因此现金资助可以通过其自主支配而使他的最急迫需求优先得到满足。受资助的贫困学生可以将其用于购置学习用具，也可以支付上学交通费，或可以购买一副近视眼镜。但是，由于受资助学生个人消费控制能力的差异，或是因家庭原因对资助现金的影响，可能会导致受资助学生者并不将有限的资助现金用到与就学相关的费用支付方面，他可能去购买一些其他最感兴趣的物品，或支付家庭生活消费方面的必需购置物品，而其学习方面的基本需求仍不能得到切实的保障和满足。因此，免费资助可能是更好的资助形式，而实物资助的方式也是一种非常有效的资助方式。选择免费资助和实物资助形式，也并不复杂和难以操作，这是由于与就学有关的资助内容比其他社会救助简单，像免费资助和实物资助可以适宜于学习用品、阅读资料、住校费、伙食费、校服费、保险费、体检费等。另外，像"教育券"，免费住宿等，也可以看做是实物救助的形式。政府、社会和学校可以代替贫困学生个人进行一些与就学活动相关的最基本学习和生活需求项目选择，这也是能够得到贫困学生及家长认同和接受的。从社会而言，公众最为关注的也是安排就学资助能否切实解决受资助贫困学生学习、生存和发展方面的问题。因此以现金救助为辅，以免费自助、实物资助为主的资助方式应当是一种较好的资助形式选择。这种资助形式之所以能够被许多地方政府和学校选择为基本的手段，说明其确有其存在的合理性和适用性。

据课题组的调查，农村学校的主要资助形式有：现金资助、免费资助、实物资助。被调查样本学校的校长们表示，三种资助形式各有特点，依据学生不同需要，可以发挥不同作用，不能简单评出优劣。课题组分析认为，从样本学校实施情况和效果来看，现金资助适宜于生活费、交通费；免费资助适宜于寄宿费、保险费、体检费、免费伙食等；实物资助适宜于教科书、学习用具、学习辅导资料、作业本、校服等。

考察和分析国外义务教育阶段贫困学生就学资助形式可以发现，今天，世界上无论是发达国家或发展中国家，绝大多数都普遍实施义务教育阶段免费制度，除此之外，还广泛地实施了形式各异、程度不同的专门针对贫困学生进行的就学资助（参见本书第九章）。课题组认为，各国在选择资助形式方面的经验和做法可以为我们提供参考。

课题组统计了 44 个国家义务教育阶段就学资助形式，包括 25 种，可分为免学费、免教科书费、免餐费、提供交通或住宿便利、免费医疗和保险、其他捐助免费六大类。在实施免费的进程中，各个国家所推行的义务教育就学资助措施互有不同，但在资助形式选择上，一般也是现金资助、免费资助、实物资助三类。主要采取了以下做法，免费包括：学费、早餐或午餐、医疗、保险等。现金包括：生活补助、交通补贴，以及给贫困学生家庭提供现金或粮食资助（部分发展中国家）。实物包括：教科书（或教科书循环使用），学习用具，校服等多种形式。各国基本上都实行免学费政策，免教科书费也是最多的资助形式，其次是免餐费（主要是发达国家实施，发展中国家比例很小），还有部分国家为贫困学生提供生活和交通补贴，以及其他实物资助等。

课题组建议：依据我国近年来各地政府实施就学资助的经验，特别是国家经济发展水平和教育发展实际状况，并借鉴其他国家的经验，我国农村贫困学生就学资助可以继续采取目前采用的现金、免费、实物三种资助形式。

由于调查中课题组通过部分校长了解到，许多农民家庭将就学资助现金用于学生就学之外的其他家庭支出，影响了资金使用的有效性，因此，建议在资助形式选择上，现金资助尽量限制在较小幅度的资助项目内，如交通费、生活费等（防止现金资助流向与就学无关的支出），更多的资助内容采用免费和实物形式。

课题组建议：资助途径选择，依靠农村中小学校管理及实施。因为学校对学生家庭经济情况了解较为全面，同时能够得到学生所在乡（村委会）政府配合，学校一般都会严格执行国家和地方政府规定的资助标准，方便设置机构和专人负责管理资助，有条件具体操作各项资助的实施。资助对象确定后，由学校上报教育行政部门审核批准。

六、机会成本问题

我国农村特别是贫困农村地区,家庭对儿童劳动有相当的需求,儿童需要帮助家庭承担一定量的劳动,这些劳动虽然不能直接用市场经济价值衡量,但还是在一定程度上减轻了家庭负担,间接带给了家庭经济效益。儿童接受教育去学校学习,上学花费的时间必然会占用帮助家庭劳动的时间。对于家庭来说就会带来损失,这一损失可以理解为家庭送儿童就学的机会成本。如果要送子女上学,农民家庭就必须放弃这一部分可能的收入。显然,家庭机会成本会对儿童接受义务教育产生一定的影响。

本书主要通过学生参加家庭劳动的时间对样本家庭的机会成本问题进行了调查,并分不同地区、不同性别、不同年级、家庭收入层几个指标,简要分析了学生付出劳动时间的对比差异(参见本书第五章第三节)。由于调查信息限制,报告未对学生劳动产生的实际经济价值作出进一步分析。但是,机会成本会对儿童就学发生一定影响,研究这一问题具有实际价值。因此,建议今后有关农村义务教育的研究关注学生机会成本问题,对此进行深入和系统研究,如机会成本实际发生的范围和程度,机会成本对学生学习的影响等,以及可能的补偿等,从多角度全面了解义务教育阶段儿童的机会成本及其影响问题。

七、资助经费的分担

资助资金的稳定来源和制度保证,是建立义务教育阶段贫困学生就学资助制度以及资助体系能否有效运行的关键。由于农村贫困家庭现象不会在短期内消除,因此,贫困学生就学资助应是发展义务教育的一项长期任务。但由于我国区域经济发展不平衡及地区间财政收入差距问题会长期存在,中西部经济发展滞后地区财政承担贫困学生资助经费会有较大的困难。为保证资助经费来源能够稳定持续,且随义务教育发展要求而提高力度,应建立农村义务教育阶段贫困学生就学资助财政分担制度。

资助贫困学生就学的资金筹集实际上是教育经费筹集的一个部分。由于该资金不是生产性资金,而是作为社会再分配中形成的消费性资金,主要来源于政府财政和社会公益赞助,因而其来源不能依赖市场自动生成,而只能在社会再分配过程中得到实现。就学资助资金数量的多少在很大程度上取决于国家和各级地方政府对农村义务教育重视的程度和干预的强度。同时,还有来自社会其他渠道的就学资助资金和实物。但需注意,社会就学资助经费的来源往往是不确定的,而且数量也较小、缺乏持续性。

因此，就学资助资金筹集制度设计中，需要明确下列两个原则。

第一，国家和各级政府投入为主的原则。义务教育就学资助资金的筹集主要依赖国家各级地方财政预算，这也是世界各国发展义务教育事业过程中较为一致的做法。由于作为义务教育投入具有的非营利性特点，因此不可能依靠市场提供就学资助的资金。义务教育是国家的事业，具有公共性、免费性特点，需要国家通过以再分配手段提供的方式（提供的方式和途径各国不尽相同，但主要方式不外是现金、免费、实物，各级政府承担的比率也不相同，但一般情况下，政府总是资金承担的主体），将所需要的资金列入政府的财政预算。以这种方式提供的贫困学生就学资助资金要占资助资金的绝大部分。国家投入为主原则是由义务教育发展资金的性质特点和国家义务教育的立法理念决定的。国家作为发展义务教育事业主体的地位决定了以国家投入为主筹集义务教育资金的必然性。在责任的承担方面，它也是国家保障义务教育发展的有效方式。

第二，鼓励社会捐赠原则。社会捐赠贫困学生就学资金和实物，是就学资助资金和实物筹措的有效补充，在当今世界各国普遍得到鼓励和支持。我国从20世纪末以来，就有对贫困农村地区学校和学生的各种资助。因为国家提供的资助资源毕竟有限，能够有效地得到来自各方面社会资金的支持，就可以更大程度地保障贫困学生就学权益的实现。今天，社会就学资助的理念被更多的公众和组织所接受，各级政府都制订了鼓励措施，通过社会力量来对贫困学生施以资助已成为农村义务教育发展社会化筹集资助资金和实物的有效补充方式。

鉴于以上理由，课题组建议，贫困学生就学资助应当纳入农村"两免一补"体系，资助资金应成为"两免一补"经费体制的重要组成部分。经费承担责任在中央和地方各级财政，具体可以参照"两免一补"分担比例。国家级扶贫县由于县级财政困难，应由中央和省级财政承担。这种对贫困学生资助经费与"两免一补"经费实行统一管理的办法，不再需要单独制定政策和实施办法，可以并轨实施。优点是政策简明，有利于制度设计与操作，可以统一实施步骤，便于基层部门统一管理和执行。并且，也可以不因贫困地区地方财政困难而导致贫困学生就学资助无法实施。

要积极吸纳社会资源，加强社会对农村贫困学生的就学资助，发挥非政府组织和公民个人的作用，鼓励开展多种形式的社会就学资助。

八、资助的管理

西部地区农村经济发展水平不高，农村教育发展资源短缺，贫困学生数量庞大，是国家和各种社会、国际项目资助的重点地区。调查发现，近年来各种义务教育资助项目和途径较多，但就学资助却属于不同部门管理，许多地区没有建立一个统一的管理或协调机构负责，教育部门目前也不能对各种就学资助进行统一管理。这种多头管理、机制不顺的现状给学校及学生之间接受资助造成了较大差异，也影响了资助实施的效果。部分学校多次接受到不同来源的资助，而其他学校可能很少接收到资助（参见本书第七章第二节）。因此，就学资助的程序设计和管理制度构建是各种就学资助资金合理分配的一项基础性工作，其设计的科学性及制度的合理性与否都会影响到就学资助资源效益的充分发挥。

规范的管理是就学资助顺利实施并达到预期效果的保证。但在课题组调查过程中了解到，农村学校实施就学资助过程也存在许多问题。例如，许多校长反映，资助实施中最困难的问题是资助对象的确定，会引起学生甚至家长之间的矛盾。在部分学校，因为资助对象难以确定，出现资助经费学生平均分配的情况。一些学校为了简化操作，甚至将免费教科书按学期在学生中轮流发放。这样做的结果会使真正需要资助的困难学生得不到有效的资助，而不应得到资助的学生却有可能享受了资助。

课题组认为，为了有效地实施就学资助，需要有专职机构负责，建立可靠的管理制度，各级组织明确责任，管理运行规范，并有有效的监督评价机制。

建立组织机构：为了实施义务教育阶段贫困学生救助制度，要形成从政府各级组织到学校的组织实施机构，财政、民政、扶贫、教育、学校、审计等部门密切配合，并有乡（村委会）政府、慈善等组织的参与。建立"经常性助学活动联席会议，日常工作由教育行政部门承办"①，负责贫困生资助的协调、管理和服务工作。

确定资助人数：这项工作应由教育部门负责，根据当地政府发布的贫困农民收入水平数据确定。因为教育部门有完整的农村学校统计数据，能有效获得贫困学生的完整信息。在统计贫困生数量过程中，不受政绩、贫困比率等其他因素的干扰，能够提供比较客观的贫困生统计数据。

确定资助对象：确定资助对象的工作主要由学校负责，并由村委会协作。要重视家访调查，逐层审核，实行公示（注意保护学生隐私），做到公正、公平、透明，保证资助对象符合资助制度规定的要求。还应建立记

---

① 国务院办公厅转发教育部等部门关于开展经常性助学活动意见的通知，国办发［2003］77号。

住对象的跟踪管理机制，必须建立受资助学生档案制度，对资助对象的认定实行动态管理。学校应对学生家庭收入变化应每年进行统计，确定下一年度资助对象。村委会也要细致了解受资助贫困学生家庭经济收入变化情况并及时向学校反映，以求对贫困学生的确定做到准确、合理、公正。

明确管理责任：（1）省级政府负责制定贫困学生就学资助管理制度，规定科学、合理的实施办法，包括资助对象标准、资助标准、资助形式、资助途径、资助监督和评价等。（2）县级政府建立专门负责贫困学生就学资助的管理机构，对就学资助工作实行统一的管理，整合各类资助资源。主要负责管理学校和学生的就学资助实施工作，如筹措、分配和管理各种来源的就学资助经费，统计接受就学资助对象数量，执行就学资助标准，负责管理资助形式和资助途径等方面的有关工作。（3）学校要负责评审被资助学生家庭信息的真实性，建立贫困学生资助档案，保证贫困学生能够平等接受资助。（4）村委会要负责贫困学生家庭经济状况调查。（5）教育行政部门要负责督促学校及时提供相关证明。（6）财政部门要负责资金拨付，审计、民政、慈善等其他相关部门要开展协调工作。

实施就学资助，不仅需要建立相应的专职机构负责具体事务的管理，同时需要为专职管理机构提供管理开支的资金，用来支付相应的管理成本费用。这是管理有效运行的条件之一。资助制度的科学设计和资助过程各环节工作的有效运行，需要有一定的成本和投入，如果它能够切实提高就学资助工作开展的效能，那么这种投入就是必要的。因此，凡是用于贫困学生就学资助的资金都应被列入到资助资金项目之中。

为了防止贫困学生就学资助经费的流失，切实发挥好资助经费的作用，审计部门应参与资助的监督，对资助经费使用情况进行审计，提出审计报告。资助的效果评价工作以教育行政部门负责，资助审计由审计部门负责。

九、资助对象的责任和资助的退出机制

接受资助学生的责任是由其应该履行的受教育法律义务来决定的。资助对象作为就学资助的受益者，其受教育权和发展权得到了国家和社会的保障，应该充分履行自己作为受教育者的义务。例如，受资助学生必须按时出勤到学校参加教育教学活动，接受学校和教师的教育和指导，端正学习态度，提高自己的学业成绩，不断促进自己在德、智、体、美等方面健康发展，还应主动接受资助主体的管理和监督。这种责任的履行不是向受资助学生索取回报，而是确保其接受资助后能够合格地完成学业，实现就学资助的效益。进一步讲，规定责任也体现了国家对义务教育的期望。

由于接受就学资助的学生家庭与社会之间的关系会处于不断变化之中，其家庭资产和经济收入水平也会处于不停的发展变化之中，因而建立动态监督程序并设计资助的退出机制就显得十分必要，目的是为了及时调整就学资助的对象，尽可能地使就学资助能够保证落实在贫困学生身上，从根本上维护社会救助制度实施的绩效。

从实施资助的一般程序来看，成为资助对象的进入机制依赖于贫困学生个人的主动申请，提出以后，就可以启动相应的资助审查程序，审查甄别其是否符合贫困生标准，而后就可以依据规定确定其能否享受或享受何种贫困学生就学资助。如果属于贫困学生范围，就可以享受就学资助。但是，由于在利益驱使下，有些受助对象可能会因为自利性动机而在家庭脱离贫困状态后并不自动退出，还会继续选择受助。因此，脱离贫困状态后的原资助对象的退出有赖于管理部门的动态调查来确定。由于就学资助所提供的资助属于社会公共产品，并不与监管者的个人利益有直接的利害关联，因此不能调动监管者的主观积极性去注意适时调整，鉴别出已经不再符合接受就学资助资格的人，造成有限资助资源的浪费。

为此，在就学资助对象确定规范的设计中，除了力求不漏掉每一个符合就学资助条件的贫困学生之外，同时也应设计严格的退出机制规范，保证及时让那些家庭已经脱贫、不符合继续享受资助条件的学生退出就学资助的行列，以保证将有限的就学资源提供给那些真正需要资助的贫困学生。这需要设计具体的制度加以保证，如享受资助学生（包括家长）主动申报家庭收入情况制度、定期调查复审制度、张榜公示制度、社区统计汇报制度等，从制度上使那些不应继续接受就学资助的学生主动退出就学资助的范围。建立资助退出制度可以保证就学资助制度具有一个良性动态的出口，从而不仅使那些符合救助条件者能够及时地进入，而且还能够使那些已经脱离贫困状况的学生及时地脱离资助，这样就能够最大程度上发挥就学资助制度本身的绩效。

十、资助的评价

资助评价是对正在进行或已经完成的贫困学生就学资助工作进行的系统全面的客观评估，包括资助工作的设计、执行和结果。评价的目的是明确资助目标是否达到，以及其效率、有效性、影响力、持续性等。

就学资助的主要目的是帮助贫困学生完成学业，提高贫困学生受教育质量，保证贫困学生受教育过程的权利与公平。因此，资助的效果评价应主要体现在减少失学儿童比率，学生合格毕业率等方面。对在校贫困学生的资助效果的评价,指标主要应放在学生出勤率、学习和生活条件改善、学习成绩合格率等方面。

对就学资助进行评价,所要解决的问题是:监控就学资助(学校、地区)是否是按计划执行的,就学资助的目标受益学生分类和人数,就学资助目标是否达到。

评价可以针对不同资助类型进行,如对某一地区政府实施的贫困学生就学资助过程及效果全面评价,也可以是对一类贫困学生群体的就学资助活动进行评价,或对某一组织的专门资助项目活动进行评价,还可以对贫困学生个体接受就学资助效果进行追踪评价。

资助效果评价应从如下三个层面进行。

学校层面,主要包括:资助对象包括了哪些分类的贫困学生,各类贫困学生的数量比重,资助内容包括哪些具体形式。受资助贫困学生的出勤率,参加学校组织的各种活动的次数,学习成绩与合格率(主要是对学生接受资助前后的学习成绩进行比较)。

学生层面,主要包括:受资助对象的公平合理程度,资助目标达成程度,需要资助的学生与实际接受资助学生的比例。具体接受的资助内容,如学习文具、交通费、保险费、提供校服、寄宿费减免等。效果评价,主要是解决了贫困学生的哪些具体困难,如增加了哪些学习文具,提供交通费后上学交通时间减少的比例,寄宿条件的改善,营养程度的改善,解决校服、保险、体检、近视眼镜等情况。

家庭层面,主要反映贫困学生就学资助实施的不同内容,在多大程度上减轻了受资助贫困学生家庭的教育支出负担率。

小结

1. 推进"两免一补"成为持续、稳定的学生就学资助制度

将"两免一补"资助政策转变为持续、稳定的免费就学制度,并以法规方式予以规定。提高农村义务教育阶段学生就学必需费用资助标准,并根据不同时期教育实际需求和物价水平适时调整。向学生免费提供学习辅导材料和作业本,更大程度上保证学生学习质量和减轻家庭教育负担。

制订中小学生均公用经费基准定额标准,满足学校对运行经费的基本运行需求。

国家课程教科书的费用由中央财政负担。地方课程教科书、作业本和辅导资料的费用由地方财政分级负担,不同地区分级分担比例视地方财政状况决定。

不同地区分别制定本地区寄宿生每天在校食宿花费标准，然后再根据实际发生的费用对寄宿生实施资助。寄宿生的生活补助标准还应逐步提高，使寄宿费用占家庭儿童教育支出的负担率降低到较低的比例。

2. 建立农村义务教育阶段贫困学生就学资助制度

完善农村贫困学生就学资助制度，建立一个持续、稳定，符合农村实际情况的贫困学生就学资助制度体系。

资助对象群体确定：五保户家庭儿童、孤儿、单亲离异经济困难家庭儿童、遭受天灾人祸导致贫困家庭儿童、父母残疾丧失劳动能力家庭儿童、贫困和低收入家庭儿童（特别是此类家庭的残疾儿童、面临辍学风险儿童）、因多子女家庭经济困难儿童、民族地区少数民族家庭儿童（初中民族女童应为资助重点）、身体残疾儿童。在资助对象中，特别注意关注初中阶段民族女童、贫困家庭残疾儿童和面临辍学风险儿童。

资助标准：资助的重点主要放在，必需成本可控性强部分（学习用具）；自愿成本中学习必需的支出费用（工具书、计算器，以及校服、保险费、体检费、防疫费等）。资助的具体种类、数量和标准可以参考各年级学生学习实际需要和当地物价指数计算确定。

资助形式及途径：资助形式可以从以下三个方面进行。现金资助（生活费、交通费）；免费资助（学杂费、保险费、体检费、免费午餐等）；实物资助（教科书、学习用具、学习辅导资料、作业本、校服、红领巾等）。应以现金为辅、免费资助和实物资助为主，现金资助尽量限制在较少资助项目的范围内。资助途径选择：依靠实施贫困学生就学资助的农村中小学校具体操作和管理。

县级政府建立专门负责贫困学生就学资助的管理机构，对就学资助工作实行统一的管理。省级政府负责制定贫困学生就学资助管理制度，规定科学、合理的实施办法。

贫困学生就学资助所需经费应以国家和地方投入为主，鼓励社会积极投入。

建立省、县二级资助审计监督和效果评价制度，加强对贫困生就学资助过程的监督，保证资助的实施效益。

建立正常、动态的就学资助退出机制，使那些符合救助条件贫困学生能够及时地进入，并使已经脱离贫困状况的学生及时地脱离资助，以最大程度发挥就学资助制度本身的绩效。

资助的效果评价应主要体现在减少失学儿童比率、学生合格毕业率等方面。对在校贫困学生的资助效果的评价，指标主要应放在学生出勤率、学习和生活条件改善、学习成绩合格率等方面。

第九章 国外义务教育阶段贫困学生资助概况

第一节 各国义务教育学生资助措施概述

一、资助的基本概况

据亚洲开发银行报告,全球192个国家中有170多个国家已经实现了免费的义务教育,除发达国家外,亚洲绝大部分国家,包括老挝、柬埔寨、孟加拉国、尼泊尔等国家也实行了免费义务教育。在实施免费的进程中,各个国家先后推行了不同的义务教育资助措施。多数国家都是在总体上先实施免交学杂费和免费提供教科书,然后再扩展到学习用具资助、免费用餐、校服免费或补助、交通补贴等多种形式。

表56 44个不同类型国家义务教育阶段学生资助形式及措施　　单位:个

资助类型	各国实施的具体资助形式	数量	比例(%)
免学费	免学费	44	100
免教科书	免费教科书	17	38.6
	轮流免费教科书		
	部分地区轮流免费教科书		
	贫困学生免费教科书		
	贫困学生轮流使用免费教科书		
	小学初中全免教科书		
免餐费补助交通费	免费伙食	7	15.9
	免费午餐		
	低收入家庭午餐免费		

续表

资助类型	各国实施的具体资助形式	数量	比例（%）
免餐费补助交通费	贫困农村免费午餐	7	15.9
	免部分午餐费		
	补贴交通和午餐		
	免费交通和午餐		
交通和住宿补贴	提供交通/住宿	4	9.1
	困难学生交通补贴		
	补贴交通和住宿		
	自行车出借		
免费医疗	免费医疗	3	7
	免费心理诊疗		
其他资助	免校服	5	11.4
	免费保险		
	家庭捐款		

注：1. 44个国家按类型分为原发达国家、新型发达国家和发展中国家三种类型。
2. 资料来源：教育部国际合作与交流司组编. 世界62个国家教育概览［M］. 北京：首都师范大学出版社，2001；国家教育发展研究中心，中国联合国教科文组织全国委员会. 35国教育发展［M］. 北京：人民教育出版社，1990.

由表56可知：44个国家在义务教育阶段共采取了25种资助措施，可分为免学费、免教科书费、免餐费、提供交通或住宿便利、免费医疗及其他捐助免费措施六大类。无论是何种类型的国家，全部在其各自的义务教育年限内实行了免学费政策；在其余的资助措施中，免教科书费是最常被采用的资助措施。总体来看，共有17个国家采用免教科书费，占所统计国家的38.6%；实行免餐费和资助交通费等措施的国家有7个，占15.9%，免餐费这种资助措施主要为发达国家所用，只在2个发展中国家实行；除此之外，还有少数国家采取为接受义务教育的学生提供交通和住宿补贴，以及免费医疗和免费心理诊疗等措施，分别占44个国家的9.1%和7%；另外还有少数国家采取免费校服、免费保险、富裕家庭捐款等方式为学生提供资助。

由44国资助的情况了解到，除去免学费，免费教科书是最主要的资助措施，在具体实施中采取了不同的资助形式，包括全部免费教科书，轮流免费教科书，部分地区轮流免费教科书，贫困学生免费教科书，贫困学生轮流使用免费教科书。

免费就餐是义务教育资助的又一大资助措施，其中，发达国家对于免费午餐的重视值得借鉴。在部分发展中国家，也为农村贫困学生提供免费就餐。

二、资助条件

国外实施义务教育学生就学资助的资助条件一般与资助对象的确定紧密相连，而申请成功与否主要看是否符合资助对象的筛选条件，国外相对成熟的资助条件主要有以下几方面。

（一）以家庭经济收入水平确定资助条件

澳大利亚新南威尔士州教育与培训部（Education and Training of New South Wales Ministry）的"中学生离家上学补贴"政策是专门针对低收入家庭而设的，该政策规定资助学生的家庭收入须满足一定的条件。以2006年为例，家庭征税收入低于46 625澳元的家庭方可申请享受此项学生资助补贴。印度德里2006年出台了"世袭阶层或世袭部族学费补偿计划"，该计划规定的资助条件为：家庭年收入低于48 000卢比的学生将获得100%的费用补偿，家庭年收入低于10万卢比的学生将获得75%的补偿，补偿包括学费、运动费、实验费以及其他认可的费用。

（二）以学生出勤率或学业成绩筛选资助条件

2003年，巴西在"家庭补助金计划"中规定，受资助儿童出勤率至少达到85%以上，并且把没有辍学经历的学生作为筛选资助对象的重要条件之一。孟加拉国"小学教育资助项目"规定的筛选条件为：受助学生出勤率须达到学年天数的85%以上，并且在年度成绩测试中分数不低于50分（满分100）。

（三）根据学生家庭距离学校的远近确定资助条件

澳大利亚在"基本寄宿补贴"中规定，学生享受资助寄宿补贴对象的具体条件为：离最近公立学校的校车里程在16公里以上，或离校车发车点4.5公里以上，学生坐校车往返的时间每天至少3小时。

（四）依据家庭综合情况优先确定资助条件

孟加拉国以是否单亲、是否残疾、父母职业、家庭土地等综合情况确定资助对象。如其"小学教育资助项目"规定优先被确定资助的条件为:(1) 来自最贫困的跟随母亲生活的单亲家庭的孩子;(2) 父母从事"打零工"的孩子;(3) 来自破产的技工家庭;(4) 家中没有土地的农村贫困家庭的孩子,或拥有土地量少于 0.5 英亩的小佃农家庭的贫困孩子。

(五) 根据明显的弱势群体特征划分受资助条件

印度政府的《国家教育政策》规定,对表列种姓、表列部落和其他弱势群体的学生,提供了各种形式的奖学金特别补助。韩国《岛屿、僻地教育振兴法》明确规定,国家要优先保证岛屿、农村、渔村、山区、矿山等艰苦地区实施义务教育的经费,优先解决学校用地、教室、医务室和必要的设施、设备、教材、教具,并为教师提供住房和艰苦地区津贴,此外还要为学生提供教科书和为使学生上学应采取的必要措施。

(六) 依据学生的年龄和年级确定资助条件

对义务教育阶段接受资助的儿童,一些国家在年龄或在校学习年级方面也有规定。2003 年,巴西在"家庭补助金计划"中还规定,受助儿童的年龄必须在 6—15 岁之间,就读于 1—8 年级的学生。

三、资助程序

资助申请的程序与资助对象的审核程序同步相关,一般由儿童或家庭成员填写具体的申请信息,上报或汇总到主管部门后,再进行层层筛选。各国主要实施的做法有:(1) 采用由组织教育官员和专门项目执行及监管机构层层审核批准;(2) 由学校直接筛选申请人;(3) 实行排队政策,按照申请时间的先后进行筛选申请;(4) 按地域目标和家访结果筛选申请人。在申请过程中,地方政府重视建立严格的管理和信息统计制度,以防止家庭瞒报、虚报和重复登记。美国和巴西在这方面的政策相对成熟和完善。

美国实施的"中小学实行免费餐项目"规定的申请程序为:凡是需要申请免费早、午餐的学生,可在开学初向学校办公室索取申请表格,表格中须反映家庭成员及家庭收入所得,申请能否获得批准,主要依据学生的家庭收入。家庭收入可划分为几个不同等级标准,如果申请者家庭属于低收入家庭,那么申请者将获得学校提供的免费早、午餐;如果申请者家庭收入超过低收入标准不多,那么申请者将获得学校午餐的部分减免。申请免费餐的学生填写完成有关表格后,交回学校,学校根据有关规定审核后，将很快通知申请者。如果申请者对结果有异议，还可以向联邦政府的相关部门申请复议。

巴西在"助学金补助计划"中规定，受益人的筛选工作主要由地方机构来完成，但在具体执行中，有的是学校自己来筛选，有的实行排队政策。尽管建立了严格的管理和信息统计制度，但由于目标人口数据和计算方法的不完善，仍存在大量的遗漏情况。因此，各地还设立了社会监督委员会，审查批准受益人的名单，检查学校提供的受益学生出勤报告。最后，补助金由银行直接打入受益人开设的账户。

四、资助标准

由于各国经济发展水平和教育发展程度存在较大差异，因此通常根据各自的实际情况和所想要达到的目标来确定资助标准。在资助实践中，国外一些国家确定资助标准的具体做法有以下几方面。

（一）按照家庭贫困程度和一般就学成本确定资助标准

孟加拉国"小学教育资助项目"对资助标准的确定，主要依据学生的家庭贫困程度和一般就学成本两个因素。首先要确定家庭贫困状况，即把贫困家庭分为最贫困家庭、次贫困家庭和相对非贫困家庭。然后再以"食物是否短缺"为划分标准，统计各类家庭学生的平均就学成本，以此划定资助金额的标准。具体资助标准为：单子女家庭每月100塔卡（约1.76美元），多子女家庭每月125塔卡，全国平均水平为82塔卡。

（二）按照家庭与学校的距离确定资助标准

澳大利亚在"学生交通补贴"中确定的资助标准为：当学生家庭与寄宿学校之间交通里程达56公里以上，或者学生从住家到最近的校车点或乘车点的路程达56公里以上，按每公里18.38澳分计算资助金额。

（三）根据不同年级和不同实际需求确定资助标准

孟加拉国在"中学女童教育资助项目"中确定的资助标准因各年级需求不同而有所差异，从6年级到10年级，女童每年可以得到300～720塔卡的补助。此外，根据女童不同的实际需求，不同年级女童还可得到书本补助初中毕业（SSC）准备金和考试费（见本章第四节）。

五、资助形式

通过对国外一些国家的资助情况进行梳理和分析，可以发现国外义务教育阶段的资助形式主要分为现金、实物、免费、补贴、抵充及减免等形式。

（一）现金形式

许多国家和组织以现金的形式向儿童或家庭提供资助，这也是最常用、最普遍、最有效的资助形式。现金资助主要通过以下形式发放：

（1）提供给儿童。直接用于儿童的学业资助，主要以助学金、生活费补助、交通费资助等形式直接发给儿童。

（2）提供给家庭。以现金补偿形式，通过向儿童家庭提供援助性资助的方式，保证儿童接受教育的机会。如墨西哥政府采取了一项"有条件的现金转移政策"，以奖学金和食物援助来帮助正在上学孩子的家庭，并且提供定期的医疗服务，这个项目在2005年资助了500万个家庭。

（二）实物形式

实物是各国义务教育阶段采用最多的学生资助形式，主要有以下几种方式：教科书；食物；学习用具；交通工具。

（三）免费形式

许多国家也通过免除学生应缴纳费用的形式向其提供资助，主要有以下几种方式：免学费、免费住宿、免费医疗。

（四）补贴形式

如澳大利亚政府自2005年1月起，启动了一项为期四年的新补贴政策——"非公立学生招待所计划"，该项目主要通过对非营利性的非公立学生招待所进行补贴，为来自偏远和农村地区的中小学生上学提供住宿资助。

（五）抵充及减免形式

美国等部分国家还采用教育券和税收信用卡的形式，对特殊需要的学生提供资助。教育券（voucher）是指政府把教育经费折算成一定数额的可以用作抵充学杂费的有价证券。税收信用卡（tax credit）是指通过税收条例来补偿全部或部分的教育花费，可以对纳税人的税收责任进行直接减免，主要针对在私立中小学就读的学生提供资助。

六、资助经费来源

从国外义务教育阶段学生就学资助的经验来看，大多数资助经费来源于政府的公共经费，还有一些国家强调通过社团、企业、国际援助项目等渠道多方筹措资助经费。

（一）政府提供资助经费

发达国家和发展中国家承担资助经费的主体各有不同，但最主要的提供者是政府，而由于各国教育行政和财政体制不同，中央政府和地方政府承担的比例也有所不同。如美国义务教育经费来源于联邦、州和地方学区三级政府，其中州教育经费主要用于补助公立中小学教育经费，而联邦教育经费中大部分资金用作资助学生的专项资金。1993年，联邦政府通过了《中小学改进法》，该法案承诺联邦政府将把50%的义务教育经费用于资助贫困家庭学生所在的高达45%的全国最贫困地区。1994年11月，联邦政府拨款120亿美元资助义务教育有特殊需要的学生，尤其是贫困家庭学生、移民学生和英语有限的学生。

（二）社会组织提供资助经费

在发展中国家，除了政府承担相当比例的资助经费外，各种跨政府组织、非政府组织、专项基金、特别税收等也是资助经费的主要来源。如巴西的义务教育经费主要包括三部分：社会投资基金、教育促进特别税以及其他资助金。其中，社会投资基金中的绝大部分用于资助学生项目的专项资金。巴西除通过联邦财政税收预算来保障资助经费的来源，还采取社会投资基金、教育促进特别税、彩票税收、社会发展资助基金等多种形式，扩大资助经费的来源。2003—2006年，巴西国家社会发展部实施针对贫困学生的"家庭补助金计划"，资金主要来自美洲开发银行和世界银行贷款。

（三）国际项目援助经费

在发展中国家中，国际教育计划项目援助经费也是资助经费来源的一个重要补充。如孟加拉国的"中学女童教育资助项目"，是专门为初中（6—10年级）女童提供资金援助的一个资助项目。1993年，该项目在国际开发协会（IDA）的资助下启动，2002年7月进入第二阶段。国际开发协会为其提供了11 570万美元贷款，孟加拉国政府提供了2 893万美元的资金用于项目为期五年的运作（见本章第四节）。

第二节 部分国家实施义务教育学生资助的措施

一、发达国家

(一) 免除学费

发达国家对义务教育进行资助的第一项措施就是免除学费。美国现有 83 000多所公立中小学校，3 500 多所私立中小学校，分布在全国 1.6 万个学区内，公立中小学生按学区就近入学。只要在学区之内居住的适龄儿童都能免费在该学区的公立学校就读。① 法国实施"自愿就学儿童免交学费"的措施。从幼儿园学校到大学都实行义务教育，不用交学费，其他费用也比较少。② 教育高度发达的新型发达国家新加坡实施"每月 12 新元＋助学金"的就学优惠措施。中学生每月只交学费 7 新元、杂费 5 新元，还有机会享受各种助学基金。中学所有的经费都由国家拨付，学校要扩大原有建筑面积修建房屋，只需要自筹 5% 的经费即可。③

(二) 免费教科书

在免除学费的同时，很多发达国家都强调免费教科书对资助学生就学的重要作用。例如，美国实行"免费供应教科书"，为所有从小学到高中的公立学校的学龄儿童全部免费供给教科书。④ 但学校要求学生都要爱惜教科书，学期结束时，学生要将教科书交还给学校，留给下一年级的学生使用。而日本的教科书免费供应制度最早始于 1951 年，到 1969 年，实现了义务教育阶段学校的学生全部免费使用教科书。⑤

(三) 免费就餐

为了保障学龄儿童更好地完成学业，许多发达国家都实施了"免费就餐"的资助措施。其中，选择"免费午餐"的国家占了较大的比例。

(四) 其他资助措施

法国教育部从 20 世纪 90 年代起为了提高初中教育质量、降低和消除

---

① 杨惠敏. 美国基础教育 [M]. 广州：广东教育出版社，2004：62.
②③ 宋梅. 一些国家的义务教育状况 [J]. 教师博览，2006，(1).
④ 瞿葆奎. 教育学文集. 美国教育改革 [M]. 人民教育出版社，1990：271.
⑤ 单中惠. 外国素质教育政策研究 [M]. 济南：山东教育出版社，2004：336.

初中的辍学率，帮助贫困家庭的子女完成学业，设立了一系列基金会来资助贫困生。而日本则大力推行"特许捐赠"，捐赠款项用来资助学生。

一般而言，发达国家在普及义务教育的过程中，首先对义务教育实行免费，然后又采取多种具体资助措施作为义务教育全免的补充，如提供免费午餐、上学交通工具、学习用具等资助形式。

二、发展中国家

（一）巴西

为了提高义务教育普及率、降低留级率和辍学率，巴西政府通过制订和实施各种保障计划来促进义务教育的普及和教育质量的提高。主要包括全国学校营养计划、全国学校教科书计划、全国学校教具计划、全国阅览室计划、全国学校健康计划和全国学校交通计划。

1. 全国学校营养计划

该计划的基本目的是为公共教育机构中的学前教育和初等教育学生提供营养资助，以增加学生的营养，增强学生学习的能力。该计划已在20万所学校中实施，涉及三千多万学生，在180个学习日中，每日为他们提供一顿午餐。巴西各州教育厅和市教育局都参与了该计划，负责指定所需食物的种类，以保证所提供的食品与巴西各地的饮食习惯相适应，而食物的质量则由各州与基金会签订合同的实验室来保证。该计划也得到联合国世界粮食计划署的合作和资助。

2. 全国学校教科书计划

该计划主要是为全国公立学校的一至八年级的学生提供教科书，主要由学生资助基金会以及州和市教育当局来负责实施，由教师来选择和确定所分发的课本，课本的使用期为三年。1993年，巴西给2 800万学生发放了约8 400万册教科书，其资金达11 600万美元。

3. 全国学校教具计划

该计划主要是为全国公立小学的师生提供开展教学活动所必需的教学用具。按照各年级的需要，为公立小学的师生提供包括钢笔、铅笔、黑板擦、笔记本、尺等在内的基本教学用具。1993年，该计划为2 800万学生每人发放了一套学习用品。

4. 全国学校交通计划

为农村地区的学生提供交通工具，以提高学生的出勤率，保障其完成初等教育。1993年，巴西在全国实施了"全国学校交通计划"。① 事实证明，这一措施对义务教育的普及以及文盲比例的降低起到了很大的推动作用。②

5. 助学补助金计划

1995年起，巴西在基础教育阶段启动了一项"助学补助金计划"，它是一项以刺激需求为驱动的教育项目，也称做"有条件的现金转移支付计划"。它是政府向贫困儿童的母亲发放一定数额的现金补助，条件是她们得让孩子保持就学，不得辍学。旨在极力敦促父母送孩子就学，也是对家庭的一种补偿。

2003年，"助学补助金计划"连同其他三个联邦补助金项目合成一个计划，称做"家庭补助金计划"，该计划改由社会发展部协调。后来，该计划的推行成为保障公民基本收入权利立法的一部分内容。

表57 巴西补助金计划演进表

演进名称	时间	组织机构	资助来源	资助对象	资助数量（户）	标准
助学补助金计划	1995—1998	市级政府	市政府	有6至15岁的儿童在1至8年级就学的家庭，孩子出勤率达85%以上，不辍学。	20万个家庭	15美元/家庭
	2001	国家教育部	中央政府向市政府转移支付部分扶贫基金的资金	人均每月收入低于30美元的家庭	480万个家庭	
家庭补助金计划	2003—2006	国家社会发展部	另引入美洲开发银行和世界银行各5亿美元的贷款	人均月收入低于23美元的赤贫家庭和23至45美元的一般贫困家庭。1. 儿童的年龄在6岁至15岁，在学校出勤率至少达到85%；2. 7岁以下的儿童定期检查发育和接种疫苗；3. 怀孕妇女。	1120万个家庭	6.8至43美元/家庭

资料来源：http://zgjyb-lilun.tom.com

---

① 单中惠. 外国素质教育政策研究 [M]. 济南：山东教育出版社，2004：431.
② 联合国教科文组织. 世界教育报告 [R]. 北京：中国对外翻译出版公司. 2001：29.

(二) 马来西亚

马来西亚实行小学 6 年免费教育，2001 年，教育部提出教育法修正案，决定实施小学 6 年的强制教育。该修正案通过后，家长对适龄子女接受小学教育将负有法律责任。子女年届 7 岁而未被送进政府小学，家长将被判罚款或监禁三个月。

马来西亚地区之间、城乡之间的经济和社会发展不平衡，农村贫困地区儿童（绝大部分是马来人子弟）的教育面临严重问题，如办学条件差、办学质量低下、辍学率高等。政府把加大对农村贫困地区教育的投入，确保农村地区儿童拥有与城市儿童均等的教育机会作为重要的教育发展策略，为此采取了一系列措施，其中包括奖学金、教科书出借计划、营养和健康计划、学校宿舍计划。①

1. 奖学金

马来西亚奖学金为家境贫寒中小学生和大学生而设，以减轻教育给贫困家庭带来的经济负担。奖学金来源除了教育部和其他政府或准政府机构，还包括私营企业。

2. 教科书出借计划

此计划于 1975 年开始在全国实施，覆盖小学到高中阶段的教育，目的是防止贫困的农村学生被剥夺接受良好教育的机会，保证贫困的农村学生不因无力购买教科书而在学习过程中落后。至 1990 年，大约有 370 万学生受益于该项计划，政府出资约 6.581 亿林吉特。②

3. 营养和健康计划

该计划包括加餐计划、学校供奶计划和学校健康计划。加餐计划向来自低收入家庭（尤其是农村地区）的儿童提供加餐（占每日规定食物需量的 25%～33%）。学校供奶计划有两种。学校健康计划的内容包括对学生作定期的身体检查和口腔检查、传染病的预防和控制、对学生提供健康指导、为学校提供医疗服务和救急设备等。

4. 学校宿舍计划

学校宿舍是为边远地区农村低收入家庭的小学生修建的。教育部依据学生距离学校的远近、家庭经济状况等制定入住标准。农村地区的学校宿

---

① 庄兆声. 马来西亚基础教育 [M]. 广州：广东教育出版社，2004：53-58.
② 侯赛因·马穆德. 马来西亚的农村教育：当代国际农村教育发展和改革大趋势 [M]. 北京：教育科学出版社，1993：244.

舍提供免费食宿，每间宿舍可住50名学生。此外，成绩优异的学生也可以优先入住寄宿学校。这些学生只需交纳象征性的一点食宿费用。1990年，有504所小学建了各种类型的学生宿舍，近5.5万名学生受益。

（三）印度

1. 资助女童入学

由于传统观念、宗教意识和社会发展水平的限制，在印度，女孩的入学率远远低于男孩，而辍学率却高于男孩。印度政府因此给予女性较多的资助，在具体实施中，也采取了一些保障措施，如设立女子学校，向女孩支付少量入学助学金，设立女生出勤奖学金，免费向女生供应文具书籍，免费向女生发放校服和供应午餐，帮助贫困家庭送女童入学等。①

2. 县初等教育计划

印度政府采取了对环境不利地区的弱势社会群体的教育实施特别扶持的政策。其目的是使所有儿童接受教育，将初等教育阶段的辍学率降到10％以下，将初等学校学生的学业成绩提高25％，将所选县的性别和社会群体差别减少到5％以内。②

3. 奖学金补助

印度政府通过各种奖学金的形式对表列种姓、表列部落及其他弱势群体的学生实施特别补助。奖学金的形式各种各样，各邦有所不同。例如，有的邦通过整笔补助的形式进行资助。喀拉拉邦规定，属于表列种姓的学生每年按年级给予数额不等的整笔补助，一到三年级每人40卢比，四年级45卢比，五年级80卢比，六到七年级90卢比，八到十年级125卢比。1986年重新修订的《国家教育政策》规定，从一年级开始向清扫、屠宰和制革工作的表列种姓的儿童提供中小学奖学金，所有此类家庭的儿童都可享受资助。

（四）其他国家

还有很多发展中国家在充分考虑本国实际情况的基础上，采取了一系列的资助措施，也取得了一定的效果。譬如：古巴政府提出对贫困生"提供三餐与制服"，所有义务教育阶段的学生免交学费和书本费，学校负责

---

① 惠巍. 印度的非正规教育 [J]. 外国教育研究，1997，(1).

② Ministry of Human Resource Development (India). National Policy on Education, 1986. New Delhi, 1986.

学生的伙食，同时还为学生提供制服。① 而孟加拉国义务教育学生资助主要是通过相互补充的各种资助项目展开：一方面，对于贫困学生的家庭在食物方面采取弱势群体发展项目和弱势群体免费餐项目，以此杜绝家庭贫困对于学生就学的影响；另一方面，对于学生本人实施小学教育资助项目和中学女童教育资助项目，这些资助项目共同形成"资助网"，有效地促进了义务教育学生资助的顺利实施。孟加拉国对于学生资助的这些措施经验值得深入学习和借鉴，包括其资助体系的形成，资助项目的具体实施，以及在资助中遇到的问题。

第三节 各国义务教育免费的基本概况

一、免费是各国义务教育的基本特征

免费是义务教育自身的基本特征（是国家和政府应尽的基本义务），因此义务教育立法确保免费的实现也就是题中应有之义了。在国外，不少国家义务教育的免费都有一个发展的过程。如英国，1891年初等教育已经实现免费，1902年时中学教育却并未完全取消收费，但20世纪三四十年代就已经对那些结束了义务教育却未能升学的青年免费教育至18岁。在法国，1881年的费里法已经规定了国民教育"义务、免费、世俗"三原则，学生享有接受免费的义务教育的权利，而且当年就实现了母亲学校和小学的免费教育以及师范学校免缴膳宿费，并逐步发展到了更高层次和更长年限的免费教育。

以立法切实保障义务教育的投入，实现义务教育的完全免费。免费性与强迫性不可分割，都是义务教育的基本性质。国外很早就已经充分认识到，没有免费的教育就没有义务教育，没有义务教育也就没有普及教育。从历史上看，还没有仅仅依靠强制而不进行免费就实现了义务教育的先例。国外义务教育的发展历史已经表明，免费是发展义务教育理所当然的应有之义。

二、强调机会均等，义务教育实行全部免费

市场提供义务教育不仅缺乏效率，而且从伦理规范的角度来看，也不能满足人们对公平的要求。基于公平支持政府提供义务教育的论点很多，

---

① 宋梅. 一些国家的义务教育状况 [J]. 教师博览，2006，(1).

其中最有代表性的观点有两种:一种是商品平等主义的观点,认为教育是一种自然权利的产品,人人都有权利获得,而不应该受到社会偏见和家庭预算的约束。教育应当是免费的,至少在初等和基础教育阶段应如此。另一种观点就是义务教育具有收入分配和再分配的功能。持这种观点的人认为,义务教育阶段穷人的孩子最多,免费提供义务教育,受益最多的是穷人。另外免费有利于教育机会均等,而均等的教育机会又能缩小收入分配的差距,最终达成社会公平。

在联合国 1948 年通过的《人权宣言》,1958 年通过的《儿童权力宣言》,1966 年通过的国际经济、社会和文化公约以及 1988 年《儿童权利公约》中,也都作出了明确的规定:向所有的儿童提供免费的义务教育,至少在初等教育阶段应如此。今天,免费提供义务教育的理念已被各国社会广泛接受,不少国家还在本国宪法中予以规定。

三、各国义务教育经费的承担

由于各国财政体制的不同,因此,中央政府与地方政府对义务教育经费承担的具体比例也不相同。目前,新西兰、土耳其、葡萄牙等国义务教育完全由中央政府投资;法国、泰国、韩国、埃及主要由中央或联邦一级的最高行政当局投资;美国、日本、德国等主要由省、邦、州等高层次地方当局投资;英国、丹麦等国主要由市镇、县乡、学区等基层地方政府投资。

从各国教育投入特点分析,大部分不发达的国家和发展中国家由于基础教育还比较落后,故教育投资的重点主要为义务教育。

从全世界义务教育公共投资的国际经验来看,国家实施全免义务教育,即义务教育的全部费用支出均由政府公共经费承担。数据显示:美国、法国、德国、日本、瑞士等发达国家,以及印度、泰国、埃及、肯尼亚等发展中国家,来自政府的公共经费一般均占义务教育投资总额的 85%—90% 左右。可以说,政府公共投资成为义务教育的最主要来源。

四、几个发达国家义务教育免费的经费保障

(一)美国

在美国,有 1.5 万多个学区,学区行使管理中小学的职责,负责管理从学前到 12 年级的教育,即义务教育阶段。多数学校通常把小学与初中或高中直接连通起来。根据美国宪法规定,教育由州政府和地方政府负责。

但是20世纪以来,由于各地社会相互依赖的增加以及经济的一体化和全球化,美国联邦政府权力不断扩大,加强了对教育的干预和支持。从1956—1977年的20年间,地方政府负担的教育经费比例从42.9%下降到28.5%,同期州政府和联邦政府负担的比例却直线上升。在教育方面逐渐通过经费投入加强对各地教育的影响,反映出美国的教育体制。90年代以来,在全国各级各类教育年度总支出中,有90%来自联邦政府以外,即来自州政府、地方政府和私人捐赠。美国义务教育的经费由联邦、州和地方三级承担,其中联邦承担7%,其余由州和地方基本平均分担。美国联邦政府教育拨款在整个义务教育经费中所占的比例很小,对基础教育的资助可以是直接的,也可以是间接的,其主要功能是调节各州之间义务教育服务水平的差异,以及指导教育改革方向。

(二)德国

在德国,实行的是12年义务教育制(6—18岁),学生可以选择接受12年的全日制学校教育,也可以选择9年全日制学校教育(有些州为10年),再加上3年的职业教育,所有的公立学校都是免费的,教材则是部分免费的。小学教育包括小学、入学级和学前班三个部分。凡是在6月30日前满6周岁的儿童都有义务进入小学学习。中学教育包括两个阶段。根据德意志联邦共和国的宪法,联邦各州对教育享有充分自治权和自主权。州负责教学计划,课程表的制订及教师的指派等。德国义务教育阶段的教育经费由各州和地方政府拨款,其中州政府承担中小学的人事经费及教科书经费,地方政府承担中小学的行政管理经费以及固定资产投资经费。在义务教育公共支出中,州政府承担了四分之三的份额,地方政府承担了五分之一的份额,中央政府所占比重仅在3%左右。

(三)英国

英国的国民教育分为三个阶段:基础教育阶段(5—11岁),中等教育阶段(11—18岁)和高等教育阶段。义务教育阶段从5岁开始到16岁共11年。初等教育从5岁开始至11岁,属义务教育的开始阶段。公立初等教育又分为两个阶段:幼儿学校和初级学校,幼儿学校的幼儿班收5—7岁的儿童,学制2年,初级学校招收7—11岁儿童,学制4年。英国实施初等教育的机构除小学上述的两个阶段外,还包括独立学校系统的预备学校,预备学校是一种私立的贵族学校,招收8—13岁儿童,学制5年。英国在行政区域上分为英格兰、苏格兰、威尔士及北爱尔兰四个地区，由于社会和文化等众多历史原因，每个地区有着互不相同且又独立的教育体制，这种特性从根本上决定了在不同地区，其各自教育经费的来源、数额下拨渠道等方面的差别。但总体来看，英国实行由地方教育当局管理基础财政的体制。义务教育的经费中，80％来源于当地政府。

（四）澳大利亚

澳大利亚的基础教育为13年学制，由5岁起读幼儿园或预备班，其后是12年的中小学课程；大部分的中学由第7年开始，完成第12年后就是高中毕业，毕业生完成12年的中小学教育后，可获得州政府颁发的学历资格，澳大利亚所有大学及其他国家一些大学都承认这种资格。澳大利亚义务教育学校有多种形式，有年级学校、能力分班学校和不分年级制学校。学校有公立、私立之分。公立学校由政府拥有及管理，而非公立学校或私立学校有教会参与管理。在对义务教育的拨款机制上，联邦政府与各州和领地政府达成一项协议：联邦政府对非政府学校的拨款承担主要责任，各州和当地政府则承担公立学校的主要办学经费，即办好公立学校是各州和领地政府的主要责任和义务，联邦政府仅提供一些补贴和专项拨款。

（五）法国

法国是典型的中央集权国家，世界上实施义务教育最早的国家之一。长期以来，除了小学由市政府负责之外，教育由国家全面管理。学校的建立、教师的聘任、课程的制定等均由教育部负责。全国共分为28个学区，学区内的各省设有省级督学员，在初等教育领域的职权很大。法国义务教育的正式实施是从1882年3月28日关于初等义务教育法律颁布之日开始。法国义务教育法强调："初等义务教育对于所有年满6—13岁的男女儿童都是强制性的，可以在初等或中等学校，也可以在公立学校接受这种教育，还可以在家庭由儿童的父亲或由其选择其他人员实施这种教育。"这种教育在公立学校是免费的，条件是全面接受国家实施的教育。目前，免费已经成为法国义务教育中的一项铁的原则，没有人敢触犯它。中央政府负担了义务教育公共支出的70％以上，主要用于义务教育教师工资，地方政府只需要负担份额较小的基建和行政经费。

第四节 孟加拉国贫困学生资助

一、建立"资助网",使义务教育资助避免"势单力薄"的尴尬

孟加拉国在对贫困生进行资助之前,政府建立了"资助网"系统,即对贫困生进行资助时并非依赖于单一的专项资助模式,而是综合考虑制约贫困生顺利就学的各种因素,配合相关的贫困资助项目,建立完备的资助系统,从而发挥整套资助系统功效,使贫困生专项资助绩效达到最大化(见图38)。①

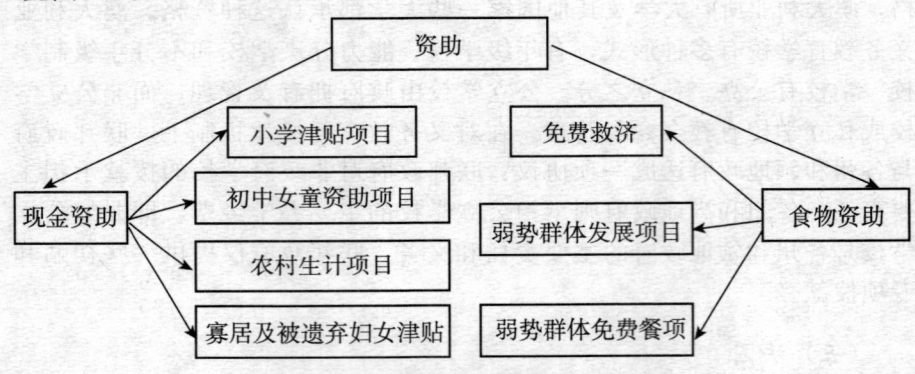

图38 孟加拉国资助系统示意图

孟加拉国对贫困生进行资助的同时充分考虑到贫困生的家庭制约因素,从图38我们可以看到,小学教育资助项目和中学女童教育资助项目是针对贫困生就学难而采取的专项资助方式;同时,对这部分贫困生以及他们的家庭还在食物方面采取了弱势群体发展项目和弱势群体免费餐项目,以此来彻底解决学生因贫困造成的无法接受平等义务教育的问题,最大限度地降低了家长因生活贫困而强迫学生辍学的现象。②

---

① Shaikh S. Ahmed Department of Finance and Banking. Study on Delivery Mechanisms of Cash Transfer Programs to the Poor in Banglades. 6-7.

② BRAC, Project Proposal, Income Generation for Vulnerable Group Development Program (IGVGD), January 2003-December 2004.

表58 "资助网"各代表项目特征

	弱势群体发展项目（IGVGD）	小学教育资助项目（PESP）	寡居及被遗弃妇女津贴计划（RMP）
现金形式获益	—	√	√
经过银行	√	√	√
向银行支付服务费	—	√	√
储蓄部分	√	—	√
信用透支	√	—	—
分组发放	—	—	√
挂靠非政府组织进行行政管理	√	—	√
挂靠非政府组织进行借款	√	—	—
挂靠非政府组织进行培训	√	—	√
挂靠PKSF（顶点组织apex organization）	√	—	—
资金来源	本国政府＋外国援助＋非政府组织	本国政府	本国政府＋外国援助
当地政府财政分担	—	—	√
受益人提供劳务	—	—	√
支付周期	每月	每月	每两周
受益人存款利息	√	—	√
支付需政府官方批准	√	√	—
项目覆盖范围	每教区至少30名妇女	每所学校学生数的40%	每教区至多10名妇女
项目覆盖机构、学校或地区数	2 742	4 463	4 140
项目循环周期	24月	60月	48月
受益人由每个教区主席选择	50%（VGD identification）	—	—

续表

	弱势群体发展项目（IGVGD）	小学教育资助项目（PESP）	寡居及被遗弃妇女津贴计划（RMP）
目标标准	√	√	√
项目开始年度	1988	2002	1982
同年受益人人数	292 200	5 236 889	41 400
每人接受资助的金额	每人每月 30 公斤小麦	每户 100 塔卡每月（一个以上儿童就学家庭 125 塔卡每月）	每人每天 51 塔卡（每人每天扣除 10 塔卡作为义务储蓄）
同年项目总成本（1美元＝60塔卡）	塔卡 1 012 914 107 US\$ 16 881 902	塔卡 662 945 400 000 US\$ 11 049 090 000	塔卡 219 353 100 US\$ 3 655 885

注：1. 资料来源：Ahmed. A. U. and C. del Ninno (no date). "Food for Education Program in Bangladesh: An Evaluation of its Impact on Educational Attainment and Food Security." Discussion Paper 138. Discussion Paper Briefs, IFPRI. Retrieved 21 April 2004 from http://www.ifpri.org/divs/fcnd/dp/papers/fcnbr138.pdf;

2. "—"表示项目无此特征，"√"表示项目有此特征。

从表 58 可以看出，政府对"资助网"中各资助项目的资金来源、分担机制以及具体实施都有明确的规定。

二、孟加拉国 PESP 实施经验

（一）PESP 项目简介

小学教育资助项目（PESP）是为全国农村地区贫困的小学生以及他们的家庭提供的一项现金资助。目的是救助贫困家庭儿童，使他们从劳动中解脱出来接受教育，并使其父母不再为学校费用而担忧。这个项目基于对这些儿童家庭贫困的充分理解：首先，这些家庭需要孩子参加劳动挣取收入或干家务；其次，这些孩子离开学校的原因是他们的父母无力承担其教育开支。① 在 PESP 项目中，如果孩子能够达到资助条件，女性家长将代

---

① Ministry of Primary and Mass Education, Government of Bangladesh (2003). Education For All: National Plan of Action 2003—2015. Retrieved 30 October 2004.

替孩子接受资助现金。具体条件为：(1) 学生出勤达到学年天数的85%以上；(2) 在年度成绩测试中分数不低于50分（满分100）。在这个项目中，一户有一个孩子上学的家庭可以每月收到100塔卡的资助；多于一个孩子上学的家庭每月收到125塔卡的资助。

1. PESP 资助对象与资助标准

PESP 对接受资助的贫困生有明确的界定标准，采用从学校选取到学生个人资格审核的办法。参与 PESP 项目的符合条件的小学大约有65 051所。其中，40%来自最贫困的农村家庭的已入学的1—5年级的小学生为首选的受资助对象，这些学生是否能够接受 PESP 资助则由校长协助的 SMC（学校管理委员会）来选择和执行。随后，被提议的受资助者名单将由 UPEO（Upazilla 初等教育官员）核查批准，并通过 UNO（Upazilla Nirbahi 官员）的签署。当然，SMC 在选择贫困生时是依据一定的标准来确定的：

(1) 优先接受资助的贫困生标准：[①]

①来自最贫困的跟随母亲生活的单亲家庭的孩子（贫困的寡妇和离异的母亲）；

②父母从事"打零工"的孩子；

③来自破产的技工家庭（陶工、渔民、锻工、织工、木工、补鞋匠家庭等）；

④家中没有土地的贫困家庭的孩子（拥有土地量少于0.5英亩）；

⑤小佃农家庭的贫困孩子。

PESP 设立执行委员会对被资助学生的资助资格进行严格审查，以上家庭的孩子有享受资助的优先权，但并不一定能够最终享受资助，如果学校管理委员会认定该学生并非贫困或还有比他更穷的孩子，资助名单将会被适当调整。

同时，PESP 项目中，被选受资助的小学生必须保持85%的月出勤率，并且在每一级年终考试中最少达到50%的分数。为了继续参与到此项目中，被选学校必须保证至少60%的小学生出勤率，同时，其10%的班级中必须有5名小学生能够通过小学奖学金考试。

PESP 还明确规定，已接受资助的学生是否能持续享受资助还应具备

[①] Fernando Reimers, Carol Deshano da Silva and Ernesto Trevino (2006). Where is The Education in Conditional Cash Transfers in Education. UNESCO Institute For Statistics, Montreal.

一定条件，如果该生出现下列状况，其资助资格将被更改：[1]

①被资助的学生如果复读，在升入下一年学习之前，该年都将无法享受到资助金。（次年继续享受资助金）；

②被资助的学生如果辍学，就不能再继续享受 PESP 的资助；

③PESP 项目执行管理委员会规定已资助的学生如果发生死亡、转学、辍学，其他符合条件的学生可以补缺，享受资助金；

④被资助的学生必须保证一定程度的出勤率和学习成绩合格率。

(2) 确定资助金额依据。

孟加拉国确定的贫困生所得资助金额，主要依据贫困生的家庭状况。同时，PESP 在实施资助时，对各类家庭学生的平均成本（见表59）做了统计，以此划定资助金额。

表59　孟加拉国小学生就学成本平均值　　单位：塔卡/人

不同类别	每月平均成本	全年平均成本
全国	82	1 000
最富的城市	2 908	34 902
最贫困的家庭（经常食物短缺）	49	573
次贫困家庭（偶尔有食物短缺）	54	656
相对非贫困家庭（无食物短缺）	82	988
公立学校	—	819
EEbtedayee Madrassahs 学校	—	873

资料来源：教育观察 2001.（孟加拉国家资料）

最贫困家庭、次贫困家庭以及相对非贫困家庭均以"食物是否短缺"为划分标准。当然，数据会因农户的支付能力产生偏差，但大致趋势已经非常明显，PESP 确定的单子女家庭每月 100 塔卡与多子女家庭每月 125 塔卡的资助标准主要参考学生家庭贫困程度和学生一般就学成本两个因素。

---

[1] Primary School Performance Monitoring Project（PSPMP），Improving the Quality of Primary Education in Bangladesh：A Strategic Investment Plan，December 2001.

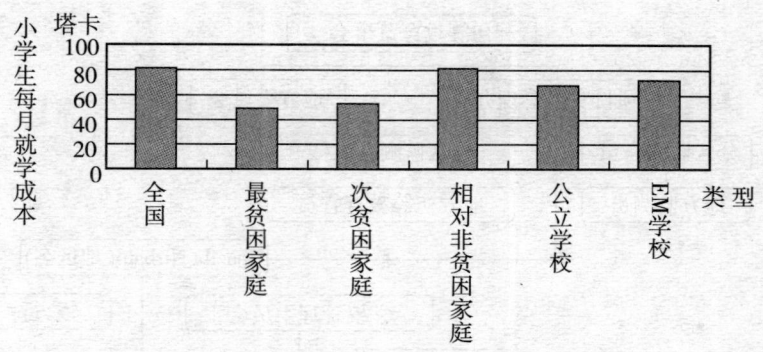

图 39 孟加拉国小学生一般就学成本

注：1. EM 学校全称：EEbtedayee Madrassahs 学校；
2. 资料来源：2002 World Bank Bandladesh Urban Service Delivery：A Scorecard.

从图 39 可以看到，PESP 项目确定的单子女家庭贫困生每月 100 塔卡的资助标准，较之全国 82 塔卡和相对非贫困家庭 82 塔卡的一般生均成本高出 18 塔卡。对于单子女家庭的接受资助的贫困生，这一金额能够基本冲抵其就学成本。

2. PESP 实施流程

PESP 有专门的项目执行及监管机构，在对贫困生初选、资格审查、最终确定以及资助发放的过程中，PESP 都设立了专门的部门以及专员执行并监督。

3. PESP 资助实施中发现的问题及经验总结

（1）资助对象选择不够全面，两级"关卡"使部分贫困生被拒之门外。从上述分析得知，孟加拉国 PESP 规定，可以申请资助的学生必须是满足条件的六类学校的已入学的小学生，而现实情况是很多真正贫困的家庭根本无力送孩子入学。

（2）资助对象确定不够真实，教师、校长、执行委员暗中操作。首先，个别推荐贫困学生名单的教师往往推选和自己有一定亲戚关系或利益关系的家庭的贫困生，从而降低了贫困生筛选的信度；其次，校长和项目执行委员会的成员在确定贫困学生名单时，常常因为人为操作的因素，存在不公平现象，PESP 不设立相应的监督机构进行监督；最后，负责审查资助学生条件的官员数量偏少，每位执行官员负责近 30 个学校的贫困生的资格审查，因此，会存在不准确的现象。

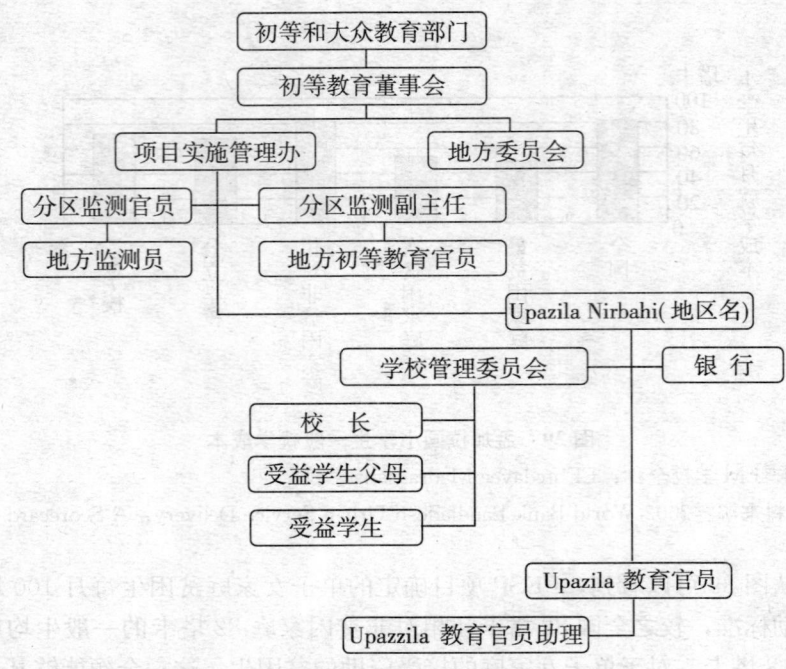

图 40 小学教育资助项目（PESP）实施流程

资料来源：Author's Own Drawing Based on Memo No. -Moshibimo/U2/14/99-406（530），Dated September 15, 2002, Implementation Manual, UP VGD Program, Ministry of Women and Children's Affairs, GOB. ①

（3）很多农户扩大贫困程度，使资助工作严重受到干扰。很多农户为了使自己的孩子得到资助，往往扩大贫困程度。② 例如，很多农户采取让适龄子女"双入学"：在政府公办学校入学，同时在社区学校注册；"转学"，在本社区子女无法被划定为贫困生，农户就将子女转移到另一个更为贫困的社区；"分散子女入学"，鉴于 PESE 发放资助金是以家庭为单位，因而农户往往将孩子送入不同的学校，从而得到双份资助金。

（4）依然存在的"隐藏收费"，使资助效果不显著。

---

① Author's Own Drawing Based on Memo No. -Pragabi/Pari-2/5/2002/516，Dated：November 28, 2002, Government of Bangladesh, Department of Primary and Mass Education，Bangladesh Secretariat，Dhaka.

② Dirección General de Planeacion y Programacion de Ia Secretaria de Education Publica. Personal Communication. 17 August 2006.

三、孟加拉国 FSSAP 资助实施经验

（一）FSSAP 项目简介

中学女童教育资助项目（FSSAP）是政府为初中（6—10年级）女童提供资金援助的一个资助项目。项目的目标是提高 6—10 年级女童的入学率，增加女童通过初中毕业（SSC）考试的人数，并且减少她们中的早婚现象。

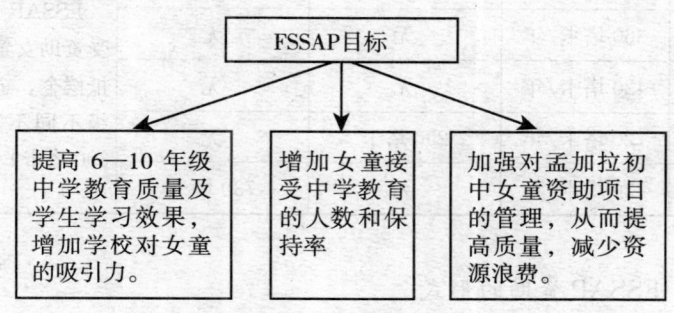

图 41　FSSAP 目标

从图 41 可以看出：FSSAP 的核心是补贴及学费计划，目标是通过补偿冲抵学生上学的直接成本、间接成本和机会成本，来提高初中女童的入学率和保持率。

（二）FSSAP 资助对象与标准

1. FSSAP 资助对象的确立

符合资助条件的女童个人必须符合以下条件：保持 75% 以上出勤率，45% 以上的考试合格成绩，未婚。资助金每年分两次打到她们的储蓄账户上。①

2. FSSAP 资助标准的确立

FSSAP 项目向所有参与的女童提供资助的标准如下：6 年级女童每年 300 塔卡，7 年级女童每年 360 塔卡，8 年级女童每年 420 塔卡，9 和 10 年级女童每年 720 塔卡。此外，9 年级女童可得到 250 塔卡的书本补助，符

---

① World Bank（2003）. Project Performance Assessment Report Bangladesh: Female Secondary School. Assistance Project." World Bank，2003. Retrieved 15 April 2004.

合条件的10年级女童可得到730塔卡的初中毕业（SSC）准备金和考试费。此项目还向每个政府或非政府学校的女童每年提供120塔卡到300塔卡（根据年级不同）的学费抵偿金①（见表60）。

表60 FSSAP资助标准一览

年级	基本资助金	书本补助	SSC准备金和考试费	学费抵偿金
6年级	300塔卡/年	无	无	FSSAP还向每个受资助女童提供学费抵偿金，金额依据年级不同不等（120—300塔卡）
7年级	360塔卡/年	无	无	
8年级	420塔卡/年	无	无	
9年级	720塔卡/年	250塔卡	无	
10年级	720塔卡/年	无	730塔卡	

（三）FSSAP资助的形式

FSSAP项目给予学生资助金，对其使用比例有明确的规定（见图5）。

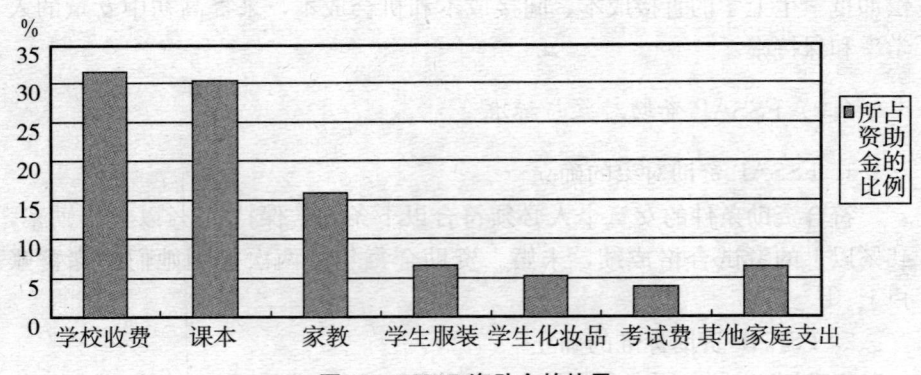

图42 FSSAP资助金的使用

---

① http://lnweb18.worldbank.org/oed/oeddoclib.nsf/DocUNIDViewForJavaSearch/8056C84158587303852 56D86006F44C0 / $ file/Bangladesh_PPAR_26226.pdf

表 61　FSSAP 各项资助金比例　　　　　　　单位：%

	学校收费	课本	家教	学生服装	学生化妆品	考试费	其他家庭支出
所占资助金的比例	31.6	30.3	15.8	6.6	5.3	3.9	6.5

数据来源：Akhter U. Ahmed in Collaboration with Taniya Sharmeen and the Dara Analysis and Tenhnical Assistance Limited (2004). "Assessing The Performance of Conditional Cash Transfer Programs For Girls and Boys in Primary and Secondary School in Bangladesh", International Food Policy Research Institute 2033 K Street, N. W.

（四）FSSAP 资助的实施效果和问题分析

1. 实施效果的评价

在衡量 FSSAP 实际资助效果时，孟加拉国采用计算资助学生所在学校的出勤率和辍学率的办法。利用学校调查问卷中搜集到的详细资料，运用所设计的管理公式计算出出勤率和辍学率。

在参加 FSSAP 项目的学校中，从六年级到九年级的女生辍学率比男生辍学率低，充分说明 FSSAP 项目的资助产生了效果。

2. 实施过程中存在的问题

该资助项目在具体实施过程中也存在类似于 PESP 的问题，如：资助对象确定不够真实、很多学校还存在"隐藏收费"等问题。但总体上来看，孟加拉国的这两项较大的资助项目是非常成功的，它们在具体准备与实施阶段以及监督过程中的经验和独特做法都值得学习和借鉴。

小结

本章系统梳理了世界各国义务教育资助情况，具体结论如下：

（1）义务教育免费是各国教育发展的普遍趋势。

（2）各国在实施免费义务教育同时，为了保证贫困学生顺利完成学业，还向贫困学生提供就学所需的各种形式的资助。

（3）国家建立制度化的资助体系，为贫困学生提供各种形式的就学资助，是义务教育发展的特点之一。

（4）各国资助经费分担的机制并不统一，但基本上都以国家承担为主，地方政府和社会共同参与。

（5）对接受资助的贫困生规定了出勤率和学习合格率的要求，以保证学生完成学业。

(6) 资助对象选择贫困单亲家庭子女、低收入家庭子女、无固定收入家庭子女、无耕地或耕地面积极少的农民家庭子女，以及各种弱势群体贫困家庭的子女。

(7) 各国都规定了资助对象的统一标准，如孟加拉国贫困学生资助标准主要参考学生家庭贫困程度和学生一般就学成本两个因素。

(8) 政府规定的贫困线成为选择受资助对象的标准，如巴西规定按照全国家庭抽样调查及人口普查和学校年度普查来计算贫困程度，确定资助对象及标准。

(9) 国家建立资助管理信息统计系统对资助实施统一管理，并设立监督机构对资助工作进行监控，同时还建立了社会监控机构。

正文图表索引

图 1　1996—2006 年全国义务教育阶段入学率、毛入学率、升学率变化趋势 ·············· 12

图 2　1996—2006 年全国人均 GDP、农村小学、初中生均教育经费增长率变化趋势 ·············· 13

图 3　1978—2005 年全国贫困人口及贫困发生率 ·············· 25

图 4　课题研究框架 ·············· 72

图 5　教育经费支出结构图 ·············· 80

图 6　2005 年全国与六省（市）农村初中、小学生均教育经费支出 ·············· 81

图 7　2005 年全国与四省农村义务教育经费的三项投入比例 ·············· 82

图 8　2005—2006 学年样本学校财政收入占总收入比例 ·············· 89

图 9　学校教育支出分类结构 ·············· 92

图 10　生均公用经费支出比较 ·············· 93

图 11　生均专项公用经费支出比较 ·············· 93

图 12　教育成本分类示意图 ·············· 95

图 13　个人教育成本分省示意图 ·············· 97

图 14　个人直接成本随年级趋势图 ·············· 101

图 15　按家庭财富综合分值五分法比较成本 ·············· 102

图 16　四省家庭经济水平两种统计指标比较 ·············· 103

图 17　按家庭财富综合分值五分法分析样本家庭人均纯收入和家庭固定资产分值 ·············· 104

图 18　按家庭财富分值五分法分析农村家庭义务教育总负担率 ·············· 108

图 19　学龄儿童劳动时间随年级变化走势图 ·············· 110

图 20　分地区劳动时间比较 ·············· 110

图 21　分性别劳动时间比较 ·············· 111

图 22　儿童辍学原因 ·············· 118

图 23　小学、初中分性别样本儿童家庭劳动负担基本情况分析 ·············· 122

图 24　分民族、年级样本儿童家庭劳动负担基本情况分析 ·············· 123

图 25　分民族县、年级样本儿童家庭劳动负担基本情况分析 ·············· 124

图 26　按家庭财富综合分值五分法分析样本儿童日均劳动时间 ·············· 124

图 27　家庭经济困难引发儿童辍学可能性分析 ·············· 125

图 28	不同劳动需求组儿童就学成本投入分析	126
图 29	按财富分值五分法分组观察小学生免杂费享受情况	134
图 30	按财富分值五分法分组观察小学生免书本费享受情况	134
图 31	按财富分值五分法分组观察初中生免杂费享受情况比例	135
图 32	按财富分值五分法分组观察初中生免书本费享受情况	135
图 33	按财富分值五分法分组观察初中生生活费补助享受情况	136
图 34	能减轻家庭负担的"两免一补"之外的资助	145
图 35	学校期望"两免一补"之外的资助	145
图 36	小学和初中家长期望孩子得到"两免一补"之外的资助	146
图 37	确定资助对象的综合依据	172
图 38	孟加拉国资助系统示意图	202
图 39	孟加拉国小学生一般就学成本	207
图 40	小学教育资助项目（PESP）实施流程	208
图 41	FSSAP 目标	209
图 42	FSSAP 资助金的使用	210

表 1	2004—2006 年全国农村与城镇居民人均收入比较	20
表 2	2004—2006 年全国和四省农村居民、绝对贫困、低收入人口的年人均收入标准	21
表 3	2005—2006 年东、中、西部和东北地区农村贫困人口、低收入人口规模	23
表 4	2004—2006 年农村和城镇居民家庭年人均教育文化支出	25
表 5	调查工具及调查样本数量统计	76
表 6	数据库基本情况说明	79
表 7	2005 年全国与六省（市）农村初中、小学生均教育经费支出比较	81
表 8	2005 年全国与四省农村义务教育经费的三项投入比例	82
表 9	2005 年样本县义务教育阶段学校数和学生数	83
表 10	2005 年样本县农村义务教育经费生均支出及结构	84
表 11	2005 年贫困县和非贫困县、项目县和非项目县教育经费情况	85
表 12	"新机制"实施前后学校经费来源情况比较	86
表 13	2005 年秋季学期样本学校经费收入情况分析	87
表 14	2006 年春季学期样本学校经费收入情况分析	88

表 15	2005—2006学年得到公用经费的样本学校的数量及其比例	89
表 16	2005—2006学年样本学校生均经费收入	90
表 17	2005—2006学年生均公用经费支出	93
表 18	2005—2006年生均专项公用经费支出	93
表 19	家庭支付的学生个人直接成本分类	96
表 20	个人直接教育成本各项统计	97
表 21	四省2005—2006学年分学期必需支付费用统计	98
表 22	分地区比较个人教育直接成本	98
表 23	贫困县与非贫困县成本比较	99
表 24	个人教育直接成本分性别比较	100
表 25	小学与初中个人直接成本比较	101
表 26	2005年四省样本家庭纯收入及人均纯收入统计	103
表 27	分地区家庭教育支出负担率比较	104
表 28	家庭教育支出负担率比较	105
表 29	家庭教育支出负担率分性别比较	105
表 30	家庭教育支出负担率分教育阶段比较	106
表 31	按家庭财富综合分值五分法比较教育支出负担率	106
表 32	按家庭人均纯收入五分法比较教育支出负担率	107
表 33	分地区家庭教育支出总负担率比较	108
表 34	样本学生参加劳动时间及数量统计	109
表 35	分不同特征辍学儿童样本分析	115
表 36	样本儿童家庭劳动负担需求基本情况分析	121
表 37	样本儿童家庭劳动负担实际情况分析	121
表 38	不同性别样本儿童家庭劳动负担基本情况分析	122
表 39	分民族样本儿童家庭劳动负担基本情况分析	123
表 40	按家庭财富综合分值五分法分组分析样本家庭对儿童的劳动需求	125
表 41	样本儿童家庭与学校距离和家庭劳动负担分析	126
表 42	样本学校三学期来享受"两免"的平均比例	130
表 43	贫困县与非贫困县学校"两免"享受比例	131
表 44	民族地区与非民族地区学校享受"两免"的平均比例	131
表 45	样本学生三学期享受寄宿生生活费补助的平均比例	132
表 46	贫困县与非贫困县学校享受寄宿生生活费补助比例	133
表 47	民族地区与非民族地区学校享受寄宿生生活费补助的平均	

		比例 ………………………………………………………	133
表 48		2005—2006学年教科书以及其他书本费用支出情况 …………	136
表 49		没有接受寄宿生生活费补助的住宿生平均花费 ……………	137
表 50		不同距离学生的住宿生比例、财产分值、家庭总教育负担率以及每天劳动时间对比 ………………………	138
表 51		"两免一补"占学生个人直接教育成本的比例 ………………	140
表 52		"两免一补"对家庭教育负担的影响 …………………………	140
表 53		2005年秋季至2006年秋季样本学校学生接受资助的情况 ……	142
表 54		家长对资助形式减轻家庭经济负担发挥作用的判断 …………	146
表 55		学校选择资助对象标准的评价 ………………………………	173
表 56		44个不同类型国家义务教育阶段学生资助形式及措施 ……	186
表 57		巴西补助金计划演进表 ………………………………………	195
表 58		"资助网"各代表项目特征 ……………………………………	203
表 59		孟加拉国小学生就学成本平均值 ……………………………	206
表 60		FSSAP资助标准一览 …………………………………………	210
表 61		FSSAP各项资助金比例 ………………………………………	211

附 录

1 西部地区基础教育发展项目

　　西部地区基础教育发展项目（Basic Education in Western Areas Project），简称"西发项目"，其宗旨是：通过一系列活动，支持并促进中国政府高质量、高水平地实现"普九"目标，并巩固"普九"成果，促进入学机会公平。

　　为了普及九年义务教育，巩固已经取得的"普九"成果，保障所有儿童都能高水平、高质量地完成九年义务教育，近几年来，中国政府不断加大对西部农村贫困地区基础教育的各类投入。配合中国政府的上述政策目标，由世界银行（World Bank）贷款，英国政府国际发展部（Department for International Development）赠款，中国政府配套支持，三方共同在中国西部贫困地区实施西部地区基础教育发展项目。

　　西发项目的实施宗旨是支持并促进中国政府高质量、高水平地实现"普九"目标并巩固"普九"成果，促进入学机会公平。项目的目标是在甘肃省、广西壮族自治区、宁夏回族自治区、四川省和云南省的贫困地区普及高质量的九年义务教育。项目的预期成果包括增加贫困儿童入学机会，提高师资水平和学生学业成绩，提高项目省（区）、项目县教育行政部门的规划与管理能力等。项目的预期活动包括：校舍修建与维修；补充教学仪器设备和图书资料；进行教师与管理人员培训；开展基础教育改革研究活动，包括开展学校发展规划（School Development Planning, SDP）、参与式教学培训（Participatory Teacher Training, PTT）试点活动和在10个县开展农村教育改革试点活动等。

2 课题研究的相关概念

1. 小学入学率：指适龄儿童中的小学生注册人数占适龄儿童总人数的百分比。

2. 初中毛入学率：指不论年龄大小的初中生注册人数占适龄总人口数的百分比。

3. 小学升学率：指不论年龄大小的小学生注册人数中升入高一级的学生数与注册人数的百分比。

4. 初中升学率：指不论年龄大小的初中学生注册人数中升入高一级的学生数与注册人数的百分比。

5. 中、东、西地区的划分：我国大陆区域由于自然条件与资源状况的不同划分为三大经济地区。东部地区包括北京、天津、河北、辽宁、上海、江苏、浙江、福建、山东、广东、广西、海南12个省、自治区、直辖市；中部地区包括山西、吉林、黑龙江、内蒙古、安徽、江西、河南、湖北、湖南9个省、自治区；西部地区包括重庆、四川、贵州、云南、西藏、陕西、甘肃、宁夏、青海、新疆10个省、自治区、直辖市。

6. 国家级贫困县：国家级贫困县的标准和数量是由国务院统一核定的。2002年，国务院为进一步做好扶贫开发工作，按照新的标准确定了592个国家扶贫开发工作重点县（国家级贫困县）。国家级贫困县的确定采用"631指数法"测定：贫困人口（占全国比例）占60%权重（其中绝对贫困人口与低收入人口各占80%与20%比例）；农民人均纯收入较低的县数（占全国比例）占30%权重；人均GDP低的县数、人均财政收入低的县数占10%权重。其中：人均低收入以1 300元为标准，老区、少数民族边疆地区为1 500元；人均GDP以2 700元为标准；人均财政收入以120元为标准。592个国家扶贫开发工作重点县，主要集中在少数民族地区、革命老区、边境地区和特困地区。据测算，重点县覆盖的贫困人口（人均年收入625元）占全国的54%，低收入人口（人均年收入865元）占57%。

7. 农村：农村是对应于城市的称谓，指农业区，有集镇、村落，以农业产业（自然经济和第一产业）为主，包括各种农场（包括畜牧和水产养殖场）、林场（林业生产区）、园艺和蔬菜生产等。跟人口集中的城镇比较，农村有其特点：（1）人口稀少，居民点分散在农业生产的环境之中，具有田园风光；（2）家族聚居的现象较为明显；（3）工业、商业、金融、文化、教育、卫生事业的发展水平较低。关于农村概念的使用，目前在不同领域有不同的解释和理解。例如，像我国为数众多的县城是否划在农村范围中，在教育研究文献中就有所不同。改革开放以来，我国东部地区，包括大部分中西部地区，农村经济加速发展，人均收入水平不断提高，许多县城已经步入城市现代化发展范围。因此，一些学者开始将农村的范围界定在乡镇以下的地区。为此，本研究的调查将样本学校、样本家庭和样本学生均限制于乡（镇）范围之内。

3

国务院关于深化农村义务教育经费保障机制改革的通知

国发〔2005〕43号

各省、自治区、直辖市人民政府，国务院各部委、各直属机构：

为贯彻党的十六大和十六届三中、五中全会精神，落实科学发展观，强化政府对农村义务教育的保障责任，普及和巩固九年义务教育，促进社会主义新农村建设，国务院决定，深化农村义务教育经费保障机制改革。现就有关事项通知如下。

一、充分认识深化农村义务教育经费保障机制改革的重大意义

农村义务教育在全面建设小康社会、构建社会主义和谐社会中具有基础性、先导性和全局性的重要作用。党中央、国务院历来高度重视农村义务教育事业发展，特别是农村税费改革以来，先后发布了《国务院关于基础教育改革与发展的决定》、《国务院关于进一步加强农村教育工作的决定》等一系列重要文件，确立了"在国务院领导下，由地方政府负责，分级管理，以县为主"的农村义务教育管理体制，逐步将农村义务教育纳入公共财政保障范围。各级人民政府按照新增教育经费主要用于农村的要求，进一步加大了对农村义务教育的投入力度，实施了国家贫困地区义务教育工程、农村中小学危房改造工程、国家西部地区"两基"攻坚计划、农村中小学现代远程教育工程、农村贫困家庭中小学生"两免一补"政策

等，农村义务教育事业发展取得了显著成绩。

但是，我国农村义务教育经费保障机制方面，仍然存在各级政府投入责任不明确、经费供需矛盾比较突出、教育资源配置不尽合理、农民教育负担较重等突出问题，在一定程度上影响了"普九"成果的巩固，不利于农村义务教育事业健康发展，必须深化改革。特别是在建设社会主义新农村的新形势下，深化农村义务教育经费保障机制改革，从理顺机制入手解决制约农村义务教育发展的经费投入等问题，具有重大的现实意义和深远的历史意义。这是践行"三个代表"重要思想和执政为民的重要举措；是促进教育公平和社会公平，提高全民族素质和农村发展能力，全面建设小康社会和构建和谐社会的有力保证；是贯彻落实"多予少取放活"方针，进一步减轻农民负担，巩固和发展农村税费改革成果，推进农村综合改革的重要内容；是完善以人为本的公共财政支出体系，扩大公共财政覆盖农村范围，强化政府对农村的公共服务，推进基本公共服务均等化的必然要求；是科学、合理配置义务教育资源，完善"以县为主"管理体制，加快农村义务教育事业发展的有效手段。各地区、各有关部门必须进一步统一思想，提高认识，切实按照国务院的部署，扎扎实实把各项改革政策贯彻落实到位。

二、深化农村义务教育经费保障机制改革的主要内容

按照"明确各级责任、中央地方共担、加大财政投入、提高保障水平、分步组织实施"的基本原则，逐步将农村义务教育全面纳入公共财政保障范围，建立中央和地方分项目、按比例分担的农村义务教育经费保障机制。中央重点支持中西部地区，适当兼顾东部部分困难地区。

（一）全部免除农村义务教育阶段学生学杂费，对贫困家庭学生免费提供教科书并补助寄宿生生活费。免学杂费资金由中央和地方按比例分担，西部地区为8∶2，中部地区为6∶4；东部地区除直辖市外，按照财力状况分省确定。免费提供教科书资金，中西部地区由中央全额承担，东部地区由地方自行承担。补助寄宿生生活费资金由地方承担，补助对象、标准及方式由地方人民政府确定。

（二）提高农村义务教育阶段中小学公用经费保障水平。在免除学杂费的同时，先落实各省（区、市）制订的本省（区、市）农村中小学预算内生均公用经费拨款标准，所需资金由中央和地方按照免学杂费资金的分担比例共同承担。在此基础上，为促进农村义务教育均衡发展，由中央适时制定全国农村义务教育阶段中小学公用经费基准定

额,所需资金仍由中央和地方按上述比例共同承担。中央适时对基准定额进行调整。

(三)建立农村义务教育阶段中小学校舍维修改造长效机制。对中西部地区,中央根据农村义务教育阶段中小学在校生人数和校舍生均面积、使用年限、单位造价等因素,分省(区、市)测定每年校舍维修改造所需资金,由中央和地方按照5∶5比例共同承担。对东部地区,农村义务教育阶段中小学校舍维修改造所需资金主要由地方自行承担,中央根据其财力状况以及校舍维修改造成效等情况,给予适当奖励。

(四)巩固和完善农村中小学教师工资保障机制。中央继续按照现行体制,对中西部及东部部分地区农村中小学教师工资经费给予支持。省级人民政府要加大对本行政区域内财力薄弱地区的转移支付力度,确保农村中小学教师工资按照国家标准按时足额发放。

三、农村义务教育经费保障机制改革的实施步骤

农村义务教育经费保障机制改革,从2006年农村中小学春季学期开学起,分年度、分地区逐步实施。

(一)2006年,西部地区农村义务教育阶段中小学生全部免除学杂费;中央财政同时对西部地区农村义务教育阶段中小学安排公用经费补助资金,提高公用经费保障水平;启动全国农村义务教育阶段中小学校校舍维修改造资金保障新机制。

(二)2007年,中部地区和东部地区农村义务教育阶段中小学生全部免除学杂费;中央财政同时对中部地区和东部部分地区农村义务教育阶段中小学安排公用经费补助资金,提高公用经费保障水平。

(三)2008年,各地农村义务教育阶段中小学生均公用经费全部达到该省(区、市)2005年秋季学期开学前颁布的生均公用经费基本标准;中央财政安排资金扩大免费教科书覆盖范围。

(四)2009年,中央出台农村义务教育阶段中小学公用经费基准定额。各省(区、市)制定的生均公用经费基本标准低于基准定额的差额部分,当年安排50%,所需资金由中央财政和地方财政按照免学杂费的分担比例共同承担。

(五)2010年,农村义务教育阶段中小学公用经费基准定额全部落实到位。

农垦、林场等所属义务教育阶段中小学经费保障机制改革,与所在地区农村同步实施,所需经费按照现行体制予以保障。城市义务教育也应逐

步完善经费保障机制，具体实施方式由地方确定，所需经费由地方承担。其中，享受城市居民最低生活保障政策家庭的义务教育阶段学生，与当地农村义务教育阶段中小学生同步享受"两免一补"政策；进城务工农民子女在城市义务教育阶段学校就读的，与所在城市义务教育阶段学生享受同等政策。

四、加强领导，确保落实

农村义务教育经费保障机制改革工作，涉及面广，政策性强，任务十分艰巨和紧迫。各地区、各有关部门必须从讲政治的高度，从全局出发充分认识深化农村义务教育经费保障机制改革的重大意义，周密部署，统筹安排，扎扎实实把各项改革政策贯彻落实到位。

（一）加强组织领导，搞好协调配合。地方各级人民政府要切实加强对农村义务教育经费保障机制改革工作的组织领导，"一把手"要亲自抓、负总责。各有关部门要加强协调，密切配合。要成立农村义务教育经费保障机制改革领导小组及办公室，负责各项组织实施工作。特别是要在深入调查研究、广泛听取各方面意见的基础上，按照本通知的要求，抓紧制定切实可行的实施方案。国务院有关部门要发挥职能作用，加强对农村义务教育经费保障机制改革工作的指导和协调。

（二）落实分担责任，强化资金管理。省级人民政府要负责统筹落实省以下各级人民政府应承担的经费，制订本省（区、市）各级政府的具体分担办法，完善财政转移支付制度，确保中央和地方各级农村义务教育经费保障机制改革资金落实到位。推进农村义务教育阶段学校预算编制制度改革，将各项收支全部纳入预算管理。健全预算资金支付管理制度，加强农村中小学财务管理，严格按照预算办理各项支出，推行农村中小学财务公开制度，确保资金分配使用的及时、规范、安全和有效，严禁挤占、截留、挪用教育经费。全面清理现行农村义务教育阶段学校收费政策，全部取消农村义务教育阶段学校各项行政事业性收费，坚决杜绝乱收费。

（三）加快推进教育综合改革。深化教师人事制度改革，依法全面实施教师资格准入制度，加强农村中小学编制管理，坚决清退不合格和超编教职工，提高农村中小学师资水平；推行城市教师、大学毕业生到农村支教制度。全面实施素质教育，加快农村中小学课程改革；严格控制农村中小学教科书的种类和价格，推行教科书政府采购，逐步建立教科书循环使用制度。建立以素质教育为宗旨的义务教育评价体系。促进教育公平，防止教育资源过度向少数学校集中。

（四）齐抓共管，强化监督检查。各级人民政府在安排农村义务教育经费时要切实做到公开透明，要把落实农村义务教育经费保障责任与投入情况向同级人民代表大会报告，并向社会公布，接受社会监督。各级财政、教育、物价、审计、监察等有关部门要加强对农村义务教育经费安排使用、贫困学生界定、中小学收费等情况的监督检查。各级人民政府要改进和加强教育督导工作，把农村义务教育经费保障机制改革和教育综合改革，作为教育督导的重要内容。通过齐抓共管，真正使农村义务教育经费保障机制改革工作成为德政工程、民心工程和阳光工程。

（五）加大宣传工作力度。地方各级人民政府和国务院有关部门要高度重视农村义务教育经费保障机制改革的宣传工作，制订切实可行的宣传方案，广泛利用各种宣传媒介、采取多种形式，向全社会进行深入宣传，使党和政府的这项惠民政策家喻户晓、深入人心，营造良好的改革环境，确保农村义务教育经费保障机制改革工作顺利进行。

国务院
二〇〇五年十二月二十四日

4

财政部　教育部
关于调整完善农村义务教育经费保障
机制改革有关政策的通知

财教［2007］337号

农村义务教育经费保障机制改革自2006年实施以来，在党中央、国务院的正确领导下，各地精心组织，认真实施，改革总体进展顺利，成效显著，受到社会各界的广泛赞誉。同时，随着改革的逐步深入，也出现了一些新的情况和问题，主要表现为：补助家庭经济困难寄宿生生活费政策落实不够理想；免费教科书政策覆盖面较小，尚未做到循环使用；一些地方公用经费补助标准仍然偏低；高寒边远地区校舍维修改造长效机制落实困难等。为妥善解决这些问题，保证农村义务教育经费保障机制改革整体推进，经国务院同意，现就调整和完善农村义务教育经费保障机制改革有关政策的问题通知如下。

一、进一步落实农村义务教育阶段家庭经济困难寄宿生的生活费补助政策

对中西部地区，参照各地现行政策和生活水平，中央出台农村义务教育阶段家庭经济困难寄宿生的生活费基本补助标准，从2007年秋季学期起执行。具体标准为：小学生每生每天补助2元，初中生每生每天补助3元，学生每年在校天数均按250天计算。享受寄宿生生活费补助的家庭经济困难学生的比例，由省级财政、教育部门根据当地实际情况确定。中央财政对中西部地区落实基本标准所需资金按照50%的比例给予奖励性补助。中西部地区地方财政应承担的50%部分，由省级财政统筹落实。中西部地区可在中央确定的基本标准的基础上，根据实际情况调高标准。调高标准所需资金，由地方财政负责解决。

从2007年秋季学期开始，东部地区也应加大落实农村义务教育阶段家庭经济困难寄宿生生活费补助政策的力度，所需资金主要由地方财政自行承担。根据东部地区各省市政策落实情况及其财力状况等因素，中央财政给予适当奖励。

二、向全国农村义务教育阶段学生免费提供教科书，提高中央财政免费教科书补助标准，推进教科书循环使用工作

从2007年秋季学期开始，向全国农村义务教育阶段学生免费提供国家课程的教科书，所需资金由中央财政承担。从2008年春季学期开始，免费提供地方课程的教科书，所需资金由地方财政承担。

从2008年春季学期起，中央财政进一步提高国家课程免费教科书的补助标准，同时建立部分科目免费教科书的循环使用制度。为保证循环使用教科书的质量，中央财政每年按照循环使用教科书书款的一定比例安排资金，用于循环教科书的补充更新。

三、提高中西部地区部分省份农村义务教育阶段中小学的生均公用经费基本标准，提前落实基准定额

从2007年开始，对中西部地区农村义务教育阶段中小学的生均公用经费基本标准，小学低于150元或初中低于250元的省份，分别提高到150元和250元（其县镇标准相应达到180元和280元）。2008年，中央出台

农村义务教育阶段中小学公用经费基准定额，分两年将基准定额落实到位，2008年和2009年，每年落实公用经费基本标准与基准定额差额的50%。中央与地方的经费分担比例，仍按《国务院关于深化农村义务教育经费保障机制改革的通知》（国发〔2005〕43号，以下简称《通知》）的规定执行。

四、适当提高中西部地区农村义务教育阶段中小学校舍维修改造测算单价标准

从2007年起，提高中西部地区农村义务教育阶段中小学校舍维修改造的测算单价标准，中部地区每平方米由300元提高到400元，西部地区每平方米由400元提高到500元。在此基础上，对校舍维修改造成本较高的高寒等地区，进一步提高测算单价标准。中央与中西部地区的经费分担比例，仍按《通知》的规定执行。对东部地区，根据其财力状况以及校舍维修改造成效等情况，中央财政继续给予适当奖励。

五、中部地区享受西部大开发政策的243个县（市、区）执行西部地区有关政策

从2007年起，中部六省享受西部大开发政策的243个县（市、区），其免除农村义务教育阶段学生学杂费和提高农村义务教育阶段中小学公用经费保障水平所需资金，中央与地方的分担比例按照8∶2执行。243个县（市、区）的具体范围，按照《国务院办公厅关于中部六省比照实施振兴东北地区等老工业基地和西部大开发有关政策范围的通知》（国办函〔2007〕2号）的规定执行。

六、做好调整完善农村义务教育经费保障机制改革有关政策的资金安排工作

此次调整完善农村义务教育经费保障机制改革有关政策所需资金，中央财政负担部分从2007年起安排。地方财政负担部分，除提高公用经费标准所需经费从2007年起安排以外，其他经费可从2008年春季开始安排。各地要按照农村义务教育"经费省级统筹、管理以县为主"的要求，合理确定省级以下各级政府的经费分担责任，通过调整完善省对下转移支付制度等方式，确保地方资金及时足额到位。

七、加强领导，细化管理，确保各项政策落实到位

各级财政、教育等有关部门要加强协调配合，明确工作职责，建立工作责任制，深入细致地做好补助寄宿生生活费覆盖范围、补助对象界定等政策的落实和管理工作，确保应享受补助政策的家庭经济困难寄宿生全部纳入政策范围。全部免费提供教科书政策实施后，学校不得再向学生收取任何教科书费用。加快推进教科书政府采购，节约财政支出。要进一步提高农村中小学校的管理水平，做好农村中小学校预算编制和执行工作。建立监督检查的长效机制，对弄虚作假、挪用资金等问题，必须及时纠正、严肃处理。要坚决清理和规范教育收费行为，加快推进农村义务教育综合改革工作，促进农村义务教育事业持续健康发展。

二〇〇七年十一月二十六日

5

关于落实和完善中小学贫困学生助学金制度的通知（教育部　财政部　国务院扶贫开发领导小组办公室印发）

2001年9月24日

《中华人民共和国义务教育法》颁布实施以来，各省、自治区、直辖市相继恢复或建立了中小学贫困学生助学金制度（以下简称"助学金制度"），这对帮助贫困学生就学，保证各地按时完成普及九年义务教育的目标起了很大的作用。目前，全国仍有一部分中小学生因家庭经济困难而面临着上学难的问题。为贯彻落实《国务院关于基础教育改革与发展的决定》的有关精神，保障适龄儿童、少年顺利就学和正常完成学业，各地、各部门要以"三个代表"的重要思想为指导，进一步落实和完善助学金制度，切实保证义务教育阶段的学生不因家庭经济困难而辍学。现将有关要求通知如下：

一、国家对义务教育阶段的贫困学生实行助学金制度。各地都应设立中小学贫困学生助学金专款，并逐步加大投入力度，切实保证助学金制度的顺利实施。

为推动各地做好对中小学贫困学生资助工作，中央财政设立"国家义务教育贫困学生助学金"专款，重点支持西部贫困的革命老区、少数民族聚居地区和边境地区，同时适当兼顾其他特别贫困地区。

二、助学金经费来源，按照财政体制和教育管理体制，实行以地方为主、分级管理、分级负担的办法，主要从各级财政安排的教育事业费中统筹解决。扶贫资金也要根据扶贫开发规划的总体要求予以适当支持。同时，广泛吸收社会各界捐款，资助贫困学生。

三、助学金主要用于抵减贫困学生的杂费、课本费以及补助寄宿制贫困学生生活费等。助学金原则上集中分配到校，不直接发给学生本人。县级教育行政部门，根据核准后的享受助学金学生的名单和数额，将助学金如数拨给学校。享受助学金学生的名单和数额，由县级教育行政部门上报省级教育行政部门备案。

四、助学金的发放对象，主要为因家庭经济困难，无力负担杂费、书本费、寄宿生活费而未入学和可能辍学者。对家庭经济困难的少数民族儿童、孤残儿童应优先资助。

五、省级教育行政部门应根据实际情况，会同财政部门、扶贫办，在认真调查研究的基础上，采取科学的方法，制定出衡量贫困学生的具体方法和标准，确保贫困的学生得到及时资助。

六、助学金依照民主、公平、公开的原则，每学期评定一次。针对贫困程度不同的学生，应相应设立不同等级的助学金，可全额免收杂费、书本费、寄宿生活费，也可部分减免。享受助学金学生的名单及金额必须张榜公布，接受监督。

七、学校应及时办理助学金的发放事项，保证学生入学，不得因学生交不了杂费、课本费、寄宿生活费等而拒绝学生入学。

八、各地应加强对助学金的管理，建立健全相应的财务和审计制度，确保助学金专款专用，及时拨付，提高经费的使用效益。

九、高中阶段贫困学生的资助问题，各地也要根据实际情况，通过建立助学金和奖学金制度予以解决。

十、各地要大力宣传助学金制度，使国家资助困难学生的政策深入人心、家喻户晓，以推动助学金制度的实施。

十一、助学金的标准和发放的具体办法，各地可结合城镇、农村学校的特点和实际情况制定。

6

国务院办公厅转发教育部等部门关于开展 经常性助学活动意见的通知

国办发 [2003] 77 号

教育部、中宣部、中央文明办、中直机关工委、中央国家机关工委、国资委、银监会、财政部、铁道部、国务院扶贫办、总政治部、全国总工会、共青团中央、全国妇联、中国残联《关于开展经常性助学活动的意见》已经国务院同意，现转发给你们，请认真贯彻执行。

党中央、国务院高度重视家庭经济困难学生的就学问题。"十五"期间，国家加大投入，采取设立"国家义务教育助学金"、试行在国家扶贫开发工作重点县免费为学生提供教科书等措施帮助他们完成学业；各地区、各有关部门采取了多种措施，社会各界也积极开展各种类型的助学活动，都取得了一定成效。但是由于部分地区经济发展滞后，适龄儿童少年不能入学或难以完成学业的情况还时有发生。为实现并巩固普及九年义务教育工作成果，支持家庭经济困难的学生完成学业，现就开展经常性助学活动提出如下意见。

一、开展经常性助学活动，支持家庭经济困难学生完成学业，是实践"三个代表"重要思想，实施科教兴国战略，深入贯彻《公民道德建设实施纲要》的具体措施。全面开展经常性助学活动，有利于加强党和政府与人民群众的血肉联系，增强民族凝聚力，体现社会主义制度优越性，对于推动社会主义精神文明建设，落实"以德治国"方略，培养学生热爱中国共产党、热爱祖国、热爱人民、热爱社会主义的思想感情具有重要意义。

二、各级人民政府负有帮助家庭经济困难学生完成学业特别是接受义务教育的责任。要充分认识开展经常性助学活动的重要意义，以"让孩子们都上学"为目标，切实加强组织领导，制定具体可行的政策，确保这项活动的正常开展。地方各级政府要抓紧安排助学专项资金，用好中央财政设立的中小学助学金。各级政府要为党政机关、社会团体、企事业单位和个人捐资助学或设立助学项目提供便利条件，欢迎境外热心公益事业的组织和个人捐资助学。对纳税人通过非营利的社会团体和国家机关向农村义务教育的捐赠（资金），可在应纳税所得额中全额扣除。对捐资助学贡献较大的个人或单位予以表彰。

三、经常性助学活动主要资助农村义务教育阶段家庭经济困难的学生，优先资助农村家庭经济困难学生和残疾学生，适当兼顾其他困难学生。

四、经常性助学活动捐助资金，主要用于补助受援学生的书本费、杂费和寄宿学生的住宿费、伙食费以及非义务教育阶段家庭经济特别困难学生的学费等开支。各省、自治区、直辖市人民政府可根据实际情况确定本地区的资助标准并向社会公布。

五、动员全社会开展多种形式的经常性助学活动。充分发挥各类基金会、"希望工程"、"春蕾计划"、"安康计划"、"山区女童助学计划"、"城乡少年手拉手助学活动"、"西部开发助学工程"、"扶残助学活动"等社会公益项目在经常性助学活动中的作用。要将实施"东部地区学校对口支援西部贫困地区学校工程"和"大中城市学校对口支援本省（区、市）贫困地区学校工程"与经常性助学活动紧密结合起来。在全社会动员开展多种多样的"一对一"助学活动，鼓励学校、企业、社会为家庭经济困难的高校学生提供勤工助学岗位。

六、建立经常性助学活动联席会议制度，负责统筹协调各种形式的助学活动项目，研究提出推进措施。经常性助学活动联席会议的日常工作由教育行政部门承办。

七、切实加强经常性助学活动宣传工作。充分利用报刊、广播电台、电视台及网络等新闻媒体宣传经常性助学活动，积极鼓励新闻媒体免费播（刊）出有关经常性助学活动的公益广告。

7
课题调查过程、抽样、数据处理

一、调查过程

（一）调查时间与过程

1. 预调查

按照课题计划实施时间安排，2006年8月下旬，课题组在甘肃省会宁县进行了两天调查工具试测，共有16人参加。试测后对问卷做出最后修订。试测后修改调查工具的工作始终得到了国际技术专家 Samar

Al-Samarrai先生的技术指导。

2. 实施调查

2006年8月26日开始,课题组开始实施农村贫困学生就学资助课题调查。调查实施之前,课题组制订了调查手册,对所有调查组成员进行了培训。

8月26—30日:甘肃省靖远县调查;调查结束后对问卷进行了最后检测和修正。

9月16日—10月1日:湖北、河南两省8县调查。

10月8—22日:四川省4县调查。

10月25日—11月3日:甘肃省3县调查。

3. 调查地点与时间

表1　调查地点与调查时间统计

	甘肃	河南	湖北	四川	合计(县)
8月26—30日	靖远县				1
9月16日—10月1日		伊川县、汝阳县、淅川县、内乡县	孝昌县、云梦县、浠水县、罗田县		8
10月8—22日				平昌县、巴州区、峨边县、犍为县	4
10月25日—11月3日	舟曲县、清水县、张家川县				3

注:其中含3个少数民族自治县:张家川回族自治县、舟曲藏族自治县、峨边彝族自治县。

4. 调查工作量

表2　各样本省调查工作量统计

	甘肃		河南		湖北		四川		合计
	天	人	天	人	天	人	天	人	(人次天数)
8月26—30日	5	30							150
9月16日—10月1日			18	16	18	17			594
10月8—22日							15	26	390
10月25日—11月3日	8	31							248
总　计									1 382

（二）调查组成员构成

调查组成员包括西北师范大学4位教师和31位研究生。

（三）调查数据统计处理

调查组对问卷调查获得的数据进行相应的定量分析与定性分析。统计工具采用SPSS 13.0 FOR WINDOWS社会统计软件。根据问卷进行分析，包括各种基本数据信息的描述统计和数据之间的推断分析等。通过分析，了解就学资助制度的基本现状，以及其中存在的内在逻辑关系。

二、研究样本

为了尽可能地准确反映我国农村贫困家庭义务教育负担状况，把握贫困家庭对就学资助的需求，课题组选择了甘肃、四川两个西部省和湖北、河南两个中部省作为调查样本，其中，西部两省属于西发项目省。四省中含8个贫困县、8个非贫困县，包括3个民族县。这样不仅可以更好地了解西部地区农村贫困家庭为子女所能提供最基本受教育条件真实状况，而且也可以进行中西部地区之间、贫困县与非贫困县之间、民族县与非民族县之间的家庭比较。

图1—图5是4省以及各省抽取的样本县地理位置图。

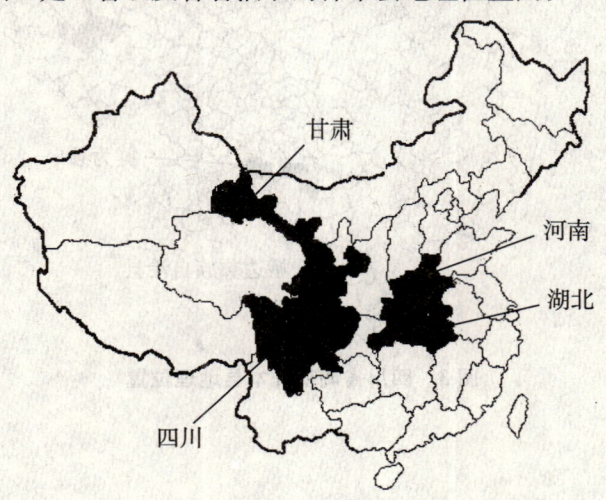

图1 全国调查样本省地理位置

图2 甘肃省调查样本县地理位置

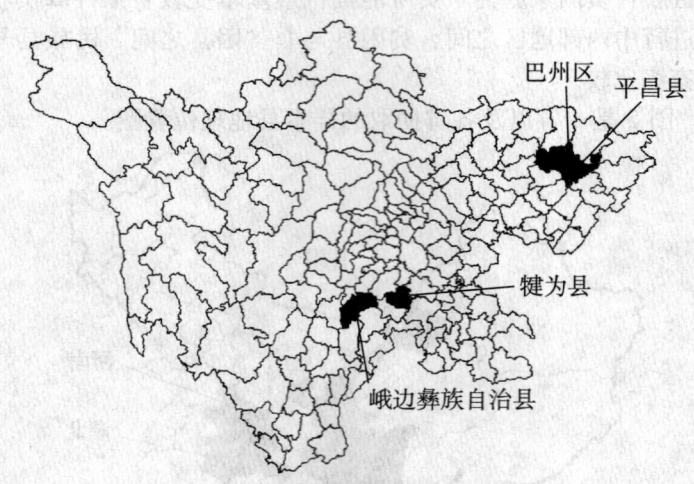

图3 四川省调查样本县地理位置

图4 河南省调查样本县地理位置

图5 湖北省调查样本县地理位置

四省2004、2005、2006年农村农民人均收入水平及农村农民贫困线和低收入线标准见本书第一章表2。

表3 省、县、乡、村样本统计一览表

序号	省	县	乡	村
1	甘肃省（西发项目省）	靖远县	糜滩乡	胜利村
				下滩村
			兴隆乡	西瓜村
				银坪村

续表

序号	省	县	乡	村
1	甘肃省 （西发项目省）	清水县 （国贫县、 西发项目县）	土门乡	仓下村
				土门村
			新城乡	闫川村
				新城村
		张家川回族自治县 （国贫县、 西发项目县）	木河乡	庄河村
				李沟村
			马鹿乡	金川村
				吴家村
		甘南藏族自治州舟曲县 （国贫县、 西发项目县）	大川乡	石门坪村
				土桥子村
			峰迭乡	好坪村
				武督关村
2	四川省 （西发项目省）	巴中市/巴州区 （西发项目县）	清江镇	塘坝村
				佑垭村
			枣林镇	漩滩村
				高岩村
		平昌县 （国贫县）	板庙乡	红云村
				大石村
			坦溪镇	民兴村
				立垭村
		峨边彝族自治县	新林镇	楠木村
				卷木村
			黑竹沟镇	西河村
				依乌村
		犍为县	舞雩乡	熊马村
				双桥村
			同兴乡	三八村
				灯塔村

续表

序号	省	县	乡	村
3	湖北省	云梦县	义堂镇	平石村
				东方村
			清明河乡	沿河村
				大份村
		孝昌县 (国贫县)	花西乡	吴店村
				汪岗村
			小悟乡	张冲村
				向阳村
		浠水县	关口镇	青台阁
				张坳村
			丁司当镇	夏家河
				里店铺
		罗田县 (国贫县)	胜利镇	松子关村
				方家坳村
			骆驼坳镇	高家咀村
				郭家河村
4	河南省	伊川县	白沙乡	下磨村
				陈村
			高山乡	刘庄
				阎洼
		汝阳县 (国贫县)	蔡店乡	郭村
				库头
			柏树乡	华沟
				石门
		内乡县	湍东镇	庞营村
				红堰河村
			大桥乡	程岗村
				南王村

续表

序号	省	县	乡	村
4	河南省	淅川县（国贫县）	上集镇	李山村
				铁庙村
			大石桥乡	柳家泉
				闫沟
合计	4	16	32	64

三、抽样原则、方法和过程

（一）基本原则和方法

调查采用随机抽样方法，将总体单位按照样本量的多少计算出抽样距离，实行随机起点，每隔相等的距离抽取一个样本，以保证具有一定的随机性和较强的代表性。

由于样本采用随机等距抽样方法选取，不能体现不同分层结构对样本代表性可能带来的影响，因此，在报告第四部分对教育成本数据进行了加权处理。

（二）样本抽取过程说明

1. 抽取省的过程

根据每个省的人口和经济状况，以及本研究属于"西部地区基础教育发展项目"资助课题，确定西部地区甘肃省、四川省和中部地区河南省、湖北省4个样本省。

2. 抽取县的过程

采取国际专家的意见，将样本省各个县按照国家级贫困县和非贫困县、西发项目县和非项目县作为分类标准，然后参照人口、经济、人均收入、交通、民族等情况，最终确定样本县。

3. 抽取乡（镇）的过程

第一步：搜集抽中每个县的所有乡（镇）的名单，仍以人口数目作为主标识，由高到低排序，以各乡（镇）的人均收入作为辅标识，并逐个乡（镇）进行累计编制抽样框。

第二步：计算抽样组距

$$组距(K) = \frac{乡（镇）累计数(\sum f)}{抽选乡（镇）个数(n)}$$

第三步：确定抽选起点——利用 Excel 随机函数确定随机起点系数。

起点值＝即将按人口多少由高到低排列的所有乡（镇）中的第二个乡（镇）作为第一个抽中乡（镇）。

第四步：按等距进行抽样，确定抽选单位。

4. 抽取村的过程

第一步：搜集抽中每个乡（镇）的所有村的名单，仍以人口数目作为主标识，由高到低排序，以各村的人均收入作为辅标识，使用 EXCEL 随机函数方法确定随机起点系数，逐个村累计编制抽样框抽取样本。

第二步：计算抽样组距。

$$组距(K) = \frac{村累计数(\sum f)}{抽选村个数(n)}$$

第三步：确定抽选起点——利用 Excel 随机函数确定随机起点系数。

起点值＝即将按人口多少由高到低排列的所有村中的第一个村作为第一个抽中村。

第四步：按等距进行抽样，确定抽选单位。

5. 抽取调查户的过程

首先从学区抽中样本村全部在校学生名单，主要按在校生学籍序号作为标识，累计编制抽样框抽样，无学籍序号的按学区提供的学生名单自然顺序排列，计算组距，随机抽取 16 位学生作为样本学生进行调查研究。

6. 抽取样本学校的过程

以样本学生作为主标识，搜集抽中每个乡（镇）的所有样本学生在读学校名单，作为样本学校。如果抽中在外地借读（超出本乡区域）的学生，所在学校不作为调查样本。

四、权重计算方法

关于权重变量的计算方法为：$W=1/P$，P 为各地人口比率。

$P=P1 \times P2 \times P3 \times P4 \times P5$

$P1=1$ $P2=\frac{Spoor}{Tpoor}$ 或 $\frac{Snonp}{Tnonp}$ $P3=\frac{2 \times Tpop}{Cpop}$

$P4=\frac{2}{Ct}$ $P5=\frac{Cx}{Cz}$

其中，P 为总的人口比率值；P1 是省级选取比率，由于省的抽样为人为抽取，故其取值均为 1；P2 是县级选取比率，为该省中已抽取样本县中贫困县个数（Spoor）占总贫困县数量（Tpoor）的比值或非贫困县选取个数（Snonp）占该省非贫困县总数（Tnonp）的比值；P3 是乡镇选取比率，由于在每个县选取两个乡镇，所以其计算方式为二倍的乡镇人口（Tpop）除以该县总人口（Cpop）；P4 是行政村选取比率，计算方式为 2 除以该乡镇行政村总数（Ct）；P5 是家庭户选取比率，其值为抽样家庭户数（Cx）除以该村学龄儿童家庭户总数（Cz）。

8 样本学校分布情况

样本学校为 2005—2006 学年的四省 102 所农村义务教育阶段学校，其中四川省 24 所、甘肃省 25 所、湖北省 27 所、河南省 26 所。按学校类型分：村小及教学点 43 所、独立初中 25 所、乡中心校 20 所、九年一贯制学校 7 所、完全中学 3 所、初中附设小学高年级 4 所。

表 4　2005—2006 学年四省样本学校类型与数量　　单位：所

省	学校类型	数量	小计
四川	完全中学	1	24
	独立初中	4	
	九年一贯制学校	3	
	乡中心校	4	
	村小、教学点	12	
甘肃	独立初中	6	25
	九年一贯制学校	3	
	乡中心校	4	
	村小、教学点	12	
湖北	完全中学	2	27
	独立初中	10	
	乡中心校	7	
	村小、教学点	8	

省	学校类型	数量	小计
河南	初中附设小学高年级	4	26
	独立初中	5	
	九年一贯制学校	1	
	乡中心校	5	
	村小、教学点	11	
合 计			102

9 就学费用统计（可控性弱部分）

表5 就学费用统计（可控性弱）　　　　　　　　单位：元

费用	2005.9—2006.1学期		2006.2—2006.7学期	
	均值	样本量	均值	样本量
杂 费	96	710	95	382
住宿费	56	243	57	252
书本费	72	710	72	665
作业本费	15	707	16	735
试卷费	9	497	9	487
班 费	8	218	7	208
取暖费	13	143	17	55
防疫费	30	370	28	287
体检费	10	148	10	80
交通费	79	76	75	76
伙食费	286	365	277	375
上机费	33	125	32	107
保险费	19	759	19	692
补习费	61	35	70	48
辅导材料费	28	784	28	814
零花钱	89	876	87	886

注：并非每个学生都产生伙食费、交通费等费用，上述数据为实际发生此项费用学生的平均值。

由表 5 可以看出，在各项费用中，所占比重最大的是伙食费，其余依次为杂费、零花钱、交通费、书本费、住宿费、补习费等。在这七项基本花费中：杂费与书本费属学生入学必须交纳费用，伙食费、交通费和住宿费是学生上学必须支付的费用；零花钱虽不属于必需成本，但因发生比率高，也在前七项中；补习费产生较高的原因是部分家庭为了让学生学习效果更好，而为孩子提供的扩展教育支出，反映了家庭对学生学习质量的重视程度。以上数据显示，在中西部农村，学生家庭所要支付的义务教育阶段花费中，比重最大的是儿童入学所必需的吃饭与交通费用，其次是住宿与家庭对学生获得更好教育的期望支付，包括补习费用以及涉及的学校用具花费等。

10
家庭固定资产分值

在处理和统计样本家庭的固定资产及耐用消费品过程中，课题组对家庭固定资产及耐用消费品进行了相关的权重处理。总的原则是：首先根据某一类固定资产或耐用消费品在样本家庭中出现的频率占总样本数的比例取其倒数，作为该项的加权系数；其次用加权系数乘以该家庭此类固定资产或耐用消费品的个数，从而得出此类固定资产或耐用消费品的分值；最后将每个分值相加所得分值即为该家庭的固定资产或耐用消费品的总值。下表是家庭固定资产及耐用消费品基本统计和加权处理的结果。

表 6 家庭固定资产及耐用消费品基本统计和加权处理

固定资产及耐用品	频数	占总样本数的比率	处理（对比率）	加权系数
汽车	19	0.010 8	取倒数	93
拖拉机三轮车	340	0.192 3	取倒数	5
缝纫机	648	0.368 2	取倒数	2.7
收音机	176	0.101 9	取倒数	9.8
录音机	226	0.127 8	取倒数	7.8
黑白电视机	580	0.328 1	取倒数	3.1
彩色电视机	1 097	0.620 5	取倒数	1.6
自行车	1 009	0.571 0	取倒数	1.8

续表

固定资产及耐用品	频数	占总样本数的比率	处理（对比率）	加权系数
照相机	35	0.020 4	取倒数	49.1
音响	83	0.047 0	取倒数	21.4
洗衣机	284	0.161 0	取倒数	6.2
电冰箱	64	0.036 3	取倒数	27.6
电风扇	1 287	0.727 9	取倒数	1.4
摩托车	243	0.137 5	取倒数	7.3
录像机影碟机	321	0.181 6	取倒数	5.5
空调机	8	0.004 5	取倒数	221
电话	823	0.095 3	取倒数	2.2

一般来说，家庭纯收入表征了家庭财富的流量，即每年在已有的财富基础上的边际增减量，而固定资产与耐用消费品则表征了家庭财富的储量，表示该家庭财富的固有存量。

11
四川省巴中市政府关于贫困学生救助文件

巴中市人民政府办公室
关于进一步加快贫困学生救助事业发展的通知

各县（区）党委和人民政府，市级各部门，市经济开发区商贸园、工业园：

近年来，市委、市政府高度重视贫困学生救助工作，全市各级各部门、社会各界为贫困学生救助事业的发展做出了积极努力。目前，全市贫困学生救助网络已覆盖10个国家、地区和全国16个省、市，累计救助贫困学生12万多人次，救助资金6 000多万元，争取希望学校、爱心学校、光彩学校100多所。

为了推进我市教育事业健康快速发展，现就进一步加快贫困学生救助事业发展的有关事宜作如下通知。

一、统一思想，充分认识贫困学生救助事业的重大意义

贫困学生救助事业具有政治性、公益性、慈善性和基础性。贫困学生救助事业体现了"立党为公、执政为民"的执政理念，体现了以人为本的科学发展观，体现了构建社会主义和谐社会的政治要求，体现了全心全意为人民服务的根本宗旨。全市各级党委、政府党员干部和各级各类工作人员，一定要充分认识到贫困学生救助工作的重大意义，进一步增强责任感和使命感，深入扎实地、创造性地抓好此项工作，大力支持贫困学生救助事业的发展。

二、加强领导，进一步建立健全贫困学生救助体系

建立机构。要按照"各级政府主导、教育部门牵头、各方参与配合、社会广泛参与、体系机制健全、管理规范有序"的要求，尽快建立健全市和县（区）贫困学生救助中心，归口在教育主管部门，并切实做到"五有"，即有专项编制、有专门机构、有专职人员、有物质及经费保障、有职能职责。

健全体系。要建立健全各级党委、政府，各系统各部门分级责任、归口负责和结对救助制度。各级党委、政府，各系统各部门，负责辖区（系统）内的贫困学生救助工作。全市实行纵向"五级"负责、横向落实"五保"，即纵向由市、县（区）、乡镇、村（居委会）到合作社（社区）五级责任制；横向由各行业、各单位、各企业、各学校到市和县（区）各贫困学生救助中心五个方面，落实责任、归口负责，真正把贫困学生救助的责任和工作落实到基层、落实到单位、落实到每一名贫困学生，确保本辖区（系统）的贫困学生"一个都不能少"的按期入学。

三、规范管理、确保贫困学生救助工作取得实效

市、县（区）贫困学生救助中心，要按照"合法、规范、科学、公正"的要求，建立贫困学生救助工作的各项管理制度；要切实搞好贫困学生的摸底调查，建立健全贫困学生救助档案，由各县（区）贫困学生救助中心，负责将贫困学生（学校）登记卡和电子文档（图片）上报市，由市贫困学生救助中心按县（区）学校、年级建立"贫困学生（学校）数据库"，并上传到"爱心热线"网站，实现网络互联互通，资源共有共享，便于社会爱心人士救助贫困学生和捐建爱心学校；要根据贫困学生的标准

和条件、救助办法和救助重点，实施规范管理，设立捐赠款项财政专门账户，做到收支明确，实行半年公布一次，一年审计一次；要在继续抓好义务教育阶段贫困学生资助的同时，将救助重点转移到困难大学生救助上来；在救助方式上，要采取灵活多样的形式，坚持开放，搞好开放和强化服务，广泛宣传发动、组织协调、整合力量，求得市内外、省内外、国内外各界人士参与救助贫困学生；从事贫困学生救助工作的同志要按照"为民、务实、清廉"的要求，牢固树立民本思想和亲民意识，以强烈的事业心和责任感，带着对群众、贫困家庭、贫困学生的深厚感情，尽责、尽力、尽心地抓好贫困学生救助工作。

四、加大投入、促进贫困学生救助事业持续健康发展

各级教育主管部门在贫困学生救助工作中要认真负起责来，进一步加强与工会、团委、妇联、民政、工商联、报刊、广播电视等有关部门和单位的合作与配合，各级各单位、各部门要积极参与、大力支持贫困学生救助工作，逐步形成全社会共同关心、共同参与贫困学生资助的良好局面。

市、县（区）政府要进一步调整和优化财政支出结构，合理安排贫困学生资助专项资金，并保障必要的工作经费和设施设备购置经费，确保贫困学生资助机构正常运转、持续运行。

中共巴中市委办公室
巴中市人民政府办公室
2006年8月24日

巴中市巴州区教育局文件
关于做好2006—2007学年度贫困学生调查摸底建档工作的通知

各级各类学校、学区教育督导组：

为了做好贫困学生救助工作，及时全面掌握全区各级各类学校2006—2007学年度贫困学生的基本情况，经研究决定对全区贫困学生进行一次调查摸底，现将有关事项通知如下。

一、摸底对象

摸底贫困学生对象是：小学、初中、高中及特殊教育学校中，因家庭经济困难、无力继续学习的在校生和在义务教育阶段内失学的贫困儿童、少年。具体包括：城市和农村居民中，人均收入低于保障线标准以下家庭的学生；没有固定生活费来源的孤儿；因父母丧失劳动能力、离异、下岗等原因，致使正常经济收入中断，造成家庭特别困难的；所在家庭遭受天灾人祸，造成经济极其困难的；家庭经济极其困难的少数民族儿童、革命烈士子女；家庭经济困难的盲、聋、哑义务教育阶段残疾儿童少年。

二、工作要求

1. 学校于2006年9月25日前进行摸底填表造册统计，统计造册学校存档，建档卡并于2006年9月30日前由学区教育督导组汇总造册，存档，建档卡交巴州区贫困学生救助中心。（按样表要求填报）

2. 贫困学生本人向学校提出书面申请，加盖户口所在地印章（村委会或居委会），附一寸照片。由班主任统一填写，学校审查，乡（镇）政府加盖公章，由学区教育督导组统一交巴州区贫困学生救助中心建档录入数据库。

3. 认真做好摸底工作，实事求是，不得虚报、瞒报，如查实有虚报、瞒报的将追究学校校长和相关负责人的责任。

4. 贫困学生的建档工作实行动态管理，今后每年9月15日前各地各校要将新入学的贫困生和须变更的贫困生卡送区贫困学生救助中心。

5. 认真填好"巴中市巴州区贫困学生救助中心贫困学生申请救助及救助情况建档卡"，统一用A4纸按样表复制，不得随意改变字体和纸张大小。

附件：巴中市巴州区贫困学生救助中心贫困学生申请救助及救助情况建档卡

2006年8月28日

巴中市巴州区贫困学生救助中心
贫困学生申请救助及救助情况建档卡

建档时间：2006 年　月

监护人姓名		家庭住址						照　片
学生姓名		性别		民族		出生年月		
学校	省		市	区	学区	学校	级	班
监护人联系电话			班主任联系电话				是否孤儿	
由班主任核实申请人家中情况后如实填写	申请人（签字）：							
学生在校表现及学习情况	班主任（签字）：							
学校意见	学校（盖章）：　　　　　　　校长（签字）：							
（乡）镇人民政府意见	（乡）镇人民政府（盖章）：							
教育主管部门意见	区教育局（盖章）：							
救助中心分类归档、编号，数据库合档								

12

甘肃省张家川回族自治县中小学
胡氏助学金申请条件

1. 已经正式考入并在学校就读的在校学生；
2. 家庭人均年纯收入低于当地城镇低保水平或农村低保；
3. 家庭成员均为农村的纯农户或城市低保户，家庭成员中有村级以上干部、国家职工、宗教人士和企业家等强势人群家庭的学生，不属于本助学金资助的对象；
4. 诚实守信，遵纪守法，无违法违纪行为；
5. 身体健康，能够正常完成学业；
6. 学习刻苦，学业成绩优秀；
7. 中小学校优先考虑孤儿、女童、单亲家庭和未入学儿童。

学校根据申请表情况，按照父母残疾、单亲、孤儿、本人残疾、女生、少数民族、年龄已超过9岁才入学等六个因素，用大分法选出助学对象。各因素的分值为：父母残疾加1分、单亲加2分、孤儿加2分、本人残疾加1分、女生加2分、少数民族加1分、年龄已超过9岁才入学加1分。分值相同的情况下，孤儿和女生优先。

13

希望工程简介

希望工程创建于1989年10月，它是中国青少年发展基金会（以下简称中国青基会）在团中央领导下，组织实施的一项社会公益事业，是从国情出发，从青少年利益出发，为发展贫困地区基础教育事业，解决贫困地区适龄儿童失学问题而办的一件实事，是从整体上提高农村青少年的素质，培养跨世纪人才的一项重要举措。

1. "希望工程"建立的背景

实施希望工程，是中国农村贫困地区广大失学少年的迫切要求。随着经济建设事业的发展，国家对教育的投入不断增加，全国教育事业也取得了显著成就。但从总体看发展不够平衡，贫困地区的基础教育投入相对不足，办学条件差，一大批中小学的危房因资金不足而得不到及时修缮；全国目前仍有相当数量的一批儿童因家庭贫困而徘徊于校门之外。渴望读书已成为千百万失学儿童的最大心愿。

2．"希望工程"的宗旨

希望工程的宗旨是：根据政府关于多渠道筹集教育经费的方针，以民间的方式广泛动员海内外财力资源，建立希望工程基金，资助贫困地区的失学儿童继续学业、改善贫困地区的办学条件，促进贫困地区基础教育事业的发展。

3．"希望工程"的主要项目

（1）结对资助失学儿童继续小学学业：捐助方为农村贫困地区因家庭贫困未能上学、中途失学或就学困难即将失学的适龄儿童（统称失学儿童）提供书本费，资助其继续小学学业。该种方式的资助活动随着贫困地区经济的发展和失学儿童数量的相应减少，于1999年上半年宣告结束。

（2）捐款援建"希望小学"：捐助方捐款20万元可援建一所"希望小学"，捐款10万元可资助改造危旧校舍，并统一命名为"希望小学"。鉴于贫困地区对于改善农村办学条件还有较大需求，在"希望工程"实施战略重点转移的过程中，此项目仍在继续开展。

（3）"希望之星"奖励基金：为扩大"希望工程"的资助成果，进一步体现"希望工程"的人才效益和社会效益奖励、扶持优秀的"希望工程"受助生，鼓励他们在学业上继续深造成为家乡经济建设的有用人才，中国青基会于1997年设立了"希望之星"奖励基金，在接受和曾接受"希望工程"资助的受助生中，评选出一批品学兼优的优秀学生，给予他们"希望之星"奖学金，对其进行追踪培养。

（4）"希望工程"全国教师培训：由于贫困地区客观条件所限，"希望小学"教师的教学水平还比较低，提高全国数万名"希望小学"教师的素质和教学水平，帮助他们开阔视野，丰富知识，从而提高"希望小学"的办学水平和教学质量，是推动贫困地区基础教育事业发展的关键，也是推动"希望工程"深入发展的途径之一。对"希望小学"校长、骨干教师的培训，也成为"希望工程"的重要任务。1995年6月，在浙江嵊泗建成"希望工程"全国教师培训基地；9月，中国青基会设立"希望工程"全国教师培训办公室。

4．资助方式

资助分结对资助和基金资助两种资助方式。

（1）结对资助是指捐赠者通过希望工程工作机构的安排，与受助学生建立直接联系,形成一对一的资助。捐赠者一次性捐赠 400 元人民币(折合 50 美元)给希望工程工作机构,由该机构分学期拨给受助学生所在学校,用于支付受助学生的书本费。

(2)基金资助是希望工程工作机构从社会的一般性捐款中列支助学金安排资助,受助学生没有直接对应的捐赠人,其助学金的下拨方式与结对资助的拨款方式相同。"一般性捐款"指的是捐赠给希望工程而无具体使用指向的捐款,捐款数额不限,所有捐赠,由希望工程工作机构统一安排,全部用于符合希望工程宗旨的资助项目。

5. "希望工程"的实施现状及成果

希望工程是中国青基会发起倡导并组织实施的一项社会公益事业,其宗旨是资助贫困地区失学儿童重返校园,建设希望小学,改善农村办学条件。希望工程自 1989 年 10 月实施以来,提高了贫困地区小学适龄儿童的入学率、巩固率、升学率,降低了辍学率,促进了改善办学条件,提高了办学质量,成效显著。截至 2001 年 12 月 31 日,全国希望工程累计资助建设希望小学 8 890 所,累计资助失学儿童 2 474 342 名,累计资助"希望之星" 20 543 名,累计援建希望网校 130 所,累计培养希望小学教师 15 898 名。科技部中国科技促进发展研究中心评估表明:希望工程已经成为我国 20 世纪 90 年代社会参与最广泛、最富影响的民间社会公益事业。

希望工程自 1989 年 10 月启动以来,在中国青基会及其授权的各级希望工程实施机构的努力推动下,得到了社会各界、海内外团体、企业和个人的积极支持和热情参与,取得了令人瞩目的实施成果和综合效益,赢得了党和政府以及全社会的高度评价,已成为我国最具社会影响和享有崇高声誉的民间公益事业。希望工程的实施,改变了一大批失学儿童的命运,改善了贫困地区的办学条件,唤起了全社会的重教意识,促进了基础教育的发展;弘扬了扶贫济困、助人为乐的优良传统,推动了社会主义精神文明建设。

6. 希望工程的经验启示

"希望工程"促进了我国农村贫困地区基础教育事业的发展,开辟了一条动员社会力量协助政府办教育的新路子。"希望工程"的成就告诉我们,在中国,非政府社会组织可以在一定程度上补充政府作用的不足,特别是在农村义务教育事业发展方面发挥重要的支持作用,在教育资源依然短缺的情况下,需要重视发挥社会力量支持教育事业发展的积极作用。

14 中国儿童少年基金会简介

中国儿童少年基金会于1981年7月28日成立,是我国第一个以募集资金的形式,为儿童少年教育福利事业服务的全国性社会团体,是一个具有独立法人资格的非营利性的社会公益组织。中国儿童少年基金会的宗旨是:为抚育、培养、教育儿童少年,辅助国家发展儿童少年教育福利事业,特别是贫困地区少数民族地区的儿童少年教育福利事业。

1. 本基金会的名称:中国儿童少年基金会,简称为"中国儿基会",英文译名为"China Children and Teenagers' Fund",缩写为"CCTF"。

2. 本基金会的组成:本基金会由热爱儿童少年福利事业的社会各界人士自愿组成。本基金会是对国内外企事业单位、社会团体和其他组织及个人自愿捐赠资金和物资,进行筹集和管理的全国性非营利性社会组织,是独立的社团法人。

3. 本基金会的宗旨是:为利于抚育、培养、教育儿童少年,辅助国家发展儿童少年教育福利事业,特别是老少边穷地区的儿童少年教育福利事业。

4. 本基金会的资金来源:

(1) 国内企事业单位、社会团体和其他组织及个人的自愿捐赠;

(2) 港澳台同胞、海外侨胞的自愿捐赠;

(3) 国际组织、国际友人的自愿捐赠;

(4) 基金的合法增殖;

(5) 其他合法收入。

5. 本基金会募集的资金、物资和基金增殖用于:

(1) 资助儿童少年教育福利事业和活动,重点资助灾区、偏远地区和少数民族等地区的贫困人民兴办儿童少年教育、文化、福利等项目;

(2) 符合捐赠者意愿的资助项目

(3) 开展募集基金有关的活动;

(4) 表彰为儿童少年教育福利事业做出突出贡献的机构和人员;

(5) 其他合法用途。

6. 本基金会的业务范围是:

(1) 依法募捐或通过开展义演、义卖活动等筹集资金;

(2) 依法利用无形资产开展互惠合作筹集资金;

(3) 接收来自于国内外的捐赠；
(4) 在国家政策法律许可的范围内进行基金增殖；
(5) 开展符合本会宗旨的各项资助活动；
(6) 开展有利于儿童少年身心健康成长的各项公益活动，如：组织夏令营、冬令营、知识竞赛、文化娱乐等；
(7) 支持、推动或组织实施儿童问题的研究工作；
(8) 开展与港澳台同胞、海外侨胞以及国外友好组织和个人之间的友好往来和相互合作。

后 记

国家级研究课题"农村贫困学生就学资助制度研究"是世界银行、英国政府国际发展部在中国西部五省（区）（甘肃、宁夏、四川、云南、广西）实施的"西部地区基础教育发展项目"的研究子课题之一。课题由教育部下达，课题执行单位是教育部财务司与外资贷款办，课题经费由英国政府国际发展部资助。课题研究由西北师范大学"教育部人文社会科学重点研究基地"西北少数民族教育发展研究中心、西北师范大学教育学院共同承担。

自2006年7月启动以来，在实施过程中得到了有关方面的大力支持。

感谢世界银行/英国政府国际发展部为课题实施所提供的经费支持，以及为课题研究提供的技术咨询和指导。

感谢中国教育部财务司、外资贷款办、基础教育司对项目研究所给予的指导和支持，以及在调查过程中所做的协调工作。同时感谢湖北、河南、四川和甘肃四省样本地区教育行政部门和学校对项目调查所给予的协助。

感谢北京师范大学、北京大学、中央财经大学多位教育专家在本课题论证和实施过程中提供的技术咨询和帮助。

特别感谢英国政府国际发展部推荐的技术专家 Samer Al-Samarrai 和 Ludovico Carraro 先生，他们对课题研究方案、课题调查设计、数据处理和分析、报告撰写等方面的工作给予了全力的技术支持。

最后还要感谢课题组所有教师和研究生在课题研究实施过程中所付出的辛勤劳动。

课题负责人：金东海
2011年5月